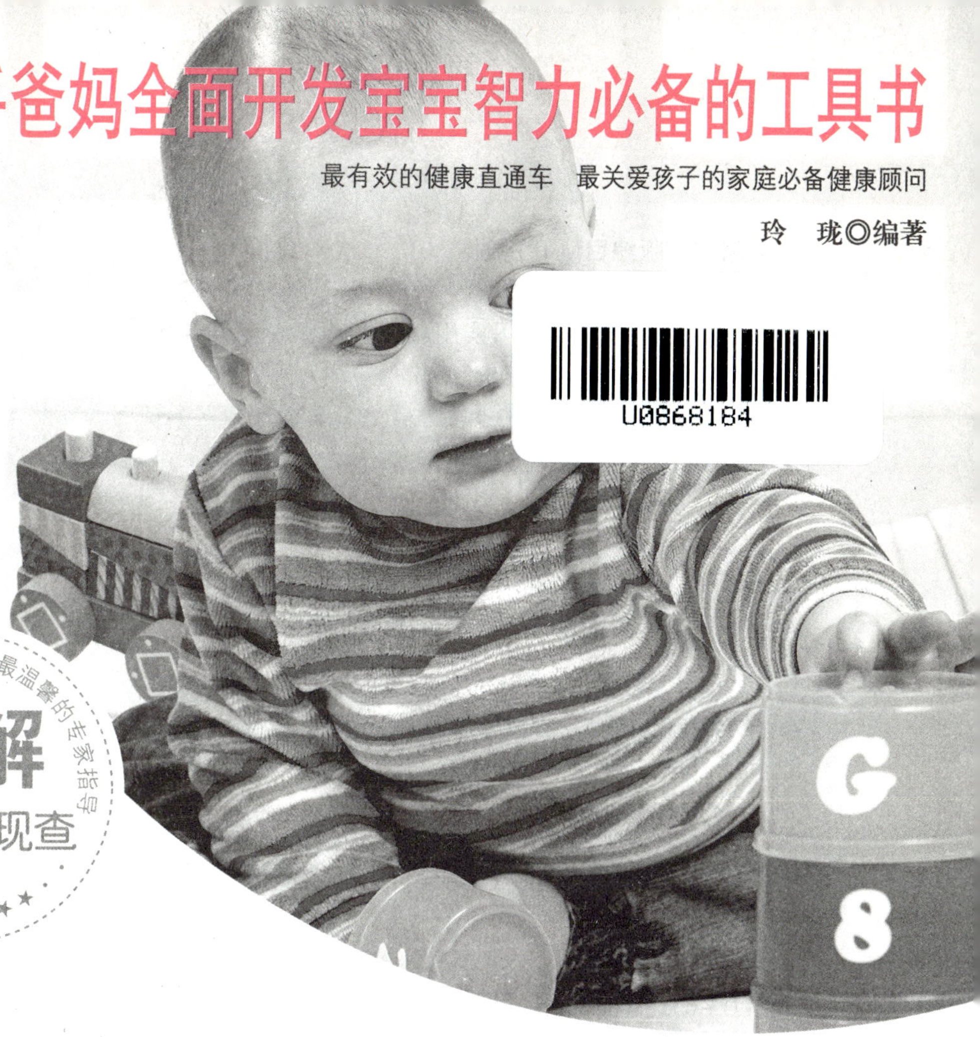

新手爸妈全面开发宝宝智力必备的工具书

最有效的健康直通车　最关爱孩子的家庭必备健康顾问

玲　珑◎编著

最贴心的护理技巧·最温馨的专家指导

图解

现用现查

0~6岁智能提升实用百科

全方位同步智力开发宝典

母婴健康专家鼎力推荐

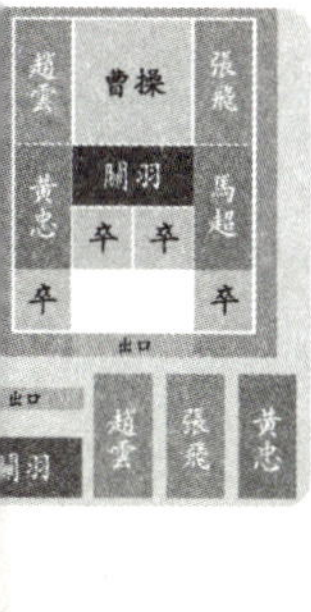

中医古籍出版社

图书在版编目(CIP)数据

图解0～6岁智能提升实用百科 / 玲珑编著. -- 北京
: 中医古籍出版社, 2013.5
ISBN 978-7-5152-0384-3

Ⅰ. ①图… Ⅱ. ①玲… Ⅲ. ①婴幼儿-智力开发-图
解 Ⅳ. ①G610-64

中国版本图书馆CIP数据核字(2013)第084908号

图解0～6岁智能提升实用百科
玲　珑　编著

责任编辑　邓永标
排版制作　腾飞文化
出版发行　中医古籍出版社
社　　址　北京市东直门内南小街16号(100700)
经　　销　全国各地新华书店
印　　刷　北京盛兰兄弟印刷装订有限公司
开　　本　710×1000　1/16
印　　张　17
字　　数　320千字
版　　次　2013年6月第1版　2013年6月第1次印刷
书　　号　ISBN 978-7-5152-0384-3
定　　价　36.00元

前　言

孩子是父母爱情的结晶，是家庭的希望，是国家未来的栋梁。因此，培养一个健康、聪明的孩子，是每位父母的最大愿望和义不容辞的责任。

十月怀胎，一朝分娩。每一个新生命的到来，都是一个奇迹的开始。每一位初为父母家长，在无比的喜悦和憧憬之后，都会为自己的孩子构想出一片未来的蓝图。面对那稚嫩的小生命时，怎样让这朵娇美的花，在以后的成长过程中不论风雨，都能安然绽放呢?

每一位父母都会为自己的孩子设想出无数个未来的人生方案，可怜天下父母心，孩子就是他们的一切、他们的未来。但是不知道辛劳的父母们有没有想过，现在社会的竞争压力之大、状况之惨烈，到了自己的孩子长大成人之后会演变成什么样的格局呢？虽然这些话有些危言耸听，但是确实道出了现在社会的现实。培养孩子，不一定就是自己拼命赚钱为宝宝存下多少积蓄、为孩子找到上哪所重点学校的机会，有时还需要父母们留出更多的时间和精力，运用现在发达的幼教理论亲身实践，认真开发自己宝宝身上蕴藏的无限潜力，提升孩子的智力水平和综合能力，不要让自己的孩子输在起跑线上。

智能提升的意义与训练的理论基础，是以运动、语言、逻辑数学、感知、社交等方面的智能开发提升为切入点，结合婴幼儿自身的身体发展规律和认知水平，相应制定各个发展阶段的具体训练措施，全面提升婴幼儿的智力开发水平，为婴幼儿家长提供指导与帮助。

本书是一套全面实用、专业科学的婴幼儿智能提升宝典，用心呵护、悉心指导，让幸福的妈妈见证自己的孩子是如何变得越来越聪明、越来越可爱。

每一个孩子都是落入凡间的天使，新生命的诞生意味着更多的希望，也意味着更多的责任。每位父母都会对自己的小宝贝充满无限期望，每位家长都希望自己的孩子能成为优秀的人才，所以如何做好0~6岁婴幼儿早教及智能提升、针对性地对孩子进行相关训练是做父母最关心的事情。在这段最关键的时期，本书为新手父母们提供科学的训练方法，在日常生活中促进宝宝智力的开发与提升。帮助父母抓住宝宝大脑生长发育的关键期，提供各种适合宝宝的锻炼机会，迅速刺激宝宝的脑细胞发育，提升宝宝大脑的综合能力。

本书广泛吸取了国内外有关优生与优育、婴幼儿智能提升与开发等方面的最新资料，以知识性、实用性、指导性为编辑思路，全方位关注、全心力付出，为每一对新手父母给予贴心指导、细致教学，让宝宝得到最科学、最温柔的呵护！轻轻松松提高婴幼儿智能，不知不觉间您就会发现您的孩子越来越聪明。婴幼儿智能提升，其实就是这么简单。

目录

CONTENTS

第一篇　婴幼儿智能提升综述

第一章 婴幼儿智能提升的认识

第二章 开展家庭益智活动

第三章

培养孩子的各种能力

第二篇 0~6个月宝宝智能提升百科

第一章

0~3个月宝宝智能提升

第二章

4~6个月宝宝智能提升

第三篇 7～12个月宝宝智能提升百科

第一章 7～9个月宝宝智能提升

第二章 10～12个月宝宝智能提升

第四篇 13~18个月宝宝智能提升百科

第一章 13~15个月宝宝智能提升

第二章 16~18个月宝宝智能提升

第五篇 19～24个月宝宝智能提升百科

第一章 19～21个月宝宝智能提升

第二章 22～24个月宝宝智能提升

第六篇　2~3岁宝宝智能提升百科

第一章 25~30个月宝宝智能提升

第二章 31~36个月宝宝智能提升

第七篇 3～4岁宝宝智能提升百科

第一章
3岁零1个月～3岁零6个月宝宝的智能提升

第二章
3岁零7个月～4岁宝宝的智能提升

第八篇 4~6岁宝宝智能提升百科

第一章

4~5岁宝宝的智能提升

第二章

5~6岁宝宝的智能提升

第一篇

婴幼儿智能提升综述

第一章

婴幼儿智能提升的认识

面对新生命的诞生，每位父母都会对自己的小宝贝充满无限期望！可是，您准备好了吗？您知道小婴儿不仅需要生活上的悉心照料，也需要早期教育吗？婴幼儿智能提升是一件长期而艰巨的重大工程，需要新手爸爸妈妈们做好各项准备，了解婴幼儿智能开发与提升的意义和重大作用。

智能提升的含义

智能，又称为智力，通常是指人们认识客观事物并运用知识解决实际问题的能力。它包括感知、记忆、抽象概括、学习知识、积累经验和解决问题的能力，因而是一种复杂的综合精神活动的功能。

(1)语言智能：指综合运用语言表达自己的思想并理解他人的能力，表现为个人能够顺利而高效地利用语言描述事件、表达思想并能与人交流，也就是具备灵活掌握和运用语音、语义、语法的能力。语言智能涵盖对口头和书面语言的敏感程度，学习各种语言的能力以及运用语言实现特定目的的能力。律师、演说家、编辑、作家、记者、节目主持人、播音员等一般需要这种能力。

(2)运动智能：指善于运用身体动作表达思想和感情的能力，灵活地操作物体的能力，运用整个身体或身体的一部分解决问题或制造产品的能力。演员、舞蹈家、运动员、机械师、外科医生等一般需要这种能力。

(3)音乐智能：指觉察、辨别、表现、表达和创造音乐的能力，敏感地感知音调、旋律、节奏和音色的能力。作曲家、演奏(唱)家、指挥家、音乐评论家、调琴师、音乐教育家等一般需要这种能力。

(4)数学逻辑智能：指人能有效地运用数字计算、推理、假设、思考的能力，科学地分析、科学地研究问题的能力。数学家、会计师、统计学家、科学家、电脑技术员、工程师等一般需要这种能力。

(5)自我认知智能：指个人对自己的了解，认识、明白自己的情绪和感受，并有效利用这种能力评价自己的行为及处理个人的问题。这是一种深入自己内心世界的能力，即建立准确而真实的自我模式，并在实际生活中有效地运用这一模式的能力。小说家、政治家、心理学家、哲学家、教师等一般需要这种能力。

(6)空间智能：指倾向于形象思维的智能，是准确感觉视觉空间，并且能把知觉感受到的形象表现出来的能力，善于利用三维空间方式进行思维和表现。室内设计师、建筑师、摄影师、画家、飞行员、工程师等一般需要这种能力。

(7)人际交往智能：察觉及分辨自己及他人的情绪、感受、企图、目的等的能力。政治家、外交家、推销员、管理者、公关人员、心理医生等一般需要这种能力。

(8)自然观察智能：指能够洞察自然或人造系统的能力，能辨认出他或她生活环境中存在的大量物种，包括植物和动物，并对它们加以分类的能力，表现出对自然和生物的友善与亲和性。动物学家、植物学家、生态学家、地质学家、天文学家、航海家等一般需要这种能力。

>> 专家解疑

当前婴幼儿早期教育中存在一些误区，如不少父母重知识轻能力，过分重视读、写、算，而忽视实践能力的培养。根据加德纳的多元智能理论，智能不只表现在读、写、算等技能方面，还包括解决各种实际问题的能力与他人友好相处的能力等方面。因而真正的智能提升，就是要针对宝宝的年龄特点，依照一定的规律，通过环境、教育使宝宝圆满地完成每一个年龄阶段的发展任务，在智能、性格等方面协调发展，成为有较高的认识能力和健康人格的社会成员。

智能提升的方法

智能是由多种因素决定的，遗传、环境、教育共同影响宝宝的智能。虽然现在各式各样的智能提升方法非常多，但父母亲感到茫然不知所措，不知应该采取哪些方法能够让宝宝更聪明。早期智能提升，应根据宝宝不同年龄阶段的发展特点多渠道地进行，常用的方法包括：

提供视觉刺激

父母可以在宝宝摇篮的四周贴些图片，并经常更换，来提高宝宝的用眼兴趣。当他能自如地用手抓握时，就会拉扯这些图片，好像他能把图片上的人、景物拉出来似的。也可以将小床的围栏漆得鲜艳些，或者买一些纯白或光亮的栏杆，用剪成小块的毡制品、彩色广告纸装饰一下，再把小床围起来。

专家指出宝宝对人类脸部的注意最多。所以,不妨把纸片剪成图形,画上人脸的五官,宝宝就会长时间地注视着这些图案。

提供听觉刺激

宝宝的听觉很好,父母最好经常与他聊聊天、哼哼歌,如催眠曲。声音、音调、节奏的变换是转移宝宝烦躁不安的绝妙办法,同时也可以将一些适合宝宝的流行歌曲记下来。对于一个正噼噼啪啪地拍打着洗澡水的宝宝而言,听到流行歌会更加活泼、有劲。父母也可以自编育儿曲,只要有创造性、能启发想象力,宝宝就会喜欢。

提供动觉刺激

父母应该经常变换宝宝在床上、椅子上的姿势,鼓励他活动躯干、手臂和双腿。一个能控制自己头部、颈部的宝宝总是喜欢翻来滚去或玩自己的手臂、双腿。

父母可以轻轻地拉住宝宝的腿将它左右摆或者让宝宝用手抱紧某一个东西,父母将他的手拉开再合拢。不过这些游戏只能持续几分钟,最好在换尿布、洗澡时做。多数父母喜欢和宝宝一起坐在地板上让宝宝打滚。如果在地板上放个玩具能吸引宝宝的注意,那就鼓励他爬到那里去。

开阔视野

婴儿也不能总待在摇篮里,可以用轻便推车或背带带着宝宝外出走动,这不但能开阔宝宝的视野,使他有更多的机会接触周围的人们,同时也促进其心智、人际交往和情绪等的发展,在围栏里长大的宝宝是没有机会发展他的好奇心的。到了宝宝会爬的时候,父母就应该重新布置房间以保证宝宝能安全地探索周围的一切。等宝宝会走路时,更要让宝宝多接触大自然,可经常带宝宝上动物园、参观科技馆、听音乐会,让宝宝多看、多听、多触,以促进多种感觉器官的协调活动。

营造良好的环境

根据神经心理学家保尔·马克林博士的理论,新生婴儿的大脑由三个结构分明的脑区域构成。脑的底部是爬行脑,它支配着人的一些本能行为,如果这个低级区域受到威胁,就可能关闭大脑高级区域的思维活动。这要求父母在开发宝宝智能时，必须给宝宝提供安全、充满爱心的环境，以便使宝宝生活在无忧无虑之中。脑的中部为哺乳脑，其主要掌握人的情感和行为能力，这要求父母与宝宝保持情感交流，经常给宝宝鼓励和关怀。脑的顶层是大脑皮层，其功能是思考、交流、观察和创造，包括控制婴儿的视觉、触觉、听觉与语言能力、运动觉、记忆判断能力的枕叶、顶叶、颞叶、额叶，宝宝的大脑成长发育依赖于对上述五种感官的刺激。

婴儿的动作与智力

婴儿的动作

动作是指人体在空中的造型（可观察）和驱动这一造型的内部冲动（不可观察）。动作就其难易程度又可以分为反射动作、基本动作、技巧动作。基本动作是由一系列的反射动作组成的，走、跑、跳、滚、抓等动作都是基本动作，每一个基本动作显然都是一组反射动作的组合。技巧动作又是由一系列的基本动作组合而成的。反射动作是随机体成熟发展起来的，主要受遗传的影响；基本动作主要是内部发展与机体成熟的结果，但训练能使之精确、熟练。

婴儿动作发展主要是基本动作的发展，包括头部、躯干和四肢的动作。头部动作包括头部器官动作和头部本身的动作；躯体动作主要是指由大肌肉收缩带动关节及骨骼完成的动作，如抬头、翻滚、坐、爬行、站、走、跑、跳等，还包括全身的平衡协调动作，即个体对抗地心吸引力，维持自身动作稳定性、灵活性的一种动作能力，如前行、倒退、单脚跳、用足尖走步、旋转身体等；四肢动作包括四肢大肌肉动作和手部小肌肉动作以及手眼协调、手脚协调等动作。

>> 亲子课堂

宝宝一般活泼好动、好玩好学、模仿力强，但抽象思维能力差、注意力较易分散、喜欢有趣的活动。因而在宝宝智能提升方面，宜采用形象、具体的方法，内容尽可能丰富新颖、形式生动活泼，富于趣味性。据此，游戏是促进宝宝智能发展的最好形式。在丰富多彩的游戏里，宝宝的各种潜能都能得到迅速发展，同时也可塑造宝宝勇敢机智、相互帮助、团结友爱的良好品德。

婴儿动作发展与智力的关系

人的所有动作主要受神经系统高级中枢的支配，都处于脑的调节之中，脊椎、脑干、小脑、大脑均参与动作的调节和控制。而神经系统的高级中枢正是人的心理活动所在，因此，儿童动作的发展和儿童心理发展有密切的关系。20 世纪最有影响力和贡献最大的儿童心理学家皮亚杰认为：人的认知来源于动作，动作既是感知的源泉又是思维的基础，智慧起源于运动。美国心理学家克罗韦认为：运动是智力大厦的砖瓦。

婴儿动作的每一步发育都是其中枢神经系统成熟的一个阶段，反过来又能促进中枢神经系统功能的进一步完善。如站和走，不仅需要全身肌肉、关节的运动，还需要有肢体的协调动作和身体重心的移动。因此，婴儿的站、走在促进大脑发育的同时，也促进了小脑的发育。此外，孩子会站以后，视觉范围广阔了，能够看到各种物体。在他学会走以后，所看到的物体就更多了。这时，孩子能够自己走过去看一看、听一听、闻一闻，用手接触、摆弄，使感觉器官所接受的刺激增多，使孩子在脑细胞的数量和功能上得到更充分的改善，对智力发展起到很好的促进作用，尤其是感觉与动作思维能力的发展。

婴儿的认知能力与智力

认知、认知发展与认知能力

认知是大脑反映客观事物的特性与联系，并揭露事物对人的意义与作用的心理活动，是全部认知过程的总称。它包括感知、注意、表象、学习、记忆、思维和语言等方面及其发展过程。

认知发展是指个体认知结构和认知能力的形成及其随年龄和经验增长而发生变化的过程。婴儿认知发展包括感知觉、注意、记忆、学习、思维、语言和想象等能力发生、发展的整个过程。

认知能力即是指人的智力，是其感觉、知觉、注意、学习、记忆、思维和语言等各种认知能力的综合表现，其核心是抽象思维和解决问题的能力。

婴儿认知能力发展的特点

脑科学研究表明，认知能力的发展与全脑结构的发育和功能建构顺序完全一致，形成了一个从注意—感觉—知觉—记忆—思维—想象的发展过程。在发展中，前面的发展形式是后续形式发展的基础，同时又被高一级形式所整合，如知觉中整合着感觉，记忆中整合着感觉和知觉，思维中又整合着感觉、知觉和记忆，想象中整合着所有先于它发展的形式，注意则陪伴全程，形成了完整的、综合性的心理认知加工能力。

各年龄段婴儿的认知发展有明显的特点。认知活动中首先发展的是注意，婴儿一生下来就有注意。0～6个月是婴儿感觉和知觉协调发展的关键期，标志性的特征是手的"发现"和抓握能力的发展。6～12个月主要以感觉、知觉和动作来适应环境，本阶段的特征是以动作来表达自己的需求或"指挥""控制"周围的环境。1岁以后，婴儿的动作、思维得到继续发展，其主要特征表现为有许多尝试错误式的自发探索、自发学习活动，此阶段的孩子显得特别忙碌。2岁以后，记忆迅速发展，其速度远远超过理解力的发展，动作和形象记忆的发展在心理表象的产生中有很大的作用，记忆也促进延迟模仿的发展，想象随着记忆表象的增加和延迟，模仿的产生悄然而至。其典型的标志是假装游戏，自由涂画，搭建形象，语言的联想、比喻与拟人。出生的第三年，是婴儿各种能力继续协调发展和提升的时期，如动作思维在此阶段起了质的变化，开始向形象思维过渡。

>> 专家解疑

认知能力在婴儿期也称为适应能力。0～3岁婴儿的认知能力是一种对环境和物质世界的适应能力。认知能力是大脑的功能，认知能力的发展正常表明儿童的神经系统和大脑发育完备无损。促进认知能力的发展，可以促进大脑结构的发育和功能的建构。

上述是所有婴儿认知能力发展的一般特点。研究表明，在每个年龄段中除典型的行为之外，还会有上一个年龄段特点的延续，也会有下一个年龄段特点的萌芽，不可能整齐划一地发展。3岁前各月龄段认知能力的发展速度也不尽相同，有时快些，有时慢些，有时会突发加速的现象，有时又会比较平缓，这都是发展过程中的正常现象。

语言与婴儿智力

婴儿的语言与语言能力

语言是人们用语音按照一定规则表达思想、交流思想的工具，是人类所特有的交际工具，包括口头语、书面语和体态语。

婴儿的语言过程主要包括语言感知、语言理解和语言表达三个基本方面。它

们是语言能力必不可少的三个重要组成部分，同时也是所有语言交流活动所必须经过的三个基本阶段。我们所说的婴儿语言能力，主要就是指这三方面的能力。语言感知是指通过对语言的感知以获得信息的过程，是语言能力的首要内容，也是语言活动的第一个基本环节。婴儿最早获得的就是这种语言感知能力。语言理解就是指将感知到的语言符号(声、形)转换成其所代表的事物过程，即揭示出语言信息的意义。这需要婴儿根据自己的知识和经验来进行积极主动的建造(也即“转换”)活动。语言表达是指婴儿以语言为载体，通过语言器官或其他部位的活动向别人传递信息的过程，又称“语言产生”，主要包括说和写这两种形式。它受一定目标的指引，又受认知系统直接支配和调节，是一种有目的的认知活动，和记忆密切相关。

语言与智力的关系

人类社会已进入了飞速发展的信息时代。“知识爆炸”使终身教育成为共识，而超强的文字阅读和处理能力则成为信息素养的重要组成部分，由此，更说明人类语言能力的重要性。

语言学家认为语言有五大职能：表述职能，表达自己的内心情感、意愿；称谓职能，向交际对象发出信号，使对方做出相应的反应；描述职能，描述客观存在的事物；交际职能，同别人互相交流信息；认识职能，在掌握概念、判断的基础上进行推理，认识新的事物。语言的这五种职能都与人的智力发展密切相关，特别是能促进婴儿的思维发展。斯大林在《论语言学的几个问题》中指出：“不论人的头脑中产生什么样的思想，以及这些思想在什么时候产生，它们只有在语言材料的基础上，在语言术语和词句的基础上才能产生和存在。”从语言对思维的作用上看，语言的准确性能促进思维的明晰性，语言的条

>> 专家解疑

近期心理学研究成果也表明，人的早期的智力发展在很大程度上取决于儿童时期的语言训练。德国神童卡尔·威特6岁时已经掌握了德、法、英、意大利、希腊、拉丁六种语言的三万多词汇，14岁获哲学博士学位，16岁时又获法学博士学位，成为欧洲19世纪名噪一时的天才。他父亲总结培养卡尔·威特的第一条经验就是抓孩子早期的语言训练。

理性能促进思维的周密性，语言的连贯性能促进思维的逻辑性，语言的多样性能促进思维的形象性。曾经认真研究过语言和思维关系的著名科学家爱因斯坦说："一个人的智力发展和他形成概念的方法，在很大程度上是取决于语言的。"

语言发展的特点

1. 语言具有天赋的基础，又是从学习中获得的

临床医疗实践证明，人的发音器官或大脑的语言区受到损伤，就会患"失语症"，部分或全部地失去说话能力，可见说话与人的生理功能有关，需要一定的生理基础。但从本质上说，说话不是生理现象，而是社会现象。如果离开了社会交往的需要和条件，即便生理上具备了发音器官，大脑发育基本正常，人也是不会说话的。如印度的"狼孩"和我国的"猪孩"，虽然生有人的大脑，正常人的发音器官，但由于脱离了人类社会的生活环境，失去了社会交往的条件，他们就不会说话了。事实证明，说话是一种社会现象，单单靠生理基础是不能掌握人类语言的。人的说话能力是在后天的社会环境中，经过培养和训练逐渐形成的。所以，创造良好的社会交往条件，及时地进行说话训练，对促进婴儿的语言发育是十分重要的。

2. 语言的发展有固定的顺序

研究表明，每一个在人类社会环境中成长、发育正常的儿童，无论说的是哪种语言，都毫无例外地要经过大致相同的阶段，有一个从倾听到表达、从发音到说词、从说得少到说得多、从说得含糊到说得清楚、从说得不连贯到说得连贯的发展过程。

3. 正常儿童之间语言发展存在个别差异

如"发话"的月龄不同，发音清晰度不同，对语言各层次（语音、语感、语义、修辞、结构）和各语言单位（词、词组、句子）的敏感性不同。

婴儿社会行为的发展意义

概念

人的社会性

社会是由人构成的。人们在一定的社会生活中，为了保障社会的稳定，便逐渐形成一定的社会规范，如道德、习俗、纪律、法律等。每一个社会成员在其发展过程

中都必须学会掌握和遵守这些社会规范，才能适应社会生活，被社会接纳。人的社会性是指人为适应社会生活所表现出的心理和行为特征。婴儿掌握这些规范是一个复杂长期的内化过程。独立掌握规范，自觉遵守社会规范，是儿童社会化的一个重要成果，也是儿童实现社会化的一个重要标志。

婴儿的社会行为

婴儿作为种族群体中的一员，是在伙伴和成人中间生活、成长的。婴儿要适应自己所属的群体，就得有圆满处理与别人关系的能力，有敏锐的对人的感受性，要学会群体、社会所共有的标准的行为方式、规范和习惯。婴儿的社会行为主要通过对自己的表情、姿态、语言、语气、活动等行为的控制，使自己与社会相适应。

婴儿社会行为的发展

婴儿社会行为的发展，是指婴儿从一个生物人，到逐步掌握社会的道德行为规范与社会行为技能，成为一个社会人，逐渐步入社会的过程。不同年龄段的婴儿，社会行为的发展是完全不同的。婴儿期社会行为的发展主要表现在生活自理能力、社会交往能力、保持良好的情绪和人格发展等方面。

>> 专家温馨提示

完美的人格对一个人的智慧和能力的发展及事业的成功具有促进作用，如一个人高尚的道德水平、较强的社会交往能力等对其事业的成功是有帮助的。20 世纪 90 年代初出现的情感智力的概念，则把社会性发展的作用提到了一个新的高度，强调“情商是决定人生成功与否的关键”，从而使“智商决定论”成为历史。这种观点的提出，反映了未来社会发展的需要及相应的人才标准。

婴儿的社会行为及人格培养重要性

社会性发展对婴儿的健康成长有重要意义，对孩子未来的发展也具有至关重要的作用，特别是在社会迅速发展的今天，婴儿的社会性发展更是必须予以充分重视。

社会性发展是儿童健全发展的重要组成部分，促进儿童社会性发展已成为现代教育的最重要目标。

培养身心健康的人是教育的最根本目标。社会发展是儿童身心健全发展的重要组成部分，它与体格发展、智力发展共同构成儿童发展的三大方面。从现代教育观念看，让儿童“学会做人”的教育远较知识与智能教育重要。重视社会性教育这一主题，已经成为现代教育观念转变的一个主要标志。

婴儿社会行为的表现特点

社会交往能力

婴儿社会交往能力主要表现在对人的反应上。婴儿与所接触的社会成员进行的交往，表现为在团体中与别人一起学习、游戏、彼此尊重、互相分享、遵守纪律等。这种交往就是社会交往，展现的是社会交往能力。

生活自理能力

婴儿对自己生活的料理能力，包括吃饭、穿衣、梳洗等行为技巧。在生活上没有很好自我料理能力的婴儿，很难适应当今社会生活方式对人的要求。生活自理能力和技巧也能表现婴儿的社会适应行为和能力。

情绪情感

情绪在婴儿与人的交往中，占有特殊的、重要的地位。新生儿几乎完全借助于他的面部表情、动作、姿态及不同的声音、表情等，使成人了解他的生理、心理状态和各种生理性的、社会性的需要，照顾、哺育他，或者给他以情感上的抚慰，与之逗玩。通过与成人情感性的应答，婴儿与成人交流信息，相互了解，引起其与成人的交往，或者维持、调整交往行为。婴儿在掌握语言之前，主要是以表情作为交际工具的。

思维能力培养与训练

培养孩子的理解能力

思维活动常常是在理解的基础上进行的，但由于幼儿的大脑发育尚处在初级阶段，理解认识事物往往需要以语言和动作为媒介来进行。因此，我们要注意用语言和动作相结合的方式来培养孩子的理解能力，进而发展孩子的思维能力。

另外，还可以训练幼儿理解事物的特点，通过成人的语言、声调、表情和手势，让孩子理解什么可行，什么不可行。可行的要加以鼓励，不可行的要用严肃的表情进行制止，将他的手拉开或将小孩带走，使他们懂得是非和行为的限制。家长还要注意观察、学习理解孩子自创的语言。

培养比较认识事物的能力

在日常生活中培养孩子比较大小、粗细、长短、高低、深浅、多少、冷热等能力，让孩子通过比较事物的异同，提高认识能力。

比较大小

找一些可比较大小的实物，如玩具、建筑物、生活用品等，引导孩子进行比较。让孩子通过自己的思维活动，指出哪个最大、哪个最小、哪个比较大。

比较粗细

给孩子提供一些可比较粗细的实物，或在纸上画出粗细不同的线条，让孩子从中比较、辨别粗细。

此外，家长还可采用类似的方法给孩子提供一些长短不一、高低不等、深浅不均、多少不同、冷热有别的实物材料让孩子去比较，在比较过程中发展其思维能力。

> **>> 亲子课堂**
>
> 在日常生活中，成人可以用缓慢而清晰的语言教小孩讲接触过的人和事物的名称。如告诉小孩子“这是灯”“这是小狗”，并找人或物让孩子复习、巩固。若再次问小孩子“灯在哪里”，小孩子不懂时，成人可用手指给他看，帮助他理解回答。孩子长大一些后，可以叫他“做动作”，让他理解一些动词的含义。如在讲解“走”“跳”“躺下”等动词时，可做相应的动作帮助孩子理解，也可训练孩子借助于动作来表示对别人说话的理解，如点头表示“同意”，摇头表示“不要”，招手表示“再见”等。

培养孩子的分析判断及推理能力

家长说出某些事物或人物的基本特征，让孩子说出它们的名称，或者说出一些谜面帮助孩子分析，猜出谜底。

在日常生活中，家长可让孩子观察相反的事物。如让孩子观察两个人，一个讲礼貌，一个不讲礼貌，让孩子判断谁是谁非。或者是家长自行构思设计后讲给孩子听，让孩子思考判断。

家长还可在生活中有意造成一些明显的错误，如把纽扣扣错、筷子倒拿、衣服穿反等，让孩子仔细观察去发现问题，并鼓励孩子用完整的话说出错误之所在，让

孩子学会纠正错误，启发性地教孩子分析产生这些错误的原因。或者是故意说错一句话，如“小狗飞起来真好看”“这是我明天买回来的布娃娃”。或者故意画一幅有错误的画，如老山羊和大灰狼在一个笼子里关着，烈日下的小姑娘穿着雨衣雨鞋等，让孩子判断是否有错，并叫孩子分析错误的原因。

培养孩子的逻辑思维能力

家长可以给孩子两个不相关的事物，让孩子说出一句话，或者编出一个小故事，把二者联系起来，比如让孩子用一句话把水和火联系起来。也可给出一种事物，让孩子说出与它有联系的事物，如让孩子说出与飞有关的动物名称。或者给孩子提供两组相互关联的事物，让孩子画线把它们连在一起。

家长还可给孩子讲故事，但不说出最后结局，让孩子在理解故事主题的基础上，推断、预言故事的结果。

训练孩子思维的独立性和创造性

经常向孩子提出一些与其生活、学习、娱乐有关的问题，让孩子通过独立思考后做出回答，并鼓励孩子大胆创新，放开思路去想。例如，孩子的小皮球滚到地洞里去了，你要鼓励孩子自己动脑筋想办法把球取出来。若孩子想出一种办法，你可鼓励或提示想想看还有没有别的办法。

想象力的培养与训练

观察中引导孩子想象

自然界中，满天飘舞的雪花，纷纷洒落的雨水，大风吹散的花瓣等，一切的一切都能引起孩子无穷的遐想和观察兴趣。因此，家长要让孩子多接触自然，观察自然界的各种现象和事物，在观察的过程中引导孩子去想象，发掘孩子的想象潜力。

家长可拿孩子熟悉的各种事物作比喻，让孩子在脑海中对这些事物产生各种想象,并进一步引导孩子把自己的想象用语言表达出来,或用图画描绘出来。例如,带孩子赏月,家长可以告诉孩子月亮里有美丽的嫦娥姑娘,洁白可爱的小兔,并叫孩子去想象嫦娥长的是什么模样。可试探性地问小孩子:“月亮圆圆的像不像盘子?”“弯弯的月亮像不像镰刀”等,引发、指导孩子想象。

开展美术活动激发孩子的想象力

开展美术活动是发展孩子想象力的有效途径。家长应该为孩子准备一些画笔、彩色橡皮泥、小积木、纸等,让孩子去画、去涂抹、去捏造、去拼搭、去折叠,凭想象去创造不同形象的物品。家长在活动的过程中,要适时地给孩子提出一些要求,提供一些思路和技能指导,帮助孩子充分表现自己的想象。

美术活动形式多样,家长不要让孩子拘泥于模仿绘画或拼插图形等单一的活动限制孩子的手脚,应该让孩子按自己的意愿、想象去展开活动。

在音乐活动中激发孩子开展丰富的想象

将容易用动作表现出来的音乐,有意识地放给孩子听,帮助孩子根据曲意展开想象,并要求孩子根据乐曲通过想象设计出各种相应的动作。当孩子有一定乐感和欣赏能力时,训练孩子听音乐做动作。

另外,可选一些孩子会唱的歌曲,教孩子理解歌词的意思,并让孩子根据自己的理解,通过想象自编相应的动作。

>> 专家解疑

婴儿期是儿童社会发展的重要时期,婴儿社会性发展是其未来发展的重要基础。

婴儿社会性发展在人一生的社会发展中占有极其重要的地位。由于婴儿期是儿童社会性发展的关键期,婴儿的社会认知、社会情感及社会行为在此阶段都得到了迅速发展,并开始逐渐显出较为明显的个人特点,可以说某些行为方式已经成为比较稳定的个性特征。因此,婴儿社会性发展是其未来人格发展的重要基础。婴儿社会性发展的好坏,直接关系到婴儿未来人格发展的方向和水平。

>> 妈咪小贴士

孩子都喜欢听故事,特别是精彩、有趣的神话和童话故事。因此,家长可在孩子听故事的时候,不时地提醒和引导孩子展开创造想象,并选择合适的时机停下来,让孩子展开创造想象去讲后面的情节,然后让他用语言进行表述。

第二章

开展家庭益智活动

家庭是孩子的第一课堂，父母是孩子的第一任老师。从一出生开始，父母就要开展对孩子的早期启蒙教育，积极进行婴幼儿智能开发和提升，帮助孩子寓教于乐，边玩边学，不让孩子输在起跑线上。

创造良好的家庭环境

讲故事是开发孩子智力的有效途径

当孩子能听懂话的时候就可以经常给他讲简单的故事，以此来启迪孩子的智力和激发孩子的学习兴趣。故事的内容可以是童话、神话、科学幻想等，也可以是英雄人物的光辉事迹或是科学家成长的故事等。家长还可以针对孩子的情况自编一些适合儿童心理发展特点和实际需要的故事。

游戏是发展智力的好手段

游戏对于学龄前的孩子来说，是他的主要活动，也是发展智力的一种良好手段。游戏的种类和内容是比较广泛的，有智力游戏、体育游戏、角色游戏、表演游戏等，这些游戏都与智力发展有很大的关系。

游戏能否成为发展孩子智力的好手段，关键在于家长和孩子做游戏的过程中，能否把讲授知识和培养能力寓于游戏活动之中。

适当安排孩子做力所能及的事情是培养其智力的有效活动

当今，无论是对掌握知识的量还是质而言，对于孩子来说学习是十分沉重的负担。而且，由于父母普遍溺爱独生子女，舍不得让他们干一点活，因此，很大一部分家庭都很少让孩子分担家里的家务和其他劳动。于是，孩子似乎在生活中只有一件事要做，那就是“读书”。在家里孩子的活动内容越来越少了，包括孩子自己应该做的力所能及的劳动都由父母包办起来。有一项调查结果显示，当前的小学生95%以上在家是不用做任何家务的。这种家庭教育方式已日渐显露其缺陷，由于孩子过着饭来张口、衣来伸手的生活，使他的生活自理能力和解决问题的能力日益降低。只让他读好书，代替和承包他所要做的力所能及的事情是没有任何积极意义的。相反的，由于孩子缺乏应有的劳动和活动，就可能导致他不能全面发展，即使学习成绩优秀，也会缺乏应有的社会生活能力。

培养孩子对科学的兴趣

>> 专家解疑

让孩子从小参与适量的家务活动与劳动，不但能培养孩子的能力，还能培养孩子热爱劳动、关心他人、耐心细致等优良品德。一个人的成才，智力因素固然重要，但一些非智力因素的优良品格也是极其重要的。

在幼儿阶段，孩子能对科学产生兴趣吗？如何培养孩子对科学的兴趣呢？这些是每一位家长或教师都想了解的问题。

其实，科学就在我们的身边，就在孩子们的游戏中，它们就是孩子身边的花草鱼虫，是孩子常见的风、云、雨、雪、起雾、下霜等自然现象，这些都可以成为孩子观察的对象。家长可以用简单的语言、形象的比喻来解释这些现象，还可以带孩子走进大自然，为孩子解答各种问题，如“大雁为什么每年秋天南飞？”“为什么蚂蚁搬家就要下雨？”“为什么夏天的水要比冬天的水凉？”等等。

经常做一些科学小实验

父母利用家里的自然物、废旧材料，就可以教孩子自己操作一些简单的科学小实验，以明白一些科学道理。

这类科学小实验很多，父母可以根据自己的条件，精心设计一些有趣的实验与游戏，让孩子获得一些科学知识，从而激发他对科学的兴趣和求知欲。

家长可以利用电冰箱，为孩子演示水的三态变化。用塑料袋装空气后捏住袋口，让孩子按一按有什么感觉，再对脸挤出点空气看有什么感觉，了解空气处处都在，是无色、无味的。通过科学小实验，培养孩子对科学的兴趣。

经常带孩子参加一些丰富多彩的活动

如带孩子去参观各种展览，逛博物馆，游览动物园、公园等，以丰富孩子的感性认识，扩大他们的眼界。还可以让孩子参加一些力所能及的劳动，如饲养小金鱼、浇花、采集落叶等，培养孩子对动植物的兴趣。

多讲科学童话和故事

科学故事中有很多科学知识和道理，又以孩子能够接受的方式出现，所以很受孩子们的欢迎。如《小蝌蚪找妈妈》《小水滴漫游记》和《吃新郎的螳螂》等，都是比较好的科学故事。

多看照片、图片以及电视

给孩子看一些实物照片，可以让孩子更好地了解动、植物的外貌特点及生存环境。电视节目中的《动物世界》也是比较好的讲解科学知识的节目。

创造良好的交谈环境

研究表明，大多数人都是通过“看”获取他们对周围世界的相关信息，然后将这些视觉形象加以讨论、分析和加工。这种将信息转化成观念信仰和因果行为的过程包括“听”和“说”。

问孩子一些问题，听取他的答案，让他扩充自己的观点。问一些能够让孩子充分思考、能自由回答的问题，而不仅限于回答“是”或“不是”。如：

“如果……你认为将会发生什么事？”

“你认为……的结果如何？”

“你认为是什么原因导致这种事情的发生？”

“你对这种情况有何评价？”

“如果你……你会怎么做?”

让孩子发表他们的观点,完整地听他所讲的话。如果你在某一重要原则上表示不同意他的看法,应告诉他你不赞同他的什么观点,并说出理由。在提出你的反对意见时不要过于武断,说出你不同意孩子哪些表达,而不应否定一切,然后再说出你的看法。

让孩子投入谈话之中。交谈需要花费每个人的一些时间,最好是在一种让每个人都有同等机会参与的轻松气氛中进行。

谈话应自由自在,任意发挥。谈话不需要什么仪式安排也不需要预期什么效果,让人们随意交流观点和看法。

谈话应充满幽默和笑语,避免在思想方法上走弯路。

谈话内容应丰富而有价值。它可以建立一种人际关系,也提供一个让人们交流思想、表达感情的机会。

最好的一个谈话场所是餐桌旁。安排每周一次的家庭会餐,理想的应是一天一次。进餐前大家一起进厨房做好准备,然后围坐桌旁,边吃边谈。

下面是一些进行谈话的恰当时机:

与孩子共同看完一本故事书后;

开车途中(不播放音乐);

当你们在公园游玩时,静静坐在某一僻静之处,可以一边观赏旁边的人们和公园的景色,一边交谈;

当你们手端一杯茶(或饮料)围坐在一起休息时;

当你与孩子一起散步时。

>> 专家温馨提示

你与孩子进行的谈话越多,你就越感到你们容易相互交谈。这些谈话的时机将给你更多的回报,更好的结果,你的孩子将学会如何表达自己的思想,形成自己一整套的思考观点、价值观念和对行为的评价看法。

正确教育孩子识字

1. 正确的识字教育应注意以下几点

(1)字形要和图形紧密结合。在教新字时,应先出现相应的图形,或字形图形同时出现,以调动孩子各种感官的作用。

(2)所选的汉字,应是孩子所熟悉的生活范围内的,所选的教材也要符合孩子的生活经验和年龄特点。比如选择孩子日常生活中常用到的字:吃、喝、跑、跳、哭、笑等。

(3)要让孩子充分地观察字形,然后在父母的引导下分析总结字形的特点,同时注意教会孩子正确的读音,使字的音、形、义三者紧密结合。

(4)创造良好的识字环境,比如把识字图片布置在家中显眼的位置,在一些实物上贴相应的识字标签等。

(5)尽量把识字与游戏活动结合起来进行,这样能寓教于乐,使孩子学得生动、活泼、愉快。

2. 认字哪种方式好

研究结果显示,当我们教孩子学习文字的读音时,书中所附加的插图,往往成了分散孩子注意力的干扰,降低了孩子学习文字读音的表现。这是因为当孩子学习把某一文字与其读音作出联结时,插图的存在往往分散了孩子的注意力,孩子的注意力过分集中在插图中,便忽略了文字与其读音的联结学习。所以很可能日后当孩子看到该实物时,很快便能说出其名称,但读到代表该物的文字时,便无法念出来。因此,要不时地用手指着文字,使孩子的注意力能集中在该文字与其读音的联结上。当日后该文字单独出现时,孩子便能念出该文字了。

认识钱币锻炼生活自理能力

孩子三四岁的时候，就可以教他认识钱币了。我国使用的货币，分硬币和纸币两种，每种又有不同的面额，一般孩子会认50元以内的货币就够了。

货币是人们生活中购物不可缺少的媒介物，让孩子掌握好货币的换算和使用，对孩子及早进入社会生活、培养孩子学习心算、锻炼生活自理能力都有好处。家长可试用下面的方法教会孩子认识和使用钱币。

区分硬币和纸币

拿一些硬币和纸币分别展示给孩子看，硬币掉在地上可以发出声响，都是圆的；纸币可以折叠，是长方形的。再让孩子看看各种硬币有什么不同，可以让孩子比较大小的方式区别这几种硬币；区别各种纸币，可以经过图案、颜色和大小来比较、辨别。

>> 亲子课堂

让孩子知道钱币是在家长、卖杂货的爷爷和商店里的阿姨手里用来用去，上面有很多细菌，所以不要把硬币放在嘴里。拿完钱后要洗手，还要养成节约、不乱花钱的好习惯。

用玩游戏方式掌握货币之间的换算关系

可以找一些纸币、硬币的零钱，在家中和孩子做“商店”游戏。由家长当售货员，孩子当顾客，家长可以拿一些橡皮、尺子、铅笔之类的小物品作为商品，告诉孩子铅笔5角一支，尺子1元一把，橡皮1.5元一个，让孩子按价钱付给家长。或家长当顾客，孩子当售货员，让孩子学着找钱，经过几次训练后，孩子对元、角之间的换算关系就基本清楚了。

学会使用货币

可给孩子零钱，让他去买东西，如买冰激凌、手帕、铅笔等，并将所找的零钱还给家长，家长可以告诉孩子，给了他多少钱，花了多少钱，又找回多少钱。

认识日历培养自主能力

当孩子会看钟表，学会从1数到50，并且有了昨天、今天、明天的时间概念后，就可以教孩子认日历了。家长应该认识到孩子学认日历后的好处，可以更好地帮助孩子安排时间和掌握日期，有助于培养孩子的自主能力。下面就介绍几种教孩子学认日历的方法。

认星期

可以经过日历或月历，来教孩子学认星期。月历一般是显示一个月内相应的星期分布状况，而且星期一到星期日是顺序排列，星期六和星期日以特别颜色显示。可以让孩子每天都看看月历，并根据每天安排的活动来记忆星期，如星期日爸爸、妈妈都休息，自己也不用去幼儿园；星期一幼儿园有绘画课；星期二有计算课等。让孩子明白七天组成一周，一周内顺序总是一样的，并不断重复。

认识月份、日期

可以选在元旦前夕，告诉孩子元旦就是一月一日，是新年，也就是新的一年的开始。一年有12个月，月有大月和小月之分。孩子不易掌握大月和小月的区别，可以让孩子紧握左拳，手背朝上，用手指关节间凸凹作标志记大、小月：从左或从右开始数，凸处为大月，凹处为小月，让孩子边指边念口诀。如“一月大（凸处）、二月平（平处）、三月大（凸处）、四月小（凹处）”，数到七月，再拐回来接着数，直到数完12个月。让孩子说说哪几个月最冷；哪几个月最热，把月份与季节、气候联系起来记。

学会看节日

日历上往往用鲜艳的颜色标注节日，如一月一日、六月一日、十月一日等节日一般都用红色。让孩子知道这些节日，并与往年的活动联系起来，如一月一日是新年，六月一日是儿童节。

找自己的生日

孩子一过完这次有趣的生日，就盼望下次生日的到来，家长可以让孩子自己在日历上找生日是几月几日、星期几；也可以告诉孩子爷爷或奶奶的生日是几月几日，让孩子在日历上找到，并告诉给爷爷、奶奶。

怎样教孩子阅读

美国学者都满博士认为：孩子在年幼时，便应该开始学习阅读。

都满博士认为：教导孩子阅读是有一定的方法和步骤的，如能循着这些步骤进行，便能产生良好的学习效果。这种“阅读教学法”的步骤简述如下：

首先，教导孩子阅读一些个别生字，从他周围环境中，常遇到的生字作起点，例如“妈妈”“爸爸”；然后再教他们阅读与孩子本身有关的生字，如“手”“脚”“眼睛”“耳朵”等，再其次则是与家庭成员有关的生字，如“哥哥”“妹妹”等；最后，渐渐把生字的领域不断扩大，诸如日常用品、玩具以及表示动作的生字等。这样的编排，才能引起孩子的学习兴趣。

培养孩子良好的阅读习惯

培养孩子良好的阅读习惯，对其将来知识的获取、思维的开拓和头脑的发展都起着桥梁纽带的作用。

从小培养

1. 让孩子早看到、早接触图书

孩子出生之前，家长不妨就像给孩了买玩具一样，给孩子买一两本色彩鲜艳的画册，让孩子一生下来就接触到书，使孩子感到书也是他非常熟悉的东西，是生活中的一部分。

2. 父母和教师以身作则

孩子喜欢模仿父母和老师的行为，父母和教师经常在孩子面前阅读书籍，谈论书籍，使孩子觉得阅读是日常生活中的一部分，就像吃饭、睡觉一样自然和必要。

3. 为孩子创造一个有书的环境

为孩子准备一个专用书架或书柜，由孩子自己放置、管理和使用，使孩子拥有自己的图书，像拥有自己的玩具一样，可以随时取阅、欣赏。

4. 常给孩子买书

买书要注意时代特点和孩子的年龄特征，父母童年时代喜爱的书不一定都适合今天的孩子,不同年龄的孩子对书有不同的需求。家长还可以带孩子去逛逛书店,给孩子一点钱,让他们为自己挑选和购买一些书籍。

5. 与孩子一起读书

与孩子一起读书,一起谈论故事中的人和事,交流彼此的看法;也可以先给孩子读一些有关的故事,再让孩子自己读,了解故事的结果,以培养孩子对读书的兴趣。

6. 培养孩子读书、爱书的好习惯

有的孩子对图书不爱惜、乱扔乱放,家长要作表率,在孩子面前表现得格外爱惜书,使孩子感到书是很珍贵的,应该爱护;对孩子珍惜图书的好行为要及时予以鼓励和表扬。此外,不要让电视、游戏机夺去孩子阅读的时间。

选择儿童读物应掌握的原则

选择儿童读物,要适合儿童的需要。应注意以下几点:

(1)买孩子现阶段能阅读的书,不要像买衣服一样,总买大一号的。孩子的智力发展适合读什么,就买什么读物。

(2)不要以是否畅销来决定,畅销书不一定就适合孩子,买他感兴趣的书,他才会自动阅读。

(3)不要逼孩子阅读,要引导他享受阅读的乐趣。

怎样讲故事

许多孩子都喜欢听大人讲故事。父母经常给孩子讲故事,对儿童智力发展和身心健康成长有一定的好处。父母给儿童讲故事要注意以下方面:

1. 学习讲故事的技巧

做父母的学习一点讲故事的技巧是必要的。讲故事的第一步,是选好题材,即故事的情节要清楚、易懂;字词要明白、口语化;内容不要太长。

对不识字的孩子,可以用图画书为题材,让孩子看着图画书,进行讲述,孩子又看又听,较有兴趣。还可以选择自己熟识的故事,包括自己童年的往事,可以让故事融入直接的感情。在讲故事时,还要注意用些适当的语调、手势和表情,以掌握孩子听故事的气氛和情绪。

>> 妈咪小贴士

给孩子讲故事，对孩子来说是一种很好的学习。可以增加知识，也可以从中学习生活方式、学习好的品德。

小孩子不仅喜欢听人说，而且更爱自己讲。父母要加以引导，这对训练孩子的口才和思维能力很有好处。

2. 怎样用幻想故事促进孩子的想象力

孩子到2~3岁时，开始会有许多幻想产生，他们虚构出各种情况与人物，沉浸其中，玩得不亦乐乎。这种幻想是成长中的自然过程，在儿童发展中扮演着重要的角色，父母不但不要忧虑，而且应该鼓励自己的孩子发展想象力。

心理专家认为，幻想对孩子有下列的重要性：

(1)解决问题。孩子在假设的情况下，可以自由自在地去面对问题与状况。幻想中，他们不必担心挫折与失败。

(2)学习教训与经验。经过扮演假想的角色，孩子得到不同的经验与心得，且获得控制的感觉，对自己建立起信心与能力有较好的帮助。如扮演一个救火队员，从幻想中，能感到自己拯救他人的能力。

(3)发泄内心感受。2~4岁的孩子开始了解世界上有许多事他不能做，有些东西他不能拥有，而想象力让他能够面对及处理这些无力、挫折与愤怒的感觉。

(4)学习人际关系。在幻想与假设的情况中，孩子能体验到各种不同的人际关系以及和他人相处的感受。

因此总的来说，幻想对孩子的人格发展与成长具有正面且健康的影响，父母应该在其间扮演一个激发孩子想象力的角色。要培养孩子的幻想与创造力，除了让孩子阅读或为他朗读具有想象力的故事情节以外，与孩子一起玩各种创造性的游戏，也是一种好的方式。

怎样给孩子朗读

究竟应该从什么时候开始给孩子朗读?

有些父母从孩子6个月起就开始给他们朗读读物。为什么这样做呢?因为孩子从这个时候起开始熟悉声音,开始对纸上的东西感兴趣,尽管他们还不懂内容。

据说,孩子会把高声朗读同平静和安全感联系起来。研究人员认为,高声朗读应该是第一次对孩子表达的爱语。随着孩子的成长,孩子把高声朗读当成是一种安宁和安全的声音,并把这种声音同受到的爱护和美好的形象联系起来。

应该给孩子朗读些什么书籍呢?开始时应是一些带有幻想性的故事和有韵律的歌谣,因为这种读物能吸引孩子,并能集中他们的注意力。所选择的书籍应该具有文学性和长期阅读价值。如果有几个孩子,应该单个地给他们朗读,尽可能多地给他们朗读,而且最好每天固定时间,入睡之前是朗读的最佳时间。请务必要有耐心,因为孩子的听力是慢慢发展起来的,不是一朝一夕就会有成果的。朗读不要半途而废,如果一本书内容很长,可分章节每天晚上读一段,一定要坚持读到最后。

要设法按照故事情节的发展掌握朗读的节奏,在令人激动的时候,要读得慢一些,以便创造一种引起儿童对故事情节感兴趣的气氛。

怎样教孩子背诵儿歌

儿歌短小精悍、语言简练,讲究韵律、节奏,读起来朗朗上口,听起来有一种音乐感,为孩子所喜爱和容易接受,使孩子从中欣赏优美的语言、接受思想和知识教育。为使孩子对儿歌背诵、朗读感兴趣,可采取下列方法:

父母可先作示范朗读,以引起孩子对这首儿歌的兴趣。可选择故事性较强的儿歌,由父母朗读一句,孩子跟读一句,反复朗读,直到能背诵。

父母可把儿歌内容编成故事,先讲故事给孩子听,讲时尽量用儿歌的词句,然后教孩子朗读,更能引起他对这首儿歌的兴趣。

看图文并茂的儿歌。可通过无线电和电视等现代化影视手段,让孩子欣赏优秀的故事和儿歌。

孩子学会一首儿歌,可让他表演,及时予以鼓励和奖赏。

>> 亲子课堂

有些儿童特别好动,总是坐不下来认真听朗读,这时可以给他们一些纸和彩色笔,让他们的手忙起来,这样他们就能坐下来认真听朗读了。由于90%的小学教师都是女性,因此提倡妈妈朗读故事。

如果孩子总看到您愉快地读书,他们将来也会有读书的热情和好奇心,并学着去做。

怎样给孩子念书效果最佳

刚刚给孩子念书时，若能遵守以下方法，效果会更佳：

选一本文字不多的图画书，经常指着书中的图画问孩子："这是什么？"以鼓励孩子说出所看到的东西或动物的名称。

顺着孩子的回答，可再问"那是作什么用的"或是"它是吃什么东西的"等问题，进一步启发孩子思考。如果孩子回答对就予以赞扬，如果孩子不知道就耐心地告诉他。

观察孩子对什么有兴趣，并且加以说明和谈论。不忘回答和讨论孩子所提的问题，要有耐心，不要怕麻烦。孩子都有好奇心的，会不时提出一些问题，这正是启发孩子思考、开发孩子智力的好时机。

问孩子"在这一页中，你看到了什么？"以此作为开端或结尾。当孩子已无物可言时，可以再替他加入一点。

经常这样的使孩子轻松有趣阅读，才能激发孩子阅读的兴趣。

培养孩子的注意力

那么，怎样才能培养和锻炼孩子的注意力呢？家长须注重以下几个方面：

1. 养成专注的学习习惯

不少家长对孩子的知识学习十分重视，但对培养孩子良好的学习习惯却认识不深。实际上在入学前，家长不要只着力于抓孩子的识字、写字、背诗、数数等，更要帮他们养成仔细、耐心、专注的学习习惯，教育他们在做一件事时，不管这件事是有趣还是无趣，是易做还是难做，都必须有始有终、专心致志，而不能分心旁顾。

>> 亲子课堂

在家庭活动中，家长要有意识地让孩了做些集中注意力的游戏，比如玩拼图、搭积木等，使孩子在浓厚的兴趣中，养成专注习惯。此外，儿童在玩游戏时通常会全身心地投入，在其聚精会神的时候，家长切不可随意打扰、干涉，因为此时不断地干扰孩子，会弄得他们一阵急、一阵恼，不利于他们养成做事专心致志的习惯。

2. 安排好学习、休息、活动的时间

家长给孩子安排学习任务，时间一般不宜太长。根据心理学的研究表明：5～7岁儿童能够集中注意力的平均时间为15分钟，7～10岁的儿童为20分钟，10～12岁的为25分钟左右。所以学习一段时间后，应该让孩子放松、活动或休息一下。孩子疲劳了就让他动一动、喝点水、吃点东西，切忌一天到晚都强迫他坐着一动不动，越是这样，他就越不能专心。

3. 保持学习环境的清静

在日常生活中，家长应避免在孩子学习的地方忙这忙那或出出进进，更不要从事一些对孩子特别有吸引力的活动，如看电视、聊天、打扑克等。否则长此以往，孩子势必养成东张西望、心神不定的学习习惯。所以在孩子学习时，家长最好也能坐下来看点书、读点报，少做一些分散孩子注意力的事情。

第三章

培养孩子的各种能力

人生来就不是万能的,许多能力都是后天培养的。本章综合讲述了父母在培养孩子的观察能力、认知能力、辨认能力、方位意识等,给正在苦于没有教育方向的父母指点迷津。

培养孩子的观察能力

孩子好奇、好动,应鼓励他们要充分运用自己的感觉器官去感知事物、认识事物,以培养他们的观察力。通过各种观察,能培养孩子在比较中发展分析、综合的能力。这方面可采用下列方法:

孩子观察事物,一般都不细心、粗枝大叶,观察到的东西也不全面、不系统。有的孩子对一件事物的观察,时间很短就没有了兴趣。所以,让孩子练习观察的时候,最好选一些形象可爱、色彩鲜明,容易引起他兴趣的事物,孩子自然就会精神集中地去观察,而且也不易产生疲劳或厌倦的心理。

孩子的观察能力,是可以进行锻炼和培养的,家长和教师需要对孩子进行科学的、持之以恒的训练和培养。

注意培养孩子观察的兴趣

兴趣是最好的老师,如果孩子对事物有了观察兴趣,成了探索迷,就会主动、持久地去观察、认识周围的世界。家长对孩子的提问要尽可能予以圆满解答,要珍惜孩子的好奇心,满足他们的求知欲。家长在可能的情况下,要鼓励孩子亲自动手,通过实践活动来培养兴趣和探索欲望。

注意教给孩子观察的方法,培养其观察能力

孩子刚开始观察的时候,往往没有目的地粗看一遍,比如家长让他去看看花,他也就只看看花,只观察到“花开了”这一简单层次。这时,家长就要进行引导,教给他观察的方法。比如,家长可以给孩子提出观察任务,一般采用提问的方式,“你看看这一棵树上共有几朵花?”“都是什么颜色的?”“花心中间有没有花蕊?”等,引导孩子细致地、有顺序地观察。

>> 专家解疑

要调动孩子的多种感官参加观察,这样可以使大脑从多方面进行分析综合活动,从多方面形成暂时神经联系。同时,由于儿童观察的稳定性不强,需要经常变换方式,调动孩子的视觉、听觉、触觉、嗅觉等参加观察,使孩子的兴奋中心能不断转移但又不离开所观察的事物。

培养孩子的观察力要循序渐进

先提供一些孩子感兴趣的事物,如可爱的小鸡、活泼的小猴及小金鱼等这些有趣的小动物和大街上奔驰的小汽车、街道旁盛开的鲜花等;再让孩子观察难度大、需要作深入思考的事物,如亚洲象和非洲象的区别,一幅画的内容,星期天公园里的游人等,使孩子逐步发展自己的观察能力。

为什么应重视培养孩子的认识能力

认识能力,是他们认识周围世界、获得知识的重要条件。孩子认识事物的程度与范围,都与智力发展水平直接有关(包括观察、注意、记忆、想象、思维)。父母如能为孩子进入小学提前做好准备,注意发展他的认识能力,要比他们掌握知识本身重要得多。因为认识能力是获得知识、培养分析问题和解决问题能力的基础,是使孩子认识事物的无意性、不稳定性和兴趣性向有意性、稳定性、抽象逻辑思维的过渡。因此,要使孩子掌握知识和技能必须注意发展他的认识能力。

怎样教导孩子认识事物

教导孩子认识事物,有两项原则可以依循,就是“由个别到一般”和“由笼统到具体”。

所谓“由个别到一般”,就是指先向孩子介绍个别事物的名称,其后才告诉孩子这些个别事物的一般共名。例如,当我们教孩子认识鸟类时,我们先教孩子认识麻雀、乌鸦、老鹰、鸽子,其后才教他们这些动物都是“飞鸟”,是在天空飞的;又如先教他们认识牛、

马、猪、羊、虎、狼，其后才教他们这些动物都是“走兽”，是在地上走的。

所谓“由笼统到具体”，如公鸡和母鸡，小孩很难分辨其差异，应先教他们认识这些动物都叫鸡，以后再分公母；又例如马与驴、骡，小孩也很难分辨，开始时不妨都叫马，以后再教孩子细分。

总的来说，当该事物的特点明显，而与其同类的事物不大相似时，应该运用“个别到一般”的原则；若该事物的特点不明显，而与其同类的事物十分相似，便用“笼统到具体”的原则。这样，可使孩子的知识得到深化和提高。

怎样教孩子辨认颜色

以往的研究指出：孩子对于基本色的掌握较好，对颜色的辨认较差。但近年一些学者所做的研究指出：只要孩子能正确地掌握颜色的名称，对于颜色的辨别亦能掌握得很好。当我们教孩子辨认颜色时，一定要告诉孩子颜色的正确名称，不要说得笼统，例如，我们告诉孩子这是“粉红色”“浅红色”“深红色”等，而不应只说“红色”便算了。只要耐心地教孩子，给予明确的颜色名称，孩子辨认颜色的能力便会大大提高。

孩子辨认颜色的关键在于能否掌握颜色的名称，而不是在于颜色的本身。教孩子辨认颜色的有效方法是透过对比过程，例如，教导孩子辨认深红色，便应把粉红色、浅红色等一一呈现。孩子透过这种对比过程，对于颜色的掌握更为有效。

颜色的辨别能力，在我们日常生活中是非常重要的。我们常用不同的颜色来代表不同的信息，例如，红灯代表停步，绿灯代表通行。所以，教孩子正确辨认各种颜色是十分重要的。

培养孩子的方位意识

早期培养儿童的方位意识，不仅能提高孩子的思维能力和动作协调能力，而且能给以后的入学教育打下良好的基础。

所谓方位意识是指儿童对左右、上下等方向位置的认识。这种培养可以从日常生活中做起，简单易行。如早晨起床给孩子穿衣服时，可对孩子说：“伸出你的左手，再伸出你的右手”，穿裤子时可说：“先把右腿穿上，再穿左腿”。在取东西时，可以告诉他在桌子上边或下边、抽屉里边等。在带孩子游玩时，可教向左、向右、向后转等。这样孩子在日常生活中就轻而易举地学到方位意识。以后随着年龄的增长，可教更为复杂的空间概念。

第二篇

0～6个月宝宝智能提升百科

第一章

0~3个月宝宝智能提升

为1个月的宝宝选择适当的玩具可以刺激宝宝的视觉、听觉和触觉；2个月的宝宝，对周围环境表现出更浓的兴趣，开始尝试抬头；对于3个月的宝宝而言，这时候他们的世界是一个感知的、触摸的、微笑的和品尝的世界。

宝宝的基本特征

这个阶段的宝宝

孩子在出生前，生活在一种温暖、舒适、比较安全的水环境之中，母亲履行着促进胎儿成长的全部职责。孩子出生后，由于脐带被结扎剪断，其身体内部系统结构及其功能均发生了重大调整，营养供给、呼吸、排泄等生理功能都必须由新生儿自己来独立完成。生活环境的变化，对宝宝的生存和发展是个严峻的考验。

>> 亲子课堂

无论从智能提升的角度还是从儿童社会化的角度来看，父母多和婴儿说话都是非常有益的。

音乐是训练宝宝听力的有效方式，宝宝对胎教音乐有特殊的表情，说明宝宝听觉记忆力良好。听音乐不但能增进宝宝的听力，还能调整情绪，使宝宝感受音乐所表达出来的语言。

宝宝的听觉能力训练

以前人们认为，刚出生的婴儿毫无任何能力可言，他们必须通过成长与学习，才会慢慢具备各种能力。但是，研究表明：婴儿虽然并不成熟，但却不像大人想象中的那般缺乏能力。相反，他们也会利用自己不成熟的一切，通过各种方法来了解母亲和周围的世界。

宝宝的视觉训练

人类是依赖视觉得到外界讯息的生物。当胎儿在母腹中时，便拥有能分辨光线的眼睛。

0~3个月的宝宝只能看见近距离的东西，但对自己感兴趣的如有亲缘关系的人，他会运用他的全部视觉能力，全神贯注地盯着看。这时，他就可以看得更远一些。

如果从宝宝一出生，就经常和宝宝面对面说笑逗乐，可使其社会性微笑提前出现，并促进其身心健康发展。

宝宝的触觉训练

大脑是支配婴儿日后知识能力的组织。出生未满3个月的婴儿，是靠中脑产生的反射作用来维持生命的。丰富的生活经验，可促进婴儿大脑的发育。因此，父母应在适当的时机，给予婴儿启发性的刺激。

宝宝的体能训练

婴儿运动能力的发展遵循人类运动能力发展的顺序和大体的发展时间表，但不同的孩子运动能力出现的早晚不同，其受环境的影响作用很大。如果缺乏练习的机会，会使运动发展出现迟缓。一般来说，运动能力发展迟缓对智力发展有不利的影响。这是因为，神经肌肉运动向脑提供的刺激作用是智力发展的源泉，是启动先天素质或遗传结构的动力因素。

宝宝的情感交流训练

对宝宝来说，吃奶是很重要的生活内容，这与很多条件相刺激，如体位、语声、表情和场景结合起来，使宝宝容易形成条件反射。这就是学习的开始。

在这个阶段，培养宝宝的亲情从学认父母开始。

综合能力提升

运动能力提升

从出生到1个月的宝宝，动作发育处于活跃阶段，他可做出许多不同的动作，并且面部表情逐渐丰富。2个月宝宝仰卧时，父母稍拉其手，头可以自己稍用力，不完全后仰了。他的双手从握拳姿势逐渐松开，如果给他小玩具，他可无意识地抓握片刻。要给他喂奶时，他会立即做出吸吮动作，会用小脚踢东西。3个月的宝宝，若用小枕头支持，已可坐起。

抬头练习

(1)俯卧抬头：使宝宝俯卧，两臂屈肘于胸前，父母在宝宝前方引逗宝宝抬头，开始训练每次30秒钟，以后可根据宝宝训练情况逐渐延长至3分钟左右。

(2)坐位竖头：将宝宝抱坐在父母一只前臂上，宝宝的头背部贴在父母前胸，父母一只手抱住宝宝的胸部，使宝宝面前呈现广阔的空间，能注视到周围更多新奇的东西，这可激发宝宝的兴趣，使宝宝主动练习竖头。也可让宝宝胸部贴在父母的胸前和肩部，使宝宝的头位于父母肩部以上，用另一只手托住宝宝的头、颈、背，以防止宝宝头后仰。

侧翻训练

(1)转侧练习：用宝宝感兴趣的发声玩具，在宝宝头部左右侧逗引宝宝，使宝宝头部侧转注意玩具。每次训练2~3分钟，每日数次。这可促进颈肌的灵活性和协调性，为侧翻身做准备。

(2)侧翻练习：宝宝满月后，可开始训练侧翻动作。先用一个发声玩具，吸引宝宝转头注视，然后，父母一手握住宝宝一只手，另一只手将宝宝同侧腿搭在另一条腿上，辅助宝宝向对侧翻，左右轮流侧翻练习，以帮助宝宝感觉体位的变化，学习侧翻动作。每日2次，每次侧翻2~3次。

手部动作训练

(1)手部感知练习:除了前面所述训练宝宝手部触觉的方法外,还可在宝宝手腕部系上铃铛或红色手帕、鲜艳的手镯,来吸引宝宝对手部的感知,帮助他感知手的存在、体验手的动作。可隔一段时间变更一种系法,看看宝宝注意到这些变化没有。摘下手镯、红绸带让宝宝瞧瞧、摸摸,让他感觉一下这些东西与手部动作的关系。还可让宝宝仰卧,将一块布或手绢盖在他的脸上,也可只盖住宝宝一只眼睛,开始时可抓住宝宝的上臂引导他试着用手移开布,逐渐减少帮助,使他自己将布从脸上移开。

(2)抓握练习:握着宝宝的手,帮助其触碰、抓握面前悬吊的玩具,吸引他抓握,可促进眼手的协调和视、知觉的形成。

语言能力提升

父母对3个月以内的宝宝给予频繁的语言刺激,可以增加宝宝的发音率。父母在和宝宝身体接触的同时尽量跟宝宝说话,这种简单而又始终如一的谈话对宝宝语言的发展起着十分重要的作用。要尽量提供各种不同的声音刺激,帮助宝宝迅速发展听力,但切忌强音和噪声。

开展早期阅读,初步激发宝宝阅读的兴趣。研究表明:宝宝满月以后,就开始出现早期阅读的兴趣和行为。父母可以在让宝宝听和说的同时,选择一些适合这一年龄阶段的读物供宝宝阅读。如背景简单、色彩对比强烈的图形、脸谱等,要求认知物突出、明朗,图书页面最好是大16开的。父母可边指导宝宝观看画面边用语言进行讲解,每次阅读时间0~3分钟为宜,阅读内容不必频繁更换,视宝宝的兴趣而定。

>> 专家解疑

多抚摸、拥抱宝宝,并和宝宝进行面对面的语言交流。抚摸、拥抱、亲吻这些亲密的身体接触,会使父母和宝宝之间产生相互依恋的情感。和宝宝说话、抱他、逗他,面对面地进行语言交流可以帮助宝宝建立起语言和动作的同步发应。

听觉能力提升

给宝宝听音乐

妈妈在宝宝觉醒或给宝宝喂奶时,将收音机或音响的音量调小,播放一段柔和、舒缓的乐曲。这在宝宝出生几天后即可进行。

目的:音乐可以训练听觉、乐感和注意力,陶冶孩子的性情。

注意:不要给婴儿听很多不同的曲子,一段乐曲一天中可反复播放几次,每次十几分钟,过几周后再换另一段曲子。

听声音

将各种发声体如哗铃棒、八音盒、钟表、橡皮捏响玩具等,在婴儿视线内发出声音让婴儿听,并告诉他名称。待其注意后,再慢慢移开,让婴儿追声寻源,当婴儿辨出声源后,再变换不同方向。

目的:用多种发声体训练婴儿听觉辨别力和方位听觉。

注意:选择音高、响度均不同的发声体。

视觉能力提升

光亮训练

用一块红布蒙住手电筒的前端,开亮手电。将手电置于距新生儿双眼约30厘米远的地方,沿水平和前后方向慢慢移动几次。此训练可在新生儿出生半个月后开始进行。

目的:吸引新生儿注视灯光,进行视觉刺激。

注意:最好隔天进行1次,每次1~2分钟,切忌不蒙红布用电筒直照婴儿眼睛。

>> 专家解疑

宝宝情绪比较好时,妈妈可以用缓慢、柔和的语调对他说话,比如"××,我是妈妈,妈妈喜欢你。"等等。也可以给宝宝朗读简短的儿歌,哼唱旋律优美的歌曲。此活动可在新生儿出生20天后开始进行。

目的:给婴儿听觉刺激,有助于宝宝早日开口说话,并促进母子之间的情感交流。

注意:对宝宝说话时要尽量使用普通话。

明暗训练

将一张白纸对折,将一边涂黑,另一边空白。在新生儿清醒时,将这张纸举在他眼前30厘米处,可在新生儿出生半个月后开始进行。

目的:观察新生儿的眼球是否在黑白两个画面上溜来溜去。

注意:若新生儿的眼球没有反应,应去医院检查,以便及早发现病情、及早治疗。

看气球

在婴儿睡床上方约7.5厘米处悬挂一个体积较大、色彩鲜艳的玩具,如彩色气球。一边用手轻轻触动气球,一边缓慢而清晰地说:"宝宝看,大气球。"或"气球在哪儿啊?"

目的:引导婴儿用眼睛去看悬挂的玩具,训练婴儿逐渐学会用眼睛追随视力范围内移动的物体。

注意：悬挂的玩具不要长时间固定在一个地方，以免婴儿的眼睛发生对视或斜视。悬挂的物品也不要过重或有尖锐的边角，以防不慎坠落时伤着婴儿。悬挂的玩具或物品还应定期更换。

触觉能力提升

抓握能力

在宝宝兴致高、愿意玩耍时，妈妈伸出大拇指或食指放在新生儿的手心里，让新生儿抓握。等新生儿会抓以后，再把手指从新生儿的手心移到手掌的边缘，看新生儿是否也能去抓。

目的：通过训练使新生儿从最初有意识地抓握到具有最初的手脑协调能力。

注意：妈妈的指甲应该剪掉，以免刮伤新生儿。

>> 亲子课堂

挑选一个好天气，把婴儿抱到室外，让他观察眼前出现的人和物，如大树、汽车等，并缓慢清晰地反复说给他听。这时的婴儿会手舞足蹈地东看西看，非常开心。

目的：发展视觉，开阔眼界，对开发婴儿智力大有好处。

注意：外出时间可由3～5分钟逐渐延长到15～20分钟。

照镜子

妈妈把婴儿抱到镜子前，一边对着镜中的婴儿微笑，一边用手指着说："这是××，这是妈妈。"然后拉着婴儿的小手去摸摸镜子。

目的：一方面可以萌发婴儿认识物体、寻找物体的意识；另一方面可以让婴儿感受镜子这种玻璃制品的质地，丰富其触觉刺激。

注意：婴儿没有兴趣时，不要进行该游戏。

够物抓握

婴儿双手能在胸前互握玩耍，那么要给婴儿更多够物抓握的机会，可以在他看得见的地方悬吊带响玩具，扶着他的手去够取、抓握、拍打。悬吊玩具可以是小气球、吹气娃娃、小动物、小灯笼、彩色手套、袜子等，质地应多样化。此训练每日数次，每次3～5分钟。

目的:利于手部触觉训练。

注意:保持玩具清洁。

摸摸小脸蛋

妈妈给新生儿喂奶时,用手指轻触新生儿的脸颊,当触他的右脸颊时,他的头会往右侧转过来,当触他的左脸颊时,他的头会往左侧转过来。

目的:训练触觉能力。

注意:妈妈可握着新生儿的小手让新生儿摸摸妈妈的脸、鼻和新生儿自己的脸、鼻等。

记忆与思维能力提升

宝宝的记忆力开始萌芽。例如,宝宝出生后的头一个月,因饿而哭,母亲一抱起他,便会停止哭闹,这就是记忆的最初表现。因为经过多次这样的重复动作,抱与喂奶之间建立了条件联系,宝宝已经明白,母亲抱他就是要喂奶了。

>> 专家解疑

爸爸抱着宝宝坐在沙发上,妈妈先在宝宝面前叫他的名字,并和宝宝说话。宝宝在这个时候一定会对妈妈做出反应,如动手动脚以及发出简单的声音。然后妈妈换个位置,站在沙发背面叫宝宝的名字,当宝宝转过头去后再逗弄宝宝。

注视妈妈的脸

妈妈走近摇篮,俯下身子对宝宝微笑,让宝宝注视自己的脸,稍微待一会儿,然后妈妈把脸移至宝宝的一侧。这时如果宝宝的视线没有跟着妈妈的脸转过来,就继续对宝宝微笑,直到宝宝的视线转过来了。如果宝宝的脸跟着妈妈的脸转过来,这时妈妈可以轻声叫宝宝的名字。这个时候,妈妈再把脸移到宝宝的上方,然后再移向另一侧,如此重复上述过程。通过发展宝宝的视觉能力,加深宝宝对妈妈的脸的认识,从而训练宝宝最初的记忆力。

数学与逻辑能力提升

启迪多感官的分辨能力

从新生儿开始,要启迪宝宝多个感官的分辨能力,因为外界信息要通过感官才能传入宝宝的大脑,引起印象与记忆。第二次再让宝宝接触时,他会与脑中的印象做出比较与分辨,看看是以前见过的还是从未见过的,这种分辨与记忆能力是人类从出生就具备的。要给0~3个月的宝宝丰富的记忆和分辨的机会,通过综合的视听触嗅和味觉刺激宝宝。一般宝宝在50~60天能选认他所喜欢的彩图,每当父母抱他看某幅图,和他讲

述图时,他都会用快乐的笑容和手舞足蹈的动作表示喜悦。在出生70~80天的宝宝能认识自己的母亲,这是联合多个感官所获得的记忆和分辨能力的结果。

节奏与韵律

同宝宝一起听熟悉的音乐时,父母抱着宝宝跳舞,拿着宝宝的小手随着节拍敲击。如果经常听同一首乐曲,父母也做同样的动作,满月以后的宝宝就会用脚踢蹬表示喜悦,80~90天会出现按节拍蹬踢的动作。父母可以把一个带响的球状物放在宝宝的脚能踢到的地方,让宝宝随同音乐做有节奏的踢蹬,然后大人用拥抱和亲亲表示鼓励。节奏和韵律是听数的前提,宝宝按节奏蹬踢表示可以按照节奏听数做动作了。

听数被动操

2~3个月的宝宝就可以做按节拍听数的被动操了。让宝宝仰卧在大床或者桌子上,父母握着宝宝的双手同他做双臂外展、合拢,向上、向下,曲肘、伸肘等动作。每做一种动作都要喊口令"一、二、三、四;二、二、三、四;三、二、三、四;四、二、三、四"。喊口令是使宝宝听惯数数的声音,用动作随父母的口令去做。宝宝听惯了口令数数,会对数的声音产生记忆,这样便于以后学习数数。

生活与交往能力提升

新生宝宝通过哭声、面部表情如皱眉、微笑等与成人进行交往。妈妈们必须细心观察宝宝的表情,以便更好地理解他们。妈妈对新生宝宝需求的敏感性将大大有利于婴幼儿智能的发展。

情感交流

父母要多用亲切的语调与宝宝说话,用慈爱的目光注视他,并引起他的注视。3个月的宝宝出生以来凭着接触的面孔经验,形成了开始模糊而后逐渐清晰的面孔表象。在宝宝的日常生活中,视线沿着母亲或照顾他的人的面孔各部分进行扫描而后在脑中留下印记。这时父母要让宝宝学认爸爸妈妈,培养亲子感情。

微笑

笑是一种天生的本能。出生1个月以内的宝宝睡着或睡醒的时候会出现微笑的面容。1个半月后,宝宝微笑的性质发生了变化,从自发性微笑转变为社会性微笑,即当成人逗引时宝宝就会笑。3个月大的宝宝对成人的逗引会报以甜蜜的微笑,这也是宝宝与人交流的一种手段。笑是一种快乐的情绪的反应,对宝宝身心发育有特殊的意义。笑有利于宝宝体格的生长,良好的情绪可以促进体格的发育。如果宝宝总是笑眯眯的,说明宝宝身心处于健康状态。

>> 妈咪小贴士

笑产生的快乐情绪可以使宝宝处于放松状态,使宝宝乐于接受外界事物与人亲近,容易产生对事物的兴趣,有利于宝宝认知能力的发展。宝宝喜欢对人笑,易受到成人喜爱,让成人不由自主地想和宝宝逗着玩。因此微笑也提供了宝宝学习社会交往的能力。

在游戏中开发智力

摇摇手摇铃

妈妈一边摇手摇铃,一边唱歌。在宝宝的左右两侧摇摇手摇铃,在比较低的地方摇摇手摇铃,同时观察宝宝有没有转头。把手摇铃给宝宝,让宝宝也摇摇看。

目的:这个游戏可以训练宝宝精细动作的能力,抓握物体可以锻炼宝宝手指及手腕的活动能力和肌肉强度,同时还可以帮助宝宝感受声音的节奏。

宝宝脸蛋探险

妈妈一边看一边用手指头指着,并说出宝宝的眼睛、鼻子、嘴巴、耳朵、头。妈妈告诉宝宝脸的各个部位长什么样子。如“我们宝宝的眼睛像露珠一样,好漂亮喔!”这类的话,宝宝虽然不懂,但对他用各种修饰语说,宝宝也会感受到妈妈的爱。

目的:训练宝宝的听觉,培养亲子感情。

咚咚咚，请问是谁呀

妈妈一边轻敲宝宝的手，一边问："咚咚咚，请问是谁呀？"之后，回答："是的，这是手。"并且一定要先握住宝宝的手，再放下来。一边轻敲宝宝的脚，一边问："咚咚咚，请问是谁呀？"之后，回答："是的，这是脚。"同样的，也一定要先握住宝宝的脚，再放下来。

目的：这个游戏可以提高宝宝的自我认知，并且有助于宝宝了解身体各个部位的名称，促进其语言能力的发展。

抚摸游戏

一边将手摇铃摇出声，以刺激宝宝的听觉，一边让宝宝握着手摇铃。一边给宝宝手摇铃，一边左右摇动。左右摇动后轻轻地放着，宝宝会把手摇铃放到嘴里或看着手摇铃。

目的：3 个月的宝宝已经开始喜欢自己练习抓握触手能及范围内的物品。多为宝宝提供机会，既可提高宝宝的协调能力和抓握能力，还能促进宝宝自然智能的发展。

听四面八方传来的声音

一方面应用手摇铃，一方面妈妈也发出声音。刚开始时，要在宝宝的眼前、背后、左侧、右侧发出声音，让宝宝竖起耳朵朝着妈妈发出声音的地方转过头去。在宝宝看不到的地方发出声音，当宝宝对声音的反应渐渐敏感时，听觉便有所发展。

目的：这是为了让宝宝感知声音、检验听力、发展听觉。

爸爸低沉的声音

爸爸以最低的声音来叫宝宝的名字。一边发出稍微高低变化的声音，一边观察宝宝的反应。试试看，对着宝宝的耳朵说："你好！"

目的：让宝宝面对不同的声音，辨别爸爸妈妈声音的不同。

>> 亲子课堂

宝宝的听力还不是很发达，无法听清楚高音。但是对低、粗的声音就听得比较清楚，而爸爸的声音能给宝宝亲近感。

定点游戏

亲近前逗他，他会一直盯着看。当婴儿出现这种动作时，你就可以和他玩看定点游戏，以刺激脑部的功能。

让婴儿从正面看东西，物体和眼睛的距离要保持在15~30厘米内。

目的：以训练他用两眼看东西的习惯。

眼睛追逐东西

经常引导婴儿用眼睛捕捉想看的东西，培养他持续看东西的习惯。换好尿布后，母亲可以将脸慢慢地左右移动，让婴儿追视。

目的：2个月的婴儿已经开始记住母亲的声音了，喜欢看到母亲的脸、听到母亲的声音。这个游戏可以形成脑部的神经线路，对脑部的发展非常有用。

车要过去喽

一边对宝宝说："车车要从肚子上开过去喽！"一边将玩具车从宝宝的肚子上滚过去。宝宝会感受到车子滑过全身的触感。爸爸可发出车子发动时"噗隆噗隆"的声音。

目的：这个游戏是为了训练宝宝的触觉，并增加对声音的感知。

翻翻身

换过尿布后，让宝宝躺在松软的地方，慢慢地将宝宝翻过来。再一次，将宝宝翻回正面。要慢慢地将宝宝翻身，以免宝宝会晕眩。

目的：训练宝宝的活动能力。

弯弯膝

让宝宝平躺，小心拉直宝宝的腿。拉直以后，轻拍宝宝的脚底。宝宝就会向下伸直脚趾并屈膝。

做这个游戏时，用《绕着玫瑰做游戏》的调子唱下面的歌：

弯下来，弯下来，弯下来，膝盖弯下来。

弯下来，弯下来，啊哈！

歌谣结束时欢呼一下，宝宝会学会期待它，这会使游戏更有趣。

目的：增强宝宝的腿部力量。

引逗发音发笑

在宝宝情绪很好、很稳定的时候用亲切温柔的声音，面对着宝宝，使他能看得见口型。

试着对他发单个韵母a（啊）、o（喔）、u（呜）、e（鹅）的音，逗着孩子笑一笑，玩一会儿，以刺激他发出声音。但是口型一定要做对，以免误导孩子。

目的：训练宝宝的语感。

亲亲宝宝的身体

帮助宝宝洗澡后，可以在穿衣服前亲亲宝宝的全身。

爸爸和妈妈轮流在宝宝的脸、胳膊、胸、肚子、屁股、腿等部位一边亲一边发出“啵啵”的声音。这会让宝宝心情好，并露出微笑。嘴唇对着宝宝的身体，一边吹气，一边颤动发出“啵啵”的声音。

目的：这个游戏能促进宝宝全身的血液循环，使宝宝和爸爸、妈妈会有更深入的交流。

干净的湿毛巾沐浴

用温水将干净的毛巾浸湿，毛巾的大小必须能包住宝宝全身。拧干毛巾，然后围住宝宝的身体，用力抱着包着毛巾的宝宝。毛巾干净的气味会同时传给宝宝和妈妈。一边说：“宝宝好干净喔！”一边感受热气。

目的：这样做有间接的沐浴效果，不仅对宝宝的血液循环有益，也会使宝宝的皮肤保持细腻。而且妈妈和宝宝一起感受干净的气味，也有助于情感的交流。

第二章

4～6个月宝宝智能提升

这个阶段的宝宝正在开始形成随意运动和不随意运动，眼睛和手的协调性逐步发展，对周围事物的关心和兴趣迅速提高，开始喜欢抓东西玩，一旦抓到就不肯放。这时需要用玩具有目的地来增加他全身和四肢的活动。

宝宝的基本特征

这个阶段的宝宝

这个时期宝宝的成长十分显著，身体的活动更加频繁，眼睛和耳朵的功能以及手脚的运动逐渐开始协调。

这时的宝宝对看过的东西也有所记忆了，成人应该多给宝宝创造认识外部世界和自由活动身体的环境。

宝宝的视觉训练

宝宝的视觉功能已比较完善，开始能辨别不同的颜色，喜欢红色、橙色、黄色等暖色，特别是红色的物品最能引起宝宝的兴趣。

宝宝在视觉上有很大的进步，他的大脑已开始分析他所见到的一切事物。

宝宝的听觉训练

这时的宝宝已经能集中注意力倾听音乐，并且对柔和动听的音乐表示出愉快的情绪，而对强烈的声音表示出不快。听到声音能较快转头，能区分爸爸、妈妈的声音。听见妈妈说话的声音就高兴起来，并且开始发出一些声音，似乎是对成人的回答。

听到叫自己的名字已有应答的表示，能欣赏玩具中发出的声音。

宝宝的触觉训练

夫妻二人在养育孩子的作用上各有所长，对孩子身心健康成长都是不可缺少的。研究证明，父亲与婴儿的交往和母亲与婴儿的交往都有不同的独特性，“父婴交往”在婴儿心理发展上具有母亲不可替代的作用。

宝宝的语言训练

婴儿虽然不会说话，但却有着惊人的接受语言的能力，不要以为对小婴儿说话是“对牛弹琴”。事实上，婴儿在听话的过程中，通过潜意识的作用接受大量的语言信息，同时大量的语言刺激促使孩子的听觉和发音器官的发展和健全，使孩子早说话。所以父母应尽早地利用一切机会多和孩子说话，并且把动作和语言联系起来。

宝宝的体能训练

这个时期宝宝的颈肌、上肢和胸、腰肌肉发育很快，已不再满足于静静地躺在床上吮手指了，他要进行大量的肌肉运动。他会不停地摇动自己的手臂，使劲地把身子翻过来。自己能翻身，表明运动机能的发达和骨骼、肌肉长得都很结实。

这个时期，培养宝宝的平衡感十分有必要。

宝宝的动作训练

随着宝宝肌肉的逐渐强壮，他的各种姿势也会自然地发展，这个时期宝宝的运动机能和智力的发育非常迅速，能坐、会翻身，这时父母还需要多鼓励宝宝学爬。

宝宝手的动作变得更加灵活，可以用手抓起东西往嘴里放，不管是什么东西，只要能抓到手就喜欢送到嘴里。

宝宝的记忆力训练

小婴儿智力低下的早期干预十分重要，这个时期家长要对宝宝进行记忆力和判断力的训练。

综合能力提升

自理能力提升

在婴儿吃牛奶时，训练他自己扶奶瓶吃奶，在他能自己用双手扶奶瓶吃奶时，大人要表扬和鼓励他。还可配上儿歌，如“牛奶甜，牛奶香，喝了牛奶长得棒”等。喂奶同时，可以给他一块软质饼干，放在他手里，鼓励他自拿自吃。

吃饭时，婴儿有可能来夺勺子，这正是学用勺子吃饭的好机会，开始时他还分不清凸凹面，快到1岁时就会装满勺子，自己吃。学用勺子的方法如下：

（1）从两把勺到一把勺。先让婴儿右手持勺学吃，妈妈用另一把勺喂饭。

（2）可左右手用勺。开始婴儿持勺不分左右手，没有必要非要纠正他，两手同时并用可促进左右大脑发育。

>> 亲子课堂

要有耐心。婴儿开始用勺子不够熟练，会弄得手、脸、衣服到处都是饭，甚至摔碎碗或杯子。这时不要大声呵骂，更不能因此让他失去学习的机会。

动作能力提升

4个月的宝宝做动作的姿势较以前熟练了，而且能够呈对称性。抱在怀里时，宝宝的头能稳稳地直立起来。俯卧时，能把头抬起并和肩胛成90度角。拿东西时，拇指较以前灵活多了。扶立时两腿能支撑着身体。5个月的宝宝如果让他仰卧在床上，他可以自如地变为俯卧位，坐着时背挺得很直。当父母扶着宝宝站立时，能直立。在床上处于俯卧位时很想往前爬，但由于腹部还不能抬高，所以爬行受到一定限制。5个月的宝宝能抓住玩具，但准确度还不够，并且喜欢重复某一动作，经常故意把手中的东西扔在地上，拣起来又扔。6个月的宝宝会翻身，如果扶着他，能够站得很直，并且喜欢在扶立时跳跃。把玩具等物品放在宝宝面前，他会伸手去拿，并塞入自己口中。6个月的宝宝已经开始会坐，但还坐得不太好。

俯卧支撑练习

使宝宝俯卧，两臂屈肘于胸前，鼓励、诱导宝宝将头、前胸抬高，直至能用一只手支撑身体抬起头、胸。左右手轮流支撑训练，每日数次，每次数分钟。

翻身练习

训练宝宝从仰卧位翻身至俯卧位。宝宝仰卧位，父母左手将宝宝右手向头部方向轻轻拉直，右手轻握宝宝右膝盖内侧。让他左腿弯曲，并利用右手腕的力量使宝宝右腿贴于床垫或地板上，然后轻轻提起宝宝左边腿部，顺势让他右滚，翻成俯卧位。用同样的步骤辅助宝宝从左侧翻滚至俯卧位。每日训练2~3次，左右翻身各1~2次。逐渐训练宝宝不需要帮助自己能成功翻身。

练习坐

(1)拉坐练习：4个月时可开始训练宝宝拉坐。宝宝仰位，父母双手的大拇指插入宝宝手中，让他握着，其他手指则轻轻抓着宝宝的手腕，使宝宝双手伸直前举，手掌向内相对，两手距同肩宽，然后轻轻向前拉起宝宝双手，使宝宝头、肩膀抬起离开床面。此时宝宝会试图屈肘用力坐起来，保持此姿势5~6秒，再轻轻让宝宝躺下，再重复2~3次。

应注意：拉坐练习是让宝宝借助父母轻轻的帮助自己用力坐起。如果宝宝被父母拉坐起来时，手无力屈肘，头部低垂，表示还不宜做这个动作，必须先进行俯卧练习，强化颈背肌肉及上肢肌肉力量，过些时候再进行练习。

(2)靠坐练习：5个月左右训练宝宝靠坐。将宝宝放在有扶手的沙发上或有靠背的小椅子上或在宝宝身后放些枕头、棉被让宝宝练习靠坐，以后逐渐减少宝宝靠垫的东西，每日1~2次，每次2~3分钟。

手部动作训练

(1)伸手够物：通过伸手够物来延伸宝宝的视觉活动范围，使宝宝感觉距离、理解距离，发展手眼协调能力。

(2)训练抓握：选择大小不一的玩具，来训练宝宝抓握，促进手的灵活性和协调性。

(3)发展玩法：通过游戏，教宝宝玩不同玩法的玩具，如摇晃、捏、触碰、敲打、掀、推、扔、取等，使他从游戏中学到手的各种技能。

蹬腿练习

宝宝4个月时，就可以有目的地训练宝宝腿的支撑。父母采取坐位，双手从宝宝腋下扶抱宝宝，使宝宝的腿支撑身体保持直立的姿势，父母扶抱着宝宝做蹬腿动作。开始父母可将宝宝抱起，再落下，当宝宝的脚踏在父母腿上时，再将宝宝抱起，再落下，来训练宝宝蹬腿。蹬腿练习可促进宝宝双下肢骨骼和肌肉的充分发育。

需注意的是，举落的动作应轻柔缓慢，力度不宜过大，时间也不应太长，一般每日2次，每次0~3分钟。

语言能力提升

抓握玩具

把婴儿抱在桌前，桌面上放几种不同玩法的玩具，每次放一种，让婴儿练习抓握玩具，并教他玩法。如婴儿抓住摇铃后，就告诉他名称——“摇铃”，再抓住婴儿的手把铃摇响，边摇边说“摇摇铃，摇摇铃”。慢慢让他学着自己玩。学会后，再教另一种玩具的玩法。发展婴儿的触觉，训练语言理解能力，训练手的抓握能力和手眼协调能力。

注意：准备各种质地、色彩、便于抓握的玩具，如摇铃、乒乓球、核桃、金属小圆盒、不倒翁、小方块积木、小勺、吹塑或橡皮动物或线球等。

> **>> 专家解疑**
>
> 这么大的婴儿逐步开始牙牙学语了，当婴儿表现出“说话”的欲望时，大人要抓住时机，教婴儿说一些简单的词语，有条件的最好用普通话和外语交替着说，给婴儿创造一个良好的语言环境。
>
> 如妈妈指着自己说“妈妈，mother”，又指着爸爸说“爸爸，father”。
>
> 即使婴儿这时还不会说这些词，但家长一定要持之以恒，并作为一种长期性的、经常性的教育任务来做。

模仿发音

与婴儿面对面，用愉快的口气与表情发出“wu——wu”“ma——ma”“ba——ba”等重复音节，逗引婴儿注视你的口型，每发一个重复音节应停顿一下给婴儿模仿的机会。接着手拿个球，问他“球在哪儿”时，把球递到他手里，让他亲自摸一摸，玩一玩，告诉他：“这是球——球。”边说，边触摸、注视、指认，每日数次。

注意：发音与口型要准确。

听儿歌做动作

让婴儿面对着妈妈坐在妈妈的膝上，拉住婴儿小手边念边摇：“拉大锯，扯大锯，外婆家，唱大戏。妈妈去，爸爸去，小宝宝，也要去。”到最后一个字时将手一松，让宝宝身体向后倾斜。每次都一样，以后凡是念到"也要去"时宝宝会自己将身体按节拍向后倾倒。

注意：婴儿身体向后的倾斜度，以免倾斜度过大摔伤婴儿。

叫名回头

婴儿早就能听到声音回头去看，但是能否理解自己的名字，此时可以进一步观察。带婴儿去街心、公园或有其他孩子的地方，父母可先说其他小朋友的名字，看看婴儿有无反应，然后再说他的名字，看他是否回头。当婴儿听名回头向你微笑时，要将他抱起来亲吻，并说"你真棒""真聪明"，以示表扬。让婴儿知道自己的名字，增强语言能力。

注意：父母应在胎教时，即在妊娠第6个月时就为宝宝取名，每次呼唤都用同一个名字。经过孕期一个月呼名训练的婴儿会在出生3个月时知道自己的名字而回头。未经训练的婴儿可在5～7个月时知道自己的名字。

切记：要用固定的名字称呼婴儿。一会儿说"宝宝"一会儿说"文文"，一会儿又说"闹闹"，经常更改名字，会使婴儿无所适从，延迟叫名回头的时间。

看画片

经常给婴儿看一些色彩鲜艳的卡通画片，妈妈可边看边给婴儿讲解。例如，妈妈抽出一张画有一朵红花的画片，然后握住婴儿的小手指，指点着画片模仿婴儿的一问一答。

"这是什么呀?""红花。""红花下面是什么?""绿叶。""红花有几个花瓣呀?""(握住婴儿的手指一瓣一瓣地点)一瓣，两瓣，三瓣。知道啦，红花有三个小花瓣。"

这时，婴儿会高兴地"咯咯"笑起来，自己用小手指在画片上点来点去，嘴里咿咿呀呀的，模仿刚才妈妈教的动作。这能够训练婴儿的语言能力，同时增强婴儿对语言的理解能力。

注意：当婴儿模仿妈妈的动作指点画片时，妈妈一定要对婴儿的"说话"作出反应，表扬他，称赞他，和他一起说。

视觉能力提升

逗逗飞

让婴儿背靠在妈妈怀里，妈妈双手分别抓住其两只小手，教他把两个食指尖对拢又水平分开，嘴里一边说“逗逗——飞”，如此反复数次。还可以分别对其余四指对拢又分开玩此游戏。锻炼婴儿的小肌肉，同时可以训练婴儿的手眼协调能力和语言动作协调能力。

注意：动作要轻缓。

看远处的物体

妈妈要利用一切可能的机会，尽可能多地指着周围环境中的各种物品给婴儿介绍，不管婴儿是否能听懂都要多次重复，让婴儿反复感知。当然，指认的东西也不能太繁杂，可以从指认室内的家具、玩具、食物、日用品和室外的花草树木、交通工具、建筑物等开始，慢慢就可以开始指认远处的行人、车辆、天空、白云、风筝、初升的月亮和落日等。此时婴儿的视力已明显增强，可以看到远处的物体，及时训练可扩大婴儿认识事物的范围。

注意：不可带婴儿去太吵闹的地方或在恶劣的天气情况下外出。

>> 妈咪小贴士

放手让宝宝自己玩，用被子把婴儿“围”起来，或者把婴儿放在带围栏的小床上。在婴儿面前放上会发声的橡皮玩具、可以抱的布娃娃或其他小动物玩具，让婴儿自己玩玩具。或妈妈走过去，帮他把玩具弄出声响来，再把玩具放到不同的地方，逗引婴儿变换体位，抓握玩具。

这样有助于提高婴儿认识物体和寻找物体的能力，同时训练其手眼协调能力。

好高好高

妈妈（爸爸）用双手托起婴儿，将他轻轻地举上举下，转圈圈，让他从这些新的角度来观察周围的世界。当把婴儿举向空中的时候，可以唱下面这首儿歌：

我是一只小小鸟，我是一只小小鸟，高高地飞，快乐地叫，自在又逍遥。从没有忧愁，从没有烦恼，有了妈妈的陪伴，世界多美好。

为了不让婴儿总是处于低视野，有时候不妨把他的视线提高，让他换个不同的角度来看这个世界。换个高度来看平常熟悉的环境，可以提高婴儿的好奇心，促进婴儿心智的成长，同时还能让婴儿学会视觉搜寻。

注意：动作要轻柔，同时抱紧婴儿，让他有安全感，手一定要抓牢他。

听觉能力提升

听音找物

妈妈(爸爸)用铜铃等带响的玩具，在房间的一角敲打，同时问婴儿："这是什么声音？"若未引起注意，可重复敲，直到他注视为止。还可以给婴儿听悦耳的八音盒或电子玩具，甚至听动物的叫声、鸟类的啼鸣声，以及各种交通工具的声音等，扩大声音的范围，观察婴儿的反应。

注意：音乐应和谐、动听、美妙。

拉一拉，叮咚响

在宝宝的床栏杆上，在其手可碰到的地方，吊一些漂亮、会发声的玩具。妈妈可拉着他的手去触拉玩具，让他体会拉拉线，玩具会动，还会叮咚响。如此反复多次，孩子就会自己去触拉玩具，成功后，孩子会咧嘴"咯咯"大笑，且乐此不疲。

注意：为训练婴儿听力，还可以把手表贴在婴儿耳边，并说："嘀嗒嘀嗒……"接着把手表贴在自己耳边说："嘀嗒嘀嗒在哪儿呢？"直到婴儿表示出要把手表放在耳边听的要求就可以了。这时，可让婴儿多听会儿，再说："给妈妈听嘀嗒。"如果孩子把表送到妈妈耳边，就说明他懂了。

测听力

让宝宝坐在妈妈的腿上，和墙壁的距离不应少于120厘米，并请另一个大人站在宝宝一侧与其耳朵齐高，并在宝宝看不见的位置。

6个月大的婴儿听觉能力已相当不错了，这时可对其进行声音测试。测试者应站在离他45厘米以外的地方，按照下列的顺序在婴儿耳朵高度处发出声音。

(1)利用妈妈的声音发出低频率及高频率的声音。

(2)摇动会发出声响的玩具。

(3)以汤匙敲打杯子。

(4)搓揉卫生纸。

(5)摇动摇铃。

如果婴儿对声音没有反应,等两秒钟后再试,试过三次之后,如果还没有反应则继续做下一项测试。

目的:训练婴儿对各种物品发出的声音的辨别能力。

注意:敲打玩具时不要过于用力,否则会吓到婴儿。

寻物游戏

家长用色彩鲜艳和带响的玩具逗引婴儿,一会儿给他看,一会儿藏起来或捏响玩具,使婴儿听后寻找,如此反复练习。由此发展听觉、视觉,使婴儿情绪活泼愉快。

注意:玩具不要藏在有可能碰伤婴儿处,也可和其他熟悉的人一起玩藏玩具的游戏。

感觉能力提升

观雨

训练婴儿了解自然现象。下雨时,可抱(扶)婴儿在窗前或阳台上,引导婴儿观看下雨的情景、听下雨的声音,同时反复说:"滴答滴答,下小雨了,沙沙沙沙,小雨沙沙。"若下大雨,则说:"吧嗒吧嗒,下大雨啦,哗哗哗哗,大雨哗哗。"然后再唱一曲《下雨歌》给婴儿听,加深印象。让婴儿熟悉雨的声音、感觉。

>> 妈咪小贴士

做父母的要注意,不要让婴儿淋到雨。这个时候的婴孩非常娇嫩,身体免疫力也非常低,所以在对宝宝进行早期智能开发提升时也要注意场合和综合环境。

雪白的世界

冬天白雪飘飘的时候,父母可带婴儿外出欣赏美丽的雪景,让婴儿看一看漫天飞舞的雪花;摸一摸堆积在一起的雪团;领略一下这银白色苍茫大地的气派。

当欣赏雪景的时候,父母可用语言与婴儿交流:"下雪了,雪花飘下来了,房顶上变白了,地上也变成白色的了,真漂亮。"使婴儿知道雪的感觉,认识雪。

注意:观雪景的时间不可过长,小心冻着婴儿。

记忆与思维能力提升

4~6个月宝宝出现了再认记忆形式,这时的宝宝已有了视觉和听觉等方面的再认。如能够再认母亲和其他照顾他的人的容貌和声音。

儿歌古诗记忆

这是父母给宝宝念的内容,宝宝虽然不会说话,但还是能够有所感知的。

一只小鸟叫喳喳

一只小鸟叫喳喳,两只青蛙叫呱呱,
三只小猪嘭嘭嘭,四匹小马呱哒哒,
五个娃娃笑哈哈,分吃一个大西瓜。

登鹳雀楼

(唐)王之涣

白日依山尽,
黄河入海流。
欲穷千里目,
更上一层楼。

>> 专家解疑

4~6个月时,宝宝就已能记住眼前喂奶和经常抚爱自己的人(多是母亲),能把他们与陌生人区别开,即能够对熟悉的人再认。但这时的再认只能保持几天,如几日不见就不能再认了。婴儿记忆时间的长短是随着月龄的增加而发展的。

小嘴巴

小嘴巴,
用处大,
吃饭唱歌全靠它。

小耗子

小耗子,上灯台,
偷油吃,下不来,
叫奶奶,抱猫来,
刺溜——跑喽。

小小鸡

小小鸡，

叽叽叽，

又吃虫儿又吃米。

咏柳

（唐）贺知章

碧玉妆成一树高，

万条垂下绿丝绦（tāo）。

不知细叶谁裁出。

二月春风似剪刀。

小鼻子

小鼻子，

用处大，

闻气味全靠它。

喝牛奶

小宝宝，

喝牛奶，

喝了又喝还不饱，

抱着奶瓶舔舔舔。

认识周围环境

妈妈在带着宝宝进行户外活动时，可以向宝宝耐心地讲解周围的事物，比如理发店、超市。出门可以教宝宝认识交通工具，如公共汽车、自行车等。

寻找玩具

让孩子看着把玩具小狗放在桌上，用手绢盖上，大人问："小狗狗呢？"孩子可能懂得被手绢盖着，用手扯开。如不懂，大人可帮他把手靠近手绢，让他拉开见到小狗。要多次训练，逐渐学会，

>> 亲子课堂

玩具要经常更换。在用碗扣时要用带把手的喝水碗（杯），婴儿不断揭碗，还能促进手指小肌肉的锻炼，增强手指力量。

一问便扯开手绢。以后当着孩子的面用碗把小玩具扣上,再问,观察婴儿是否知道是在碗下面而揭开,再反复训练。

从躲避到接受生人

来客人时,母亲抱宝宝去迎接客人,暂时不让客人接近宝宝,让宝宝有机会观察客人的说话和举止。适应一会儿后,母亲再抱宝宝接近客人,这时只让客人同母亲对话,偶尔看宝宝笑笑,不接触宝宝,使宝宝放松。告别时只要求宝宝表示“再见”,客人并不接触宝宝。第二或第三次再见面时,客人可拿个小玩具递给宝宝,如果宝宝表示高兴,客人把手伸向宝宝,看宝宝是否愿意让客人抱一会儿。客人抱宝宝时,母亲一定不要离开,使宝宝感到可以随时回到母亲怀抱。有过这种经历,宝宝就会从躲避到接受生人。

要让宝宝从躲避转变为接受生人,就要允许宝宝自己去观察探索。母亲要谅解宝宝保护自己的意识,同时要逐渐让他能接受生人。

注意:循循善诱,不可强迫。

数学与逻辑能力提升

找标志

4~5个月的宝宝会注意到特别的标志。当妈妈抱宝宝的时候,宝宝会用手摸妈妈衬衣上的装饰绣花、扣子、拉锁等标志性的东西。宝宝先是用眼睛搜索,发现特别标志的时候,会伸出小手去摸。而且每次妈妈穿上这件衣服的时候,宝宝的注意力总是在这个标志的位置,说明宝宝记住了这个标志。这个标志可以作为宝宝认物的首选,如当宝宝去摸衬衫上的扣子时,大人告诉宝宝这是“扣子”。以后再听到“扣子”的声音时宝宝会马上用手去摸衣服上的扣子。宝宝找标志意味着宝宝开始认物了。

拿一个

5个月的宝宝能伸手拿到放在桌面上静止的东西,也能够得着吊起来的东西。他只能拿住一个,甚至用双手去抱住一个然后放开一只手,用一只手拿稳一件东西。这时大人要用声音强调“拿一个”“拿稳一个”,让宝宝听熟这个“一”的声音。虽然他并不懂什么是“一”,不过他听到“一”的声音同时看到手里的一件东西的时候似乎产生了联系,但并未确认。

拿两个

6个月的宝宝的手较能干了，能一手拿一个东西，并且对敲。此时宝宝喜欢能敲打出声音的东西，如对敲积木、敲塑料小盒、金属小钟等。大人也同他一起一手拿一个对敲，并用声音强化“拿两个”。虽然宝宝还没有真正懂得“两个”的意义，但“两个”同“敲响”产生了联系，同“一个”不同。

生活与交往能力提升

开始认人

能认出妈妈，对周围的人持选择态度。知道认生，对陌生人表现出惊奇、不快，不喜欢陌生人抱，能辨认出妈妈的声音。听到妈妈的声音，会表示高兴并发出声音。当父母离开的时候会转动头和眼睛去寻找。

熟悉人的五官

妈妈要经常俯身面对宝宝，朝他微笑，对他说话，做各种面部表情。与此同时，妈妈要拉着宝宝的手摸自己的耳朵、脸，边摸边告诉他这是妈妈的脸，嘴里发出好玩的声音，使宝宝高兴，并使他对你的五官感兴趣。妈妈也可以和宝宝同时照镜子。让他拍打、捕捉镜中人影，用手指着他的脸反复叫他的名字，再指着他的五官及手、脚，让他认识，熟悉后再用他的手，指点他身体的其他部分。

求抱

要利用各种形式引起宝宝求抱的愿望。抱宝宝前，可以向宝宝伸出双臂，鼓励他将双臂伸向你。让宝宝练习做求抱的动作，做对了再将宝宝抱起，父母可以和宝宝做举高的游戏。宝宝很喜欢让爸爸“高举”，然后再“放低”。爸爸要一面举高，一面和宝宝交谈。以后每当爸爸说“举高”时，宝宝就会将身体朝上做出相应的准备。在做举起和放下的动作时，要将宝宝扶稳，千万别做抛起和接住的动作，以免宝宝受伤或受到惊吓。

认人

宝宝认人是个逐渐发展的过程。3 个月的宝宝已经熟悉母亲的语气和气味，也就已经认识了母亲。到了 5～6 个月时，随着对面孔辨认的细致程度增加，对母亲更加偏爱，面对陌生人显出警觉和回避的反应，宝宝这时的感知、辨别和记忆力提高了。这时应首先教宝宝认识家庭成员及与他的关系和称呼，如妈妈、爸爸、爷爷、奶奶等。宝宝经过对人的初步认识后会出现怯生的表现，此时要多观察宝宝对生人、熟人的不同反应，教会宝宝对熟人用微笑或声音来打招呼。对生人逐渐适应，多与人友好交往，逐渐增加熟悉的人数，减轻宝宝怯生反应的强度。

扩大交往的范围

继续训练宝宝分辨面部表情，让他和你一起做惊吓、害怕、生气和高兴等游戏。这时期的宝宝喜欢接近熟悉的人，能分出家里人和陌生人。经常抱宝宝到邻居家串门或抱他到街上散步，让宝宝多接触人，为宝宝提供与人交往的环境，尤其要让宝宝多和小孩子玩。宝宝看见陌生的孩子，可以先让他在远处观察，渐渐走近。如果宝宝在笑，表示他同意和小朋友接近，就鼓励宝宝和小朋友握手。如果宝宝扑到大人怀中，表示他害怕，这时不要勉强宝宝，只让他在一旁观看，直到他出现笑容时才让他与人亲近。在户外活动时，父母要让宝宝多和成人接触，对培养他的社交能力、开发智力、促进语言发展十分重要。

宝宝着装

根据宝宝皮肤细腻、容易受损伤、体表面积相对比成人大的特点，宝宝的内衣应选择质地柔软、通透性能好、吸湿性强的棉质布料，样式要简单、大方，易穿易脱，比较宽松。化纤布料对宝宝的皮肤有刺激性，容易引起皮炎、瘙痒等过敏现象。宝宝的外衣可选适当的化纤布料，因为化纤布料易洗、易干，鲜艳的颜色可以刺激宝宝眼底神经的发育。衣服的设计要防止束胸，影响发育。

> **>> 亲子课堂**
>
> 裤带的松紧最好按饱腹时的标准，并在裤腰两侧缝一条布带，以备防止空腹时裤子掉下来。为了不影响宝宝的正常呼吸，宝宝穿背带裤最理想。但注意背带不要太细，以 3～4 厘米宽为适宜，略长一点儿，宝宝长高后可随时放长带子，不致影响其生长发育。

4 个月以后的宝宝可自行在床上活动了。为了安全、舒适，衣服款式要适当，尤其内衣不宜有大纽扣、拉链、扣环、别针之类的东西，以防损伤婴儿皮肤或吞到胃中。可用布带代替纽扣，但要注意内衣布带不要弄到脖子上，防止勒伤宝宝。

在游戏中开发智力

看看妈妈的脸

妈妈把孩子抱在胸前，对着孩子的脸做各种表情，并向他微笑。

目的：促进表情发展，丰富情感交流。

叫名字

和宝宝玩耍的时候，经常用轻柔的语气告诉宝宝他的名字，有意识地用宝宝的名字代替“宝宝”。还可以在宝宝看不到的地方叫他的名字，使他的头转向声音方向，反复进行几次后，转换地点继续，让宝宝寻找声音的来源。

目的：训练宝宝对自己的名字产生反应，培养自我意识、锻炼记忆力。

不倒翁

不倒翁是一件传统玩具，现在有各种形态，但原理都是一样的。给孩子玩不倒翁，让孩子体会推得重就摇动幅度大，推得轻就摇动幅度小，但总不会倒。

目的：引起孩子的好奇心。

握奶瓶

在宝宝喝奶时，把奶瓶递给他，让他抱住奶瓶的中间部位。为避免奶瓶掉地上，父母可用手轻轻托住瓶的底部。刚开始的时候，父母可以帮助宝宝将奶嘴对准嘴，随着宝宝的能力日益熟练，父母给予的帮助应越来越少。

目的：训练宝宝手眼协调的能力，培养宝宝生活自理的能力。

外面真奇妙

把宝宝抱到户外，让他看眼前的景物，妈妈反复地跟他说话，讲周围的事物，每次2~3分钟。

目的：发展视觉，开阔眼界。

节奏感训练

放一曲轻柔舒缓的音乐，妈妈把孩子抱在怀里，嘴里哼着，按节拍迈着舞步前后旋转。

目的：发展听觉和节奏感。

捡食物

当宝宝坐在高椅上的时候，可以给宝宝一些小块的食物，让他拾起来。宝宝会对小片的新鲜水果、蔬菜感兴趣，拾起它们能使宝宝的手更为灵活。将一些薄脆饼干放在他坐的椅子上的托盘上，首先父母要告诉宝宝怎样把它们拾起来再放下，怎样拾起来放到另一只手中。然后父母伸出手，把手张开，看看宝宝会不会把手中的食物放到自己手中。

目的：训练宝宝手指的灵活性，锻炼宝宝的自理能力。

看口型

妈妈向孩子发出"啊""喔"的声音，并让孩子看到妈妈的口型，孩子有时也会模仿，做出相应的口型，逐渐发出声音。

目的：促进语言发展。

拍拍打打

将色彩鲜艳、能发声的玩具挂在孩子胸上方伸手能抓到的地方，使孩子拍打、抓握。玩完后摘下来，下次玩时再挂上。

目的：发展触觉与手眼协调能力。

>> 妈咪小贴士

游戏时，能让宝宝亲手摸或操作的，应尽量让宝宝尝试。这样可积累宝宝的触觉经验，加深宝宝对其生活环境、用品的感知。

认识家

抱着宝宝在家里走走，给宝宝指认家里的各种陈设和用品，边指边把名称告诉他，并进行多次强化。还可以让宝宝用手摸一摸，自己感觉，充分调动他的感觉器官。如“这是电灯。”用手指给他看灯，按按开关，让宝宝注意灯的一明一灭，握着他的小手，让宝宝亲自按灯的开关按钮，从而调动宝宝的积极认知。

目的：训练宝宝将语言与实物相结合的能力，使宝宝认识生活环境和用具，积累视觉、触觉经验，加深记忆力。

握住

妈妈拿一个会发声的塑料环，放在孩子手中，有时他不抓握，只握住他的小拳头。妈妈可抚摸他的手背到手指，这样孩子张开手，再把玩具放在他手中让他握住。

目的：发展触觉和手的技能。

听听自己说什么

把孩子咿咿呀呀的声音录下来，在孩子高兴时放给他听。

目的：促进孩子发声的兴趣。

拉过来

让孩子坐在桌旁，妈妈把一件玩具放在他够不着的地方让他拿。见他拿不到，妈妈就用一根布条系在玩具上，把布条的一端交到孩子的手里让他拉。孩子将玩具拉过来就会很高兴。

目的：提高孩子解决问题的能力。

抓一个

将各种玩具放在桌子上，妈妈抱孩子看，然后让他伸手去抓，抓到什么妈妈就说出这个玩具的名字。然后跟他一起玩这个玩具。

目的：训练手抓能力与手眼协调能力。

小鼓咚咚

给孩子买一面小鼓，妈妈一只手拿鼓，一只手拿锤，敲给孩子看。然后让孩子模仿。

目的：训练两只手的配合。

荡起来

把孩子放在毛巾被上,爸爸妈妈拉住毛巾被四角,将孩子抬起离床面20厘米,轻轻来回摇荡。

爸爸将孩子抱在怀里,坐在秋千上,由妈妈轻轻地小幅度推动。

目的:训练平衡能力。

试着翻

孩子仰卧,把孩子的左腿放在右腿上,妈妈手托孩子腰部,使孩子转身,呈俯卧。将玩具放在孩子眼前,引逗他抬头片刻,再翻过身来。然后把孩子的右腿放在左腿上,往左翻。

目的:练习翻身和俯卧抬头。

念儿歌

妈妈轻轻地叫孩子的名字,跟他轻声说话,给他念儿歌:

虫虫飞

虫虫飞,虫虫飞,
飞到南山喝露水,
露水喝不到,
回来吃青草。

说你好

妈妈将孩子抱在怀里,左手拿一个毛绒玩具或木偶玩具,对孩子说:"小熊来了,小熊来看羊羊。"然后用玩具的腿拍拍孩子的头。让孩子握住玩具,妈妈说:"你好! 你好!"

目的:与孩子说话。

说再见

家里来了客人,或爸爸妈妈出门,要教孩子说"再见"。孩子不会说时,大人抱着他,挥动他的手,大人口中说:"再见。"会说话以后,他就能主动摇手并说"再见"。

目的:理解简单语言。

怎么响

给孩子买一个音盒玩具，妈妈抱着孩子舒服安静地听，反复几次，孩子就知道启动开关就能响。

目的：培养欣赏音乐的兴趣。

哪儿响

把孩子放在地毯上，将一个定时器或闹钟上好铃，铃声闹起来，妈妈问孩子："哪里响？是什么声音？"孩子会做出寻找的相应动作。妈妈把闹钟拿来，对孩子说："这是闹钟。"

目的：训练听力。

学翻身

将孩子仰卧在地毯上，用玩具引逗孩子，从仰卧到俯卧，再从俯卧到仰卧，反复翻身打滚。

目的：训练翻身。

往外拿

妈妈把玩具装进纸袋，将纸袋交给孩子。如果他不知怎么办，妈妈可示范从开口处往外拿，并告诉他玩具都在口袋里，引导他一件一件往外拿。

目的：练习拿东西。

听音乐

妈妈选择一个节奏鲜明的音乐，抱着孩子一起听，并随着音乐打拍子。

目的：训练节奏感。

球跑了

让孩子俯卧，妈妈将一个一滚就发声的球放在孩子手边，孩子伸手触球，球滚开了。妈妈将球滚过来，孩子会有追球的动作。

目的：练习俯卧。

指鼻子

孩子坐在妈妈膝盖上,妈妈念歌谣:

拍手掌,看我摸,
我不摸呀你别摸,
我摸耳朵你也摸耳朵,
我摸鼻子你也摸鼻子,
我摸眼睛你也摸眼睛,
我摸脑壳你也摸脑壳。

目的:培养语言能力。

手指游戏

妈妈抱着孩子,妈妈念歌谣:

一个指头按电钮,
两个指头捡豆豆,
三个指头解扣扣,
四个指头提网兜,
五个指头握一起,
攥个拳头有劲头。

目的:培养宝宝的数学思维能力。

爸爸在哪儿,妈妈在哪儿

孩子坐在中间,爸爸坐左边,妈妈坐右边。爸爸妈妈都拉着孩子的手,先引孩子看爸爸,然后爸爸说:“妈妈在哪儿?”孩子转头看妈妈,妈妈问:“爸爸在哪儿?”孩子转头看爸爸。

目的:增进家庭欢乐。

玩娃娃

妈妈抱个布娃娃,做爱抚状,然后交给孩子,让他抱抱。

目的:培养情感。

小熊哪里去了

将孩子放在地毯上,用毛巾把玩具盖住放在他身边,问他:“小熊哪去了?”妈妈做寻找状，然后拉开毛巾说："哇，在这里。"

目的：逗孩子高兴。

找玩具

将孩子放在他的小床里，妈妈当他的面藏一件玩具，比如藏在枕头下或被子里，然后让孩子找出来。也可同时藏两三件，让他都找出来。

目的：训练理解。

户外玩

把孩子抱到户外，让他看小朋友们玩，这对他来说既是游戏又是学习。

目的：学观察。

走来走去的玩具

买一件电动玩具，打开表演给孩子看。看着电动玩具自己在地上走来走去，孩子就会很高兴。

目的：训练观察力和注意力。

骑大马

让孩子坐在妈妈腿上，妈妈颠动腿部，一边颠一边念歌谣：

骑大马，呱嗒嗒，
一跑跑到外婆家，
见了外婆问声好，
外婆对我笑哈哈。

目的：训练语感。

5个小朋友

妈妈做5个小纸卷，在一头用彩笔画上小动物、植物等，然后把纸卷套在孩子手指上。妈妈可以掰着孩子的手指，彼此谈话做游戏或讲故事。

目的：发展语言能力。

第三篇

7~12个月宝宝智能提升百科

第二章

7~9个月宝宝智能提升

宝宝能明确地表示自己的意愿,看见喜欢的东西,会爬过去拿或伸手要。这时宝宝的身体比半岁前更加灵活,对周围事物的兴趣浓厚,笑声也越来越多,越来越明朗,对周围世界的认识能力又进了一步。

宝宝的基本特征

这个阶段的宝宝

宝宝能记住自己熟悉的人,开始明显地依恋最亲近的照料者,敏感的婴儿会“认生”。婴儿是否“认生”与智力好坏没有直接的关系。

这个阶段的宝宝能明确地表示自己的意愿和喜好,喜欢音乐的婴儿会随着音节摆动身体,并表现出高兴的情绪。

宝宝的视觉训练

这个时期宝宝的控制能力差,自我意识还处于萌芽状态,所以模仿能力不太强,但已有初步的模仿能力了。

对周围环境的兴趣大为提高,能注视周围更多的人和物体,随不同的事物表现出不同的表情。会把注意力集中到他感兴趣的事物和颜色鲜艳的玩具上,并采取相应的活动。

宝宝的动作训练

婴儿动作发展受神经系统发育成熟的影响，但在不同月龄的动作锻炼，可以促进婴儿运动机能的发展。学会爬和走的婴儿，接触和探索环境的范围扩大了，增加了认识事物的机会。他们为了达到目的地，坚持和努力地爬，锻炼了体力和意志力。而且在身体运动的过程中，认识自己和外界物体之间的关系，从而产生了自我意识。

>> 亲子课堂

动作锻炼对婴儿智力发展有着重要意义。但是，成人一定要做好保护工作。这个时期的宝宝非常敏感，如果一旦有什么意外损伤，就可能让宝宝感到害怕而不敢尝试和配合。

宝宝的语言训练

听懂成人说话对婴儿心理的发展具有很大的意义，也为今后语言的发展打下了基础。因此，父母应该多和孩子说话，并注意将语言、物体和动作联系起来，宝宝可以通过视觉、听觉及触觉等进一步理解语言。

宝宝的记忆力训练

婴儿的记忆能力和特点是早期教育的前提和基础。根据婴儿的这些特点，家长可有意识地教婴儿一些知识和动作，如认字、唱歌、跳舞及一些基本的生活常识等。但无论教什么东西，都必须在孩子情绪饱满的时候进行，要重视“寓教于乐”，把学习当成一种游戏，引起孩子的兴趣，让孩子在不知不觉中学到知识，不能让孩子感到学习是一种负担。

综合能力提升

动作能力提升

7个月的宝宝各种动作开始有意向性，会用一只手去拿东西；会把玩具拿起来，在手中来回转动；还会把玩具从一只手递到另一只手或用玩具在桌子上敲着玩；仰卧时会将自己的脚放到嘴里啃。8个月的宝宝不仅会独坐，而且能从坐位躺下，扶着床栏杆站立，并能由立位坐下；俯卧时用手和膝盖爬着能挺起身来；会拍手，会用手挑选自己喜欢的玩具玩，但常咬玩具；会独自吃饼干。9个月的宝宝能试着独站，抓住栏杆能站起来，并能从站立姿势坐下，从坐位躺下和卧位坐起，能灵活地爬行；会从抽屉里取出玩具，用食指和拇指捏起细小的东西，知道寻找掉在地上的东西。

独坐练习

当宝宝能稳定地独坐后可着重训练宝宝的平衡能力。让宝宝独坐在床上或地铺上，训练宝宝坐着转头转身寻找。还可准备一张适中的小凳子，宝宝坐上去时，双脚刚好可触及地面，而且脚掌与小腿、小腿与大腿、大腿与躯干的角度均成直角。父母用手扶住宝宝的大腿，不要扶他的背，让他自己寻找平衡点。待孩子坐直后，父母可试着松开一只手，只用一只手扶住宝宝一侧的大腿，另一只手以玩具吸引宝宝转头、转身寻找玩具。左右交替诱使宝宝左右侧转，在学习侧转中寻找平衡点，并且练习用脚来支撑身体。

爬行练习

爬行使宝宝能够主动地移动身体去探索周围的事物，大大地提高宝宝的认知范围。爬行动作是依靠颈背部及四肢肌肉的力量和协调动作完成的。宝宝7个月时，已具备翻身、坐等一系列能力，说明其颈背部及四肢肌肉已较有力量并具备了一定的协调性，这时就可以训练爬行了。

(1)爬行预备的动作。父母用一手抱着宝宝的腹部，另一手环抱在他胸前。让宝宝双手放在桌上或地上来支撑身体。然后父母可慢慢放松放在宝宝胸前的手，鼓励宝宝倒立支撑自己，每日练习1~2次，视宝宝耐受情况决定练习时间，一般每次3~5分钟。

(2)学习爬行动作。

①使宝宝趴着，两腿伸直，手肘弯曲支撑上半身。父母以右手抓住宝宝双脚掌。

②父母抓住宝宝双脚往前画个半弧，使膝盖尽量弯曲，脚跟碰到屁股，如此反复画弧，做屈伸运动3~5次。

③最后一次伸腿运动做完后，父母两手分别握住宝宝两大腿后侧，使双腿轮流弯向腋部，做

>> 专家解疑

让宝宝学习爬行要选择合适的时机、天气，也要看宝宝的心情是否舒畅。在学习过程中要引导宝宝配合自己的教学，并且时间不能太长，不要让宝宝活动量太大，以免晚上哭闹。

屈伸动作3～5次。

④在宝宝前方放个玩具，引诱他爬过去取玩具，父母扶住宝宝的小腿，或用手托住宝宝脚掌，左右交替地弯曲其膝关节，助其向前爬行，重复2～3遍；每日1～2次。

站立训练

训练宝宝站立时，可将其双腿略为分开，以降低重心，使之站得更稳些。每次扶站时间不宜过久。

(1)可扶着宝宝腋下让他练习站立。

(2)让宝宝扶着小车、床、栏杆及椅背等练习站立。

手部动作训练

(1)学习用拇、食指准确捏取。以加强宝宝手指动作的灵活性和视觉、触觉活动的协调，选择一些小的、可食用物品如米花、小饼干等，让宝宝捏取。教的时候父母可给予示范，如用拇、食指捏取饼干放入口中，让宝宝模仿练习。

(2)双手协调动作。

①双手玩玩具：在宝宝准确抓握的基础上可给宝宝多个玩具。训练他抓住一个玩具后再抓另一个玩具，或向宝宝同一只手上拿两个玩具，教宝宝学会将玩具从一手换到另一只手上后再取第二个玩具。

②双手对击运动：当宝宝两手均有玩具时，可教宝宝两手对击玩具。还可让宝宝两手持细柄玩具如摇铃或汤匙，模仿敲鼓动作，双手轮流敲打面前的小桶或空奶粉罐。

③教宝宝双手协调地撕纸。

(3)训练宝宝遵循指令有意识地拿起、放下玩具。投掷游戏可增强宝宝上肢的运动能力与手的控制技巧，提高视觉定位能力同时激发宝宝积极愉快的情绪。准备一个容器(如纸盒或小桶)和一些彩色塑料小球，先给宝宝做示范说："我们来比赛扔球。"将小球一个个扔进容器里，然后让宝宝模仿。开始时，可将容器和球放在接近宝宝身体的地方，随着宝宝能力的提高，可逐渐将纸盒前移。游戏可增进亲子交往，激发宝宝积极愉快的情绪。

语言能力提升

宝宝经常会用自己特殊的发音方式来表达他的感受，这些发音具有相当的一致性和连贯性，以至于父母通常不能理解这一自成体系的语言。宝宝会重复发出某些元音、辅音，会用自己的语言表达不同情绪，发音越来越像真正的语言，开始懂得一些词语的意义。

认物

为使宝宝建立准确的词语概念，可通过实物或识图书教宝宝认识各种事物。识图书上的图像必须真实、准确、色彩鲜艳、图画单一和清晰。每天只让宝宝认识几种事物，每天1～2次，每次的时间不易太长。让宝宝留下印象，反复练习，逐步积累。父母一定要教宝宝正确的名称，如认识手表时，要教宝宝“这是手表”，而不要告诉宝宝“几点钟了”，不要让宝宝误认为手表的名称是“几点钟了”。父母可以在教会宝宝物体的名称后再告诉宝宝物体的用途，防止宝宝将物体的名称与物体的用途相混淆。

拿起放下

这个年龄阶段的宝宝能准确抓握，并且能将玩具拿到手上。为了让宝宝玩的东西更多，可训练宝宝放下一个玩具再拿起另一个玩具。这样做有个过程，开始宝宝不会有意识地撒手放下东西，可能是无意识地张开手把玩具扔掉。这时，父母要做“拿起”和“放下”的示范动作，并反复强调“放下”，教宝宝模仿。训练宝宝把东西放在桌子上或放在玩具箱里。该训练可以帮助宝宝建立语言与动作的联系。

牙牙学语

当宝宝牙牙学语时，父母应当积极回应。这是宝宝语言能力成熟的前奏，这种活动能进一步鼓励宝宝开口，发更多的音，并最终让宝宝学会说话。

蛋糕和面包

父母带宝宝参观面包房、咖啡屋，指明屋内的美妙食物，将视觉形象与气味联系起来。这有助于刺激宝宝的感官，提高其语言与事物联系的能力，是促进语言发展的好办法。

视觉能力提升

玩玩偶

(1)准备一双大号的白色袜子，妈妈可以轻松地将手伸进去。

(2)用粗头的马克笔在袜子的趾尖部位画上眼睛、眉毛、鼻子、耳朵。沿着脚跟部位的弧线画出嘴巴，并在褶皱处画出红色的舌头。

(3)让婴儿坐在妈妈温暖的怀抱里。

(4)将玩偶套在妈妈的手上，对着婴儿唱歌、念儿歌或以玩偶的口气和婴儿说说话。在另一只手上再套一个玩偶，让两只玩偶对话或是做游戏，婴儿将会更感兴趣。

用婴儿的袜子为婴儿做个小玩偶。游戏时，把小玩偶套在婴儿的小手上，同时，妈妈也可以套上大玩偶，这样的交流方式更有趣！

目的：让婴儿提高视觉敏锐度及语言和倾听能力。

注意：也可以在袜子上缝出眼睛、绒球鼻子、红布嘴巴等。

认识五官

画出五官图片，并在图片上写上相应的文字，如在画好的鼻子上写一个大大的“鼻”字。先教婴儿指图说“鼻子”，再指自己的“鼻子”，再指字说“鼻子”。多次重复之后，婴儿懂得图和字都是鼻子，当大人指图或字时，看看婴儿是否指自己的鼻子。用同样的方法可以教婴儿学认眼、耳、嘴、舌等字。

>> 亲子课堂

这项能力训练是为了提高视觉能力，而婴儿在学认五官的文字之后，父母应经常调换文字的先后次序和位置，反复训练，使婴儿逐渐地学认身体其他部位的名称，如手、头、脚等。

挂起来看一看

妈妈应事先准备3个大小不同的杯子。这3个杯子分别为大、中、小3号，而且应该用3只有把、较轻的塑料杯子。

游戏开始时，妈妈和婴儿一起坐在地上，在婴儿的背后垫一个枕头，防止他坐不稳而摔倒。妈妈先把3个杯子按大、中、小的顺序依次摆开，对他说：“宝宝看，这是杯子，是我们喝水用的杯子。这个最大，这个最小，这个不大也不小。今天我们用这3个杯子来做游戏，宝宝要仔细看妈妈是怎么做的。”妈妈将最大的杯子杯口朝下放在地板上，再将次大的杯子倒着放在最大的杯子上面，最后把小杯子倒放在顶端。让婴儿看清楚后，妈妈把杯子推倒，重新再堆一次。让婴儿用手推倒，激励起宝宝参与的积极性，鼓励宝宝模仿妈妈的动作进行游戏。

目的：训练婴儿的注视观察能力，鼓励婴儿进行模仿，使婴儿明白同样的物体可以有不同的表现方法。

注意：妈妈也可以将杯子按次序套在一起，让婴儿寻找套在大杯子中的中号杯和小号杯。

美丽的星空

繁星满天的晚上，父母可与婴儿来到室外，一起观察星空。这时，父母可告诉婴儿“这是月亮”“这是星星”，并拿着他的手数星星。然后，父母可给他唱一首关于星星的歌。

目的：训练婴儿视觉能力。

注意：不宜在冬夜进行此种训练。

回归位

游戏前，妈妈先准备好一堆塑料球，一部分是红色，一部分是黄色；再准备两个纸盒子，一个是红色，一个是黄色。让爸爸、妈妈和婴儿共同参与游戏。爸爸、妈妈、婴儿都坐在地板上，爸爸独自一个人坐在一边，妈妈搂着宝宝坐在相对的另一边，爸爸、妈妈的距离控制在2米左右。在爸爸的前面放上黄色的盒子，在妈妈和婴儿的前面放上红色的盒子，在中间放上红色和黄色的小球。由爸爸先作示范，爸爸走到中间，一手拿起一个彩球，然后把手中红色的小球放在红色的盒子里，把黄色的小球放进黄色的盒子里，如此重复几次。然后在妈妈的指导下让婴儿来做这个动作。最初宝宝可能不熟练，但多做几次就可以让婴儿独自去进行。

>> 妈咪小贴士

红色的盒子与黄色的盒子都要大而且口也一定要大，便于婴儿把塑料球投进去；爸爸的示范动作一定要仔细、缓慢，让宝宝看得清清楚楚；如果婴儿动作发展较好，可让婴儿坐在爸爸、妈妈的中间，移近盒子的距离，让婴儿把相同颜色的彩球扔进相同颜色的盒子里。但游戏时间不能太长，否则会造成婴儿疲劳。

目的：训练婴儿的观察能力；训练婴儿通过观察进行模仿的能力；训练婴儿手与上肢的运动能力；增强婴儿视觉、运动协调能力。

寻找贴纸

(1)脱去婴儿的衣服，只留尿布即可。

(2)让婴儿靠坐在婴儿椅上。如果他已经学会坐，就让他坐在地板上。

(3)坐在婴儿对面，并在附近放一些彩色小贴纸。

(4)先给婴儿看其中一张贴纸，然后将它粘在婴儿身体任一部位，不要让婴儿知道贴纸跑到哪儿去了。可以先把贴纸藏在手上，选定位置后，再将贴纸贴上。

(5)贴好后，问宝宝："贴纸在哪里？"

(6)开始在婴儿身体上寻找贴纸，检查他的脸部，说："没——有，不在这里。"检查他的手臂，说："没——有，不在这里。"继续检查，直到发现贴纸，然后说："噢，在这里！"同时让他看看贴纸在他身上。

(7)换另一张贴纸，再和婴儿玩一次。把贴纸贴在婴儿不同的身体部位上。

(8)可以让婴儿自己找贴纸。如果必要的话，给他一点儿提示。

目的：培养婴儿的注意力、观察力及视觉搜寻能力。

注意：贴纸很小而且容易吞食，所以要看好婴儿。

听觉能力提升

边说边丢

父母拿起丢在地上的玩具，边说"砰"，边把玩具丢入袋中或箱子里，然后扶着婴儿的手，让他学着做。不久，只要说声"砰"，婴儿就会把玩具丢入箱中。

目的：训练婴儿听觉能力。

注意：根据婴儿对声音感兴趣的特点，可教婴儿说些象声词。

> **>> 亲子课堂**
>
> 两物相碰或敲击时，声音不能过大，以防变成噪声。月龄小的婴儿以父母辅助为主，月龄大的婴儿以自己玩为主。

锅碗瓢盆交响曲

生活中，可引导婴儿在能发声的物体上有节奏地拍拍、敲敲、碰碰。可敲各种器皿，譬如用筷子敲敲盆子、碗、酒瓶、瓷盆等，可拍桌子、盆子、皮球等，让积木相碰、瓶子相碰、锅勺相碰等，都可发出有节奏的声音。

目的:训练听觉能力。

叮当哪儿去了

游戏前,妈妈先准备摇铃一个,干净的手绢一条。游戏时,妈妈让婴儿坐在床上,爸爸在幼儿身后扶着。妈妈手拿摇铃在婴儿眼前有节奏地摇着,用来吸引婴儿的注意力。当婴儿注视摇铃的时候,妈妈突然用手绢将摇铃的一大部分盖住,并且微笑着对宝宝说:“咦,奇怪呀!宝宝的摇铃哪儿去了?宝宝找一找摇铃在哪里?”婴儿的眼睛就会去搜寻刚才还存在的摇铃。很快,宝宝的眼睛就会注视着盖着手绢的摇铃。这时,家长不要急于去拿掉摇铃的手绢,而是让婴儿稍微多注视一段时间,提高婴儿的注意时间。随后,妈妈把手绢拿开,说:“啊!原来宝宝的摇铃在这里。宝宝找到了,宝宝真聪明。”游戏继续进行。妈妈再次摇铃,再次遮盖……

>> 亲子课堂

妈妈摇铃应有节奏,左边两下,右边两下。而且摇的时候,最好也有节奏地摇摇头,方向和节奏与摇铃相同。这样,极易引起婴儿的共鸣,吸引婴儿的兴趣。游戏进行中,让婴儿寻找被手绢遮住的摇铃,婴儿在注视被手绢遮住的摇铃时,妈妈一定要掌握好婴儿注视的时间。时间太长,婴儿注意力就会转移;时间太短,达不到训练的目的。游戏进行的时间长短由妈妈根据婴儿的厌倦程度来决定。

目的:提高婴儿的观察力,使婴儿通过观察寻找当面藏起来的东西;提高婴儿的听觉能力,培养婴儿的辨音能力及节奏感,训练其注意力;引导婴儿用眼睛去找寻自己喜爱的东西,并伸手去拿;培养并增强婴儿的记忆力。

学发音

举起婴儿的小手,放在母亲嘴唇上,发一个长音:“啊——啊——呜——呜——”等重复音节,把婴儿的手从母亲嘴唇上挪开,和婴儿面对面,用丰富的表情重复上面的音节,逗引婴儿注意母亲的口型,分别以低音高音继续上面的音节,重复几次再加一些新的重复音节:“ba——ba——ma——ma——”

注意:每发一个重复音节应停顿一下,给婴儿模仿的机会;可以把婴儿抱到镜子前,练习模仿。

目的:发展婴儿的语言能力、听力和模仿力。

听音找物

给婴儿看形象逼真的玩具和图片,告诉他名称并逗引他用眼睛去找,用手去指。如看到室内红红绿绿的气球后,家长说:“宝宝,球球在哪里?”他听后会抬头去找,用手去指。诸如此类反复练习,可促进婴儿听觉、视觉和动作协调发展。

感觉能力提升

指东西

让婴儿坐着，大人用手指抓住他的食指，教他拨弄玩具，如小转盘、小按键、算珠等，使玩具转动或发出响声，引起他拨弄的兴趣，或自制一个练习抠洞的硬纸盒。纸盒上面贴上有趣的图画或画上小动物的脸，在上面开一个个的小洞，让婴儿用食指抠洞玩。

目的：训练婴儿食指动作，促进小肌肉发育。

注意：自制纸盒的边要光滑无毛边。

玩玩具

妈妈要事先准备一些玩具，一类是电动玩具，如电动小汽车、电动小火车、电动飞机等；另一类是上发条的玩具，如玩具鸭子、玩具兔子、玩具青蛙等。游戏开始时，妈妈不要把所有的玩具都堆在婴儿面前，而是一个个拿出来让婴儿看。比如妈妈先拿出一个鸭子的发条玩具，上足发条，把鸭子放到地上。鸭子有节奏地向前走去，妈妈则以丰富的语言配合玩具的特点来刺激婴儿："嘎，嘎，唐老鸭，嘎，嘎，唐老鸭……"或是"呜——呜，小火车开走了……"

目的：训练婴儿的感知；培养婴儿的观察力，使婴儿增加注意的时间；提高婴儿的语言能力，让婴儿学会理解简单的因果关系的语言；发展婴儿的专注力。

注意：妈妈应一个一个地出示玩具，否则玩具太多，容易分散婴儿的注意力；妈妈的语言要生动，前后的语言因果关系要明确，便于婴儿理解。

吃水果

夏天有许多水果，当婴儿吃水果时，父母要边喂婴儿，边用语言描绘。如吃葡萄："这是葡萄，熟透了，你看紫莹莹的。宝宝尝一尝，葡萄很甜，啊呜一口吃掉了!”还有苹果、梨等,要经常用语言伴随动作来描述。

目的:培养婴儿的感知觉。

注意:当婴儿见过、尝过许多水果之后,再拿图片告诉他这是什么、什么颜色的、味道如何。

记忆与思维能力提升

满8个月后宝宝的记忆能力出现,宝宝能辨识新旧,能学会技能,但还是没有拥有我们一般所谓的记忆——有意识地记得过去的事实和经历。这种“真正”而直接的记忆是逐步出现的,从婴儿期的晚期开始,在整个童年期中越来越进步。因此宝宝满8个月不但是社会发展、情绪发展的里程碑,也是记忆发展的重要转折点。

和满8个月以前不一样的是,回忆的能力出现了。以前,宝宝必须看到(或听到、摸到、嗅到、尝到)某种刺激,才能确知是否以前接触过。8个月以后,宝宝不需要再度接触这些刺激就能回忆旧经验了。以前发生过的事情,见过的脸孔,听过的言语,摸过的东西等会自然而然地浮现,当然仍然需要相关的刺激来引发,但是不需要和先前一样的刺激了。辨识是非自主的活动是反射性的记忆,回忆按定义而论,是有意识的。

>> 专家解疑

8个月大的宝宝开始能把藏起来的玩具找出来,这是6个月大的宝宝所做不到的,8个月也是分离焦虑开始出现的时候,宝宝找不到妈妈就会哭闹。这时期的宝宝能够在母亲、玩具、事件离开视线一阵之后仍在脑中留存印象。

叮当响

爸爸妈妈拿起一串能叮当响的东西(钥匙或铃铛)吸引宝宝的注意力,边摇边走,走到一个宝宝看不见的地方,如门外。把叮当响的东西放在宝宝视线之外,空手走回来,让宝宝去寻找“叮当响”的东西。宝宝会沿着大人刚走过的路线去找到“叮当响”的东西,这样可以训练宝宝的听力记忆力和发展宝宝的思维。

衣服的分类

让宝宝学会按各人的衣服进行分类放好,如这是爸爸的衣服、这是妈妈的、这是宝宝的。按衣服的用途进行分类放好;按衣服颜色的深浅进行分类;也可以按季节、大小或男女进行分类,可以培养宝宝分类的能力以及思维的灵活性。

魔术纸盒

在方形的空纸盒的六面分别粘贴一些好看的彩色的图片，让宝宝任意地转动、欣赏。当宝宝转到一个画面时，妈妈告诉他：“这是爸爸。”“这是猴子。”“这是大猩猩。”等宝宝比较熟悉画面以后，让宝宝听指示指出“爸爸在哪里？”盒子上面的图片内容可以是宝宝感兴趣的任何东西，如动物、花草、交通工具等；还可以将家里人的照片贴在上面，让宝宝按照要求找出某一位亲人。这样可以发展宝宝的观察力以及双手协调活动的能力，训练宝宝的再认记忆和形象思维能力。

百宝箱

把宝宝熟悉的几件玩具或者物品放在宝宝的面前，父母先说出玩具的名称，再把玩具拿起来给宝宝看或者摸，然后放进一只小篮子或者小桶里。放完之后，父母可以一边说一边把玩具一件一件地从篮子里或者桶里取出来。再从中挑出几件，隔一定距离放在宝宝的面前，说出其中一件的名称，看宝宝能否看或者抓这件玩具。此外，也可以当面把一件玩具藏在枕头底下，或者将玩具熊、娃娃用被子盖住大部分，露出一小部分，让宝宝用眼睛寻找或者用手取出，等宝宝找到玩具后，把玩具给宝宝让他继续玩。通过此项训练，可以增强宝宝的记忆力和提高简单解决问题的能力。

数学与逻辑能力提升

拿第三个

>> 妈咪小贴士

如果放上一个大苹果和一个小苹果，宝宝会毫不犹豫地去抓大的。宝宝会用眼去估量，分出大小。这时大人要用声音强化“大的，抓大的。”宝宝听懂“抓大的”要比听懂“两个或三个”容易一些。

6～7个月当宝宝已经能一手拿一个玩具时，桌面上又出现了第三个。这时宝宝可能扔掉手中的，去拿桌面上的第三个。有些宝宝把手里的放到另一个胳膊上抱着又去取第三个，胳膊上的会掉下来，于是他又把左手的放下，将右手的传到左手。用右手取第三个，这种动作称为“传手”，是宝宝学会两只手配合做不同的动作。如果大人给予示范，张开左手，把右手的放入左手，再拿第三个。这时宝宝手中就会有“三个”，这个动作要经过练习才能学会。

生活和交往能力提升

7~9个月的宝宝已经开始认人，能区别熟人和生人；能懂得大人的不同态度、脸色和声音，并做出不同的反应；懂得“不”字的含义，交往能力增强，会拍手表示“欢迎”，摆手表示“再见”。

用杯子喝水

随着宝宝的成长发育，要减少用奶瓶吸吮的机会，而应逐渐训练用杯子喝水。为什么在长牙之后要少用奶瓶吃奶呢？最近的研究发现，乳牙的龋齿发生率很高，3岁儿童中约有半数有龋齿。有龋齿的儿童常因牙痛而影响进食，从而引起营养失调。其发生的原因多种多样，用奶瓶喂养特别是睡前用奶瓶喂奶是原因之一。宝宝在吸吮时，舌头前伸超过下前牙，奶瓶中的液体流到下前牙之外的所有牙齿上，液体中含有容易发酵的碳水化合物，被口腔内的微生物发酵，产生有机酸导致牙齿的釉质脱落。其中，上门牙最先受到侵犯，称为“喂养龋”。宝宝长大之后仍用奶瓶，还可能改变宝宝的口型，同时影响牙齿的发育。

所以，在长牙之后，要练习用杯子喝水或者喝奶。方法是采用一个透明的不容易滑落的杯子，装水后可以看到液面。大人教宝宝喝，然后过渡到宝宝自己用杯子喝。

学习挥手、拱手动作

经常将婴儿右手举起，并不断挥动，让婴儿学习“再见”的动作。大人离家时要对婴儿挥手，并说“再见”，反复练习。在婴儿情绪好时，帮助婴儿将两手握拳对起，然后不断摇动，学做“谢谢”动作。

>> 亲子课堂

这个方案是为了提高婴儿语言理解的能力。每次给婴儿食品或玩具时，先让他拱手表示谢谢，然后再给他。

听爸爸妈妈的话

爸爸、妈妈可事先准备一些婴儿熟悉的物品，比如几样玩具：汽车、布娃娃、皮球、摇铃等；准备几样日用品：小板凳、勺子、小塑料碗等；几样食物：香蕉、苹果、煮熟的鸡蛋等。游戏进行前，妈妈可和婴儿坐在一起，爸爸拿起玩具汽车，妈妈就说“玩具汽车”，加深婴儿的认识。再拿起一个香蕉，妈妈说：“香蕉，这是香蕉。”这样，让婴儿明白每一样物体分别是什么。然后进入游戏的第二步，爸爸挑几样东西分散放在屋内的各个地方。妈妈问：“宝宝找一找，宝宝的玩具汽车在哪里？”婴儿就会用眼睛去寻找妈妈问的东西。如此进行，妈妈把每样物品都问一遍。最后进入游戏第三步，爸爸把所有的玩具、日用品都放在一起，妈妈说：“宝宝，去把玩具汽车拿过来。”妈妈可协助婴儿进行第一次寻找，然后妈妈接着再说：“宝宝，去把香蕉拿过来。”游戏继续进行。

以上游戏三步可同时进行，也可每次只进行游戏的一个部分。但是，必须是在婴儿熟悉上一步的前提下才可进行下一步。

目的：训练婴儿能够根据父母的要求用眼睛寻找大人所用的东西，并伸手去拿父母所要的东西；训练婴儿的观察力。

注意：初次进行该游戏时，选用的物品应是婴儿极为熟悉的物品，随着游戏次数的增加，让幼儿认识的物品可日趋复杂。

>> 妈咪小贴士

很多宝宝喜欢吸吮手指头，大人看见了，一边要说“不”，一边要摇头摆手，做出不高兴的表情，如果宝宝听懂了不继续吸了，要表扬宝宝真乖。如果继续做，要板着面孔说“宝宝不听话，爸爸妈妈不喜欢宝宝了。”有的宝宝喜欢伸手打人，这时候父母要严加制止。但是，不要反过来打宝宝。这样才可以培养宝宝养成哪些应该做哪些不应该做的意识。

“谢谢”“再见”

这个阶段的宝宝不会说话，但是已经开始理解语言，要帮助他逐渐建立语言和动作的联系。这时候要说、做并行，教宝宝学习和大人交往。爸爸给婴儿玩具或东西吃时，妈妈在一旁要讲“谢谢”，并要引导婴儿模仿点头或鞠躬的动作以表示“谢谢”。当家里有人要出门时，你一面说“再见”，一面挥动婴儿的小手，向要走的人表示“再见”。反复训练，使他一听到“谢谢”就鞠躬或点头，一听到“再见”就挥手。

爸爸要上班了，对宝宝说“宝宝再见”，妈妈就可以握住他的小手说“爸爸再见”。姥姥来了，教宝宝拍手说“欢迎”，爷爷给宝宝拿来香蕉剥给宝宝吃，妈妈合着宝宝的双手上下摇动说“谢谢爷爷”。总之，在任何场合，都反复教宝宝做这些动作，很快，宝宝就学会在妈妈上班前说“妈妈再见”了。每次宝宝做得好时，要适时亲吻宝宝，告诉他他做得很好。

目的：掌握语言，发展动作，培养礼貌习惯。

注意：不可半途而废，必须经常训练。

模仿大人动作

婴儿在注视大人动作的基础上开始用成套动作来表演儿歌。父母要先设计好全套动作并配上相应的儿歌或短语，每次动作都要一样，包括拍手、摇头、身体扭动、踏脚或特殊手势示范动作，孩子很快就能学会而且能单独表演。

目的：训练表演与模仿能力。

注意：学习时，婴儿每做对一种，父母都要表扬鼓励。

交朋友

户外活动时，可让婴儿和别的婴儿相互接触，看一看或摸一摸别的婴儿，或让婴儿在别人面前表演一下他的本领，或观看别的婴儿的本领。也可让婴儿和其他同龄婴儿在铺有席子的地上玩，或互相追随爬着玩，或抓推滚着的小皮球玩，或和大一些的婴儿在一起玩，看他是否更喜欢和较大的婴儿在一起玩。

目的：锻炼社会交往能力。

注意：如果婴儿出现抓别人脸或抢别人玩具等行为时，要制止他。

练习爬行

婴儿俯卧位在铺有毯子的地板上，家长将婴儿喜欢的玩具放在前方，鼓励婴儿用力向前爬行，去取玩具。必要时，家长可用手轻推婴儿的脚掌协助。婴儿会越爬越显得自如，爬行扩大了婴儿视野，提高了婴儿的观察力和思维能力。

目的：爬行是代表婴儿智能发展的重要动作之一，通过爬行训练全身肌肉，扩大视野和提高脑的统合能力。

注意：家长要时刻在旁保护婴儿，以防跌落受伤。

宝宝着装

宝宝的服装以冬天保暖、夏天遮阳透气、穿着舒适、不影响他的生理机能（皮肤出汗、手脚运动）为原则。面料和款式要适合以下特点：

7～9个月的宝宝正是学走练爬的时期，他们好动、易出汗、生活不能自理、衣服易脏易破。所以，在春秋季节，外衣料要选择结实、易洗涤及吸湿性、透气性好的织物，如涤棉、涤棉混纺等，而纯涤纶、腈纶等布料虽然颜色鲜艳、结实、易洗、干快，但吸湿性差，易沾尘土、脏污。而在夏季，穿着这类衣服宝宝会感到闷热，会生痱子，甚至发生过敏反应。应选择浅色调的纯棉制品，基本原则是吸湿性好及对阳光具有反射作用。

内衣直接接触宝宝娇嫩的皮肤，而且宝宝的体温调节机能差，新陈代谢快而出汗多，所以内衣应选择透气性好、吸湿性强、保暖性好的纯棉制品。还应注意，新买的内衣要在清水中浸泡几小时，清除衣服上的化学物质，以减少对宝宝皮肤的刺激和机械性磨伤。内衣不宜有纽扣、拉链及其他饰物，以防弄伤皮肤，可用布带代替纽扣。衣服款式以舒适、宽松为宜。

> **>> 亲子课堂**
>
> 背带裤是7～9个月宝宝理想的穿着，它的样式简单、活泼。自己缝制时要注意裤腰不宜过长，臀部裤片裁剪要简单、宽松，背带不可太细，以3～4厘米为宜。裤腰上的松紧带要与腰围相适合，避免过紧。购买市售的有松紧裤腰的背带裤时，要注意裤腰要与宝宝胸围、腰围相适合，避免出现束胸、束腹现象。

在游戏中开发智力

抠洞

做一个纸盒，纸盒六面画上图案，并剪出小洞，让孩子用手指抠洞玩。

目的：练习手指动作。

拍拍手

妈妈与宝宝面对面坐，握住他的小手边拍边说："拍拍手。"反复做几次以后，叫他"拍拍手"，孩子就会自己拍手。

目的：训练模仿能力。

钻山洞

爸爸趴在地毯上，双臂支撑，腹部抬高，妈妈让孩子"钻山洞"，从爸爸腹下爬过去；爸爸仰卧在地毯上，妈妈说："爬大山"，让孩子从爸爸身上爬过去。

目的：培养亲情。

揉纸

给孩子不同的纸，注意不要用比较脆的纸，如铜版纸。让孩子揉、撕，他会感觉到不同的声音。

目的：练习手指。

敲敲响

妈妈把塑料盒、铁罐、玻璃碗等扣在桌子上，给孩子一根小棒，让他随意敲打。

目的：感受不同的东西发出不同的声响。

发出声音的器皿

在宽口的器皿中放入米粒、豆子或小东西，并将盖子盖好。妈妈高兴地摇晃器皿，让宝宝也试着摇摇看。放入的东西不同，发出的声音与感觉也不同。

目的：器皿所发出的声音会刺激宝宝的听觉，也会引发他们的好奇心。

照镜子

在照全身镜的时候，不妨和宝宝这样做：笑一笑。晃动身体的不同部位，边做鬼脸边发出滑稽的声音，用嘴唇发出怪声，模仿动物的声音，前后摇摆。

目的：照镜子对于宝宝来说是很有趣的，这为其提供了另一个角度来审视自己。

小脸蛋儿

和宝宝说话的时候摸摸他会在你们之间建立信任。

给宝宝念这首诗：

小脸蛋，（摸摸宝宝的脸蛋儿）
小下巴，（摸摸宝宝的下巴）
食物从这里进来啦！（摸摸宝宝的嘴巴）
小眼睛，（摸摸宝宝的眼睛）
小鼻子，（摸摸宝宝的鼻子）
我要亲你的小脚丫。（亲亲宝宝的脚趾）

目的：这首小诗对宝宝的语言发育和建立亲情都很有帮助。

球到哪里去了

和宝宝一块儿躺在地上，手里拿个球（或其他玩具），和宝宝说说它。把球藏起来——放在椅子背后或你的口袋里，问问宝宝："球到哪里去了？"再把球拿出来，说："猫！"反复玩这个游戏，每次都换个地方藏球。

目的：多次游戏后宝宝就会知道，看不见的东西并没有消失，以后就会有兴趣寻找从视线中消失的东西。这类游戏有助于宝宝建立客体永存概念。

认知（动物）

给孩子指认图上的小狗、小猫、鸽子、鱼，大人可模仿其叫声。如有实物，可对照认知。反复感知后，当大人说出小狗，孩子可从图上指认出来。

目的：发展认知能力，知道这些动物的特点、叫声和人的关系；发展语言能力，满足孩子热爱动物的天性，培养爱护动物——人类朋友的善良之心。

滚球球

当宝宝能很轻松坐起来的时候，滚给他个球，开始时可以用柔软的布球。轻轻地滚动球，给宝宝示范如何抓到它。宝宝非常喜欢这个游戏，尤其球滚过来的时候宝宝会很兴奋。滚球的时候用《划，划，划小船》的调子唱下面这首歌：

滚，滚，滚球球，滚给乖宝宝。
滚呀，滚呀，滚，滚给乖宝宝。

目的:这个游戏能促进宝宝的运动灵活性。

抓住摇晃的球

将球或气球绑在绳子上左右摇晃,此时宝宝为了抓住球会伸出手来。请在宝宝可以抓到球的距离里,让球晃动。让球逐渐地晃到较远的地方,而宝宝想要抓到球,就要移动自己的身体。如果宝宝抓到了球,就请妈妈跟他玩"拔河"游戏——互相拉扯球,并且故意输给宝宝,然后说:"我们的宝宝力气好大啊!"来鼓励宝宝。

目的:这个游戏可以帮助宝宝锻炼上肢肌肉力量,提高宝宝肌体控制能力,促进宝宝空间感知能力的提高,加强对距离的感受。

有趣的家中之旅

把宝宝的背贴着妈妈的肚子抱着,妈妈把宝宝举着,带着他在家里到处逛,停在宝宝有兴趣的东西前站着,然后让他摸一摸。洗衣机里也看看,冰箱也打开看看。跟着宝宝的视线走,一起在家中旅行吧!

目的:现在抱着开始想要爬和走的宝宝在家中跑来跑去的话,可以发展他的空间知觉。

往前抓玩具

宝宝开始爬的时候,在离他稍微有一段距离的地方放置玩具,让他爬过去抓。

目的:提升宝宝运动智能的发展。

>> 专家解疑

刚开始,宝宝的身体不能往前移动,妈妈要在后面轻轻地推宝宝的身体。慢慢地把玩具放在远一点的地方,使爬行的距离越来越长。在爬的过程中,宝宝的四肢得到充分活动,增强前庭与小脑的平衡能力,为日后宝宝运动智能的发展奠定良好的基础。

越过枕头山吧

请把被子、枕头、坐垫堆起来,然后宝宝就会爬上去。妈妈喊着"嘿哟!嘿哟!"来鼓励宝宝,在"枕头山"的另一边伸出脸,看着宝宝,鼓励宝宝。

目的:宝宝们喜欢玩爬上去或越过去的游戏,这个游戏可以使宝宝身体的平衡功能获得发展。

穿越隧道

妈妈用膝盖和手臂靠着地面,然后趴在地上,让宝宝从膝盖和手臂之间爬过去。宝宝想要经过的时候,就用膝盖和手臂把宝宝抓住,宝宝就会一边笑一边想要溜过去。

目的:为了想要溜过去必然会花费很多力气,很自然地就让宝宝的全身得到了运动。

>> 亲子课堂

8~9个月宝宝爬行的水平直接影响到宝宝大脑的开发。而且,变换身体方位和空间感觉的爬行游戏有助于丰富宝宝的空间知觉和视觉空间智能。

玩球

孩子坐好,大人把球(直径5~6厘米,孩子能抓起来)滚到孩子跟前,教孩子像大人那样滚回去,交替往返,逐渐拉远距离。除滚球以外,还可穿插让孩子扔球,用小脚丫踢,变换多种玩法。注意孩子坐时的平衡,别让孩子倒下,以免磕碰头部和其他部位。会爬的孩子要想爬着够球,大人不要干预,更要注意安全,以防不测。

目的:模仿是宝宝学习的一种特殊形式,通过观察、模仿成人的行为动作、语言等,学习一些规则,然后内化于自己的行为中。

从面具里发出的声音

在西卡纸上贴一张动物图画,做成动物面具。妈妈戴上贴有小狗图案的面具,并发出小狗的叫声。妈妈戴上小牛面具,并发出“哞! 哞!”的声音,模仿牛的叫声和动作。宝宝对面具所发出的声音感到很新奇,会摸摸面具,并且呵呵大笑。宝宝会以为声音真的是面具上的那些动物发出的。

目的:通过这个游戏,让宝宝初步熟悉不同动物的各种声音,愉悦宝宝的情绪。

用手摸摸妈妈的嘴唇

妈妈一边说着“妈妈”,同时让宝宝的手碰触妈妈的嘴唇;妈妈一边说着“妈妈”,同时用手指着自己;妈妈一边说着“××(宝宝的名字)”,一边让宝宝听着自己的名字,并用一只手碰触妈妈的嘴唇,另一只手碰触自己的身体。

目的:除了耳朵之外,宝宝也会利用眼睛、皮肤来学习语言。逐渐让孩子摆脱只是反复说着“妈妈”,光依赖耳朵的学习方法。

想要接电话

请将电话放在宝宝的耳边,让他听电话里所发出的“嘟嘟”的声音。请让宝宝听按电话键时所发出的声音。用另一部电话打电话,让宝宝身边的电话响起铃声。把铃声响起的电话拿到宝宝的耳边,然后让他听从电话里传来的声音。这时宝宝会想要说什么嘴巴中念念有词。

宝宝看起来对电话有极大的兴趣。当爸爸、妈妈打电话的时候,他可能会一直呆呆地望着爸妈。请利用电话来当游戏工具,和宝宝一起玩玩看!

目的:通过这个游戏,使宝宝跨出对话的第一步。

大声念书

请一个字、一个字清清楚楚地念出来,宝宝应该也会跟着妈妈咿咿呀呀地念。宝宝开始咿咿呀呀地说话,请配合宝宝的频律念。妈妈和宝宝一起大声念书的话,宝宝也可以建立快乐念书的习惯。

请和宝宝一起朗读书中的文字,虽然宝宝不懂里面的内容,但是单纯地大声念书,也可以让宝宝头脑发达。

目的:朗读的声音可以刺激头脑,使得脑部细胞的活动更加活泼。就像每天必须喝牛奶才能长得健壮一样,每天都让宝宝念一点书,长大才能变成一个与书亲近的小孩。

第二章

10～12个月宝宝智能提升

10～12个月的宝宝视听觉都有了进一步的加强。应该选择能促进其感官发育的玩具，最好是让他们看到实物，并告诉他们这是什么，或者说出名称，让宝宝用手去指。这时宝宝已能扶站并开始学走路了，应该给宝宝提供一个安全的场所，让宝宝自由地坐、爬、扶走。

宝宝的基本特征

这个阶段的宝宝

宝宝的好奇心逐渐增强，什么都想用手去摸一摸、试一试，模仿能力更进一步发展。

对宝宝将要做出的危险动作，大人必须简单明了地说“不行”，用严厉的语气加以制止。以后一听到“不行”这句话，孩子就不敢做危险的事了。

宝宝的语言训练

这个时期是宝宝说话的萌芽阶段，这时语言能力的增长最快，是最善于模仿的时期，也是加紧进行语言训练的好时机。

宝宝的动作训练

这个时期的宝宝不但能坐稳，有的已经开始抓着东西走动了，手的动作更加灵巧，手眼协调能力又进了一步。除了在室内进行各种锻炼外，父母还应经常带婴儿到户外去锻炼。

宝宝的情感交流

脾气好的孩子常常是一个人玩，和成人对话或交流的机会比脾气坏的孩子相应要少，家长一定要警惕这种因为“无人理睬”而导致的智力落后。

>> 妈咪小贴士

一般宝宝到1岁左右时可长出6颗门牙：上面4颗，下面2颗，但不同的宝宝出牙时间是不相同的，有早有晚。宝宝出牙的时间尽管有迟有早，但如果宝宝到了1岁半时仍是一颗牙都没长出，应去医院就诊，以确证是否为先天缺牙。

综合能力提升

运动能力提升

10个月的宝宝喜欢探索周围环境，喜欢把手指伸进小孔中，在玩玩具时，宝宝有时会把一件玩具放到另一件玩具中。11个月时的宝宝会试着在父母的帮助下迈步爬楼梯，但还不会左右脚交替迈步。愿意蹲着玩，可以从站姿蹲下来，也可以从坐姿站立起来，但还不是很稳。

站立练习

站立练习时，要注意保护好宝宝，循序渐进，逐渐延长站立时间。

(1)两手扶站。当宝宝两手扶站较稳时，可训练一手扶站，让宝宝一手扶站，另一只手去取玩具。

(2)练习独站。父母可双手扶着宝宝的腋下，让宝宝的背和臀部靠墙，两足跟稍离墙，双下肢稍分开站稳，然后慢慢放手，并拍手鼓励宝宝独站。

起立练习

教宝宝从俯卧位双手撑起身体，再双腿跪起来，呈爬姿，抓住栏杆站起来。

(1)从站位至坐下。当宝宝扶站位，用玩具引导宝宝慢慢坐下，教宝宝从站位扶着栏杆慢慢坐下，而不是一下子摔坐下。

(2)站稳练习。

①让宝宝先观察一下不倒翁玩具，推一下站起来的样子，然后对宝宝说："你也像不倒翁一样，把你推一推，你就站起来。"父母让宝宝站好，用一只手在宝宝躯干一侧轻轻推一下，使他失去平衡；另一只手挡住宝宝另一侧身体，并帮助宝宝恢复到站位。父母应在轻快的游戏气氛中和宝宝进行练习，鼓励表扬宝宝，以训练宝宝的平衡感。

②将宝宝扶站好，并把宝宝感兴趣的玩具置于宝宝身体一侧，鼓励他尽可能弯曲身体去拾取玩具，左右侧交替练习，可增强宝宝腰部肌肉的力量和协调性。

行走练习

行走练习应循序渐进。刚开始练习时，一定要注意做好保护措施，防止宝宝跌倒，减少他的恐惧心理，使他乐于行走。在学走期间尽量不要靠"学步车"一类工具帮助，以免小孩形成不正确的行走姿势。可拉着宝宝的双手训练其迈步，或让宝宝扶着栏杆或床边迈步走。还可用较长的围巾从宝宝前胸、腋下围过，父母在宝宝后方，拉紧围巾，让宝宝练习独立行走迈步。宝宝会独走数步后，可在宝宝的前方放一个他喜欢的玩具，训练他迈步向前取，或让宝宝靠墙独自站稳后，父母后退几步，手中拿玩具，用语言鼓励宝宝朝父母方向走来，宝宝快走到父母身边时，父母再后退几步，直到宝宝走不稳时把宝宝抱起来，夸奖他走得好并给他玩具。

>> 专家解疑

可通过游戏、父母示范教宝宝学会手的多种用途。比如把木块搭起来，打开或盖上盒盖、瓶盖，拉电灯开关线，拿勺子在碗中搅拌，用勺吃饭，用手抠挖东西等。

手部动作训练

训练宝宝手的控制能力。在宝宝能够有意识地将物品放下后，训练宝宝将手中的物品投入到一些小的容器中。让宝宝将小木块放到一个小盒子中，将小粒的东西拾起来放进小瓶中。还可给宝宝选择一些带孔、洞的玩具，让宝宝将一些东西从孔、洞中投入。

语言能力提升

12个月时是语言发展的起飞阶段，女婴懂得的词语在60个以上，男婴在50个左右。宝宝能喃喃说出完整的句子，自创一些词语来指称事物，理解词语的能力大大提高，能说出基本语言，如“爸爸”“妈妈”，能讲出一句简短的话。

唱儿歌

这有助于联络父母与宝宝的感情，促进宝宝语言发展。可选择几首简单有趣的儿歌，经常念给宝宝听。儿歌每句的最后一个字既要押韵又容易发音，如儿歌“小娃娃，甜嘴巴，喊妈妈，喊爸爸，喊得奶奶笑掉牙。”在念的过程中，最好故意加重每句最后一个字的语气，并将前面的字拉长，如念成“小娃——娃”后强调后面那个押韵的“娃”字。紧接着要宝宝跟着说“娃”然后父母再念一遍“小娃娃”，故意不念出第二个“娃”字，等宝宝自己说出来。这样反复进行，使宝宝逐渐跟着父母，把最后一个押韵的字说出来。学习儿歌，最好学会一首再学另一首，不要同时教几首，这样有利于宝宝记忆。

>> 专家解疑

宝宝这段时期的自语已经很接近我们所说的语言了。他们往往反复说如“嗯嗯”的同音话，语言和实际生活逐渐结合起来。宝宝过了11个月后，语言的理解能力开始增加，对周围经常使用的东西即使不会说，也能理解大人的意思。

讲故事

父母每天都要给宝宝讲故事。讲的图书应以画为主，每页上只有2~3句简单的话。开始可以反复讲同一本书，让宝宝听熟。有时，可以一面讲，一面问：“谁哭了？”“他们要吃什么？”“谁最漂亮？”等，宝宝若指着图回答，说明他听懂了。如果宝宝不能回答，父母就再讲给宝宝听，逐渐引导宝宝理解故事的内容、激发宝宝的兴趣。

视觉能力提升

滚筒认物

在滚筒里放进一些塑料小球、小瓶盖、小积木等，盖好放倒，使其滚来滚去发出声响，也可让婴儿用手推动它向前滚动，问他："是什么声音？里面有什么？"打开滚筒，让婴儿把里面的东西一件件拿出来辨认。

目的：训练婴儿视觉能力。

注意：东西不可太多，开始最好用婴儿非常熟悉的玩具。

认手指

妈妈边动婴儿的手指，边让他五指分开，再握拳，再分开，让他的5个手指逐个伸屈，并告诉他每个手指的名称。当妈妈说"伸拇指，屈拇指"时，自己先举出拇指，让婴儿模仿。

目的：训练婴儿眼与手的协调能力。

注意：玩的过程中可教婴儿读儿歌，如"小手小手乖乖，两只小手拍拍。"

情感能力提升

读"布书"

妈妈可精心地挑选一些上面印有各种各样图案的手帕，或买一些可绣在童装上的各种小动物布贴，或用彩色碎布做成多种图案，把尼龙粘扣粘在手帕上，再把这些手帕粘在一起，一本"布书"就制成了。这本书里应当内容丰富又富有趣味，可以有娃娃、水果、小动物、动画故事人物、日常用品、房屋、风景、交通工具等，可以先教婴儿学习1～3页，最好结合实物进行学习。

目的：培养婴儿对图书的兴趣，提高认识能力。

注意：这本"书"既不怕撕也不怕咬，还可以放在洗衣机中洗涤甩干，又有游戏价值。

递东西给别人

让婴儿从盘子内拿一个橘子给爸爸,拿一个给妈妈,自已再拿一个。有时婴儿舍不得把第一个分给别人,可以把次序倒过来,先自己拿一个,然后再分给别人。有过多次练习后,可以递一个给爷爷,再递一个给奶奶,最后让婴儿递东西给客人。经常让宝宝给客人递食物就会养成与人分享东西的好习惯。

>> 妈咪小贴士

练习递东西给别人,一来学会与人分享,养成不自私的习惯;二来学会给人递东西是当助手的基本功,以后大人做事时能与大人配合,学会当助手。

同时要注意:所递的东西一定要安全,对婴儿没有危险。

感觉能力提升

变色的世界

父母准备一个万花筒或几块不同颜色的透明塑料、玻璃,晴天的时候带婴儿到院子里做游戏,把万花筒或彩色玻璃放在婴儿的眼睛前,使其仰起头朝光线好的方向看去,婴儿会看到不同色彩的世界。

目的:训练婴儿感觉能力。

注意:此游戏应注意选择光滑无棱角的塑料、玻璃,注意安全,且玩的时间不宜过长。

小狗有什么

先让婴儿看图片,告诉他这是小狗,父母边模仿小狗的叫声边说:“小狗有尾巴,有腿,有尖耳朵,也有眼睛和嘴巴,它的鼻子最灵,用鼻子去找肉和骨头吃。”还可带他到街上观察小狗,帮助他指出狗的基本特征。教他念儿歌:小花狗,戴铃铛,爱吃骨头汪汪汪。

目的:训练婴儿语言与实际相结合的能力。

注意:不要接近狗,远看即可。

打开套杯盖

拿一只带盖的塑料茶杯放在婴儿面前,向他示范打开盖再合上盖的动作,然后

让他只用大拇指与食指将杯盖掀起，再盖上，反复练习。用塑料套杯或套碗，让婴儿模仿大人一个一个去套。

目的：促进婴儿的空间知觉的发展。

注意：婴儿做对了就要称赞他。

听觉能力提升

听音乐取放物

播放一段活泼、欢快的音乐，将积木和盒子放于婴儿面前，让婴儿随音乐将积木从盒子中一一取出，再一一放入盒中。开始婴儿的动作可能比较稚拙、缓慢，听到比较欢快、活泼的音乐后，会慢慢灵活一点儿。

目的：训练婴儿对音乐的感知能力。

注意：可就地取材，父母敲击某物，让婴儿听声音取放物。

>> 专家解疑

要帮孩子分清噪声与音乐的区别。父母拿积木敲桌子，示意婴儿“这是不好听的声音”，并对着婴儿皱皱眉头；父母轻敲木琴，让婴儿倾听，告诉婴儿“这是好听的声音”，并对着婴儿笑笑。播放（或用实物玩具）一种轰隆隆的声音，再告诉婴儿“这是不好听的声音”，并皱眉；播放一小段音乐，告诉婴儿“这是好听的音乐”，并对婴儿笑笑。然后，弄响发出噪声与音乐的物体或放录音，让婴儿倾听，父母用皱眉或微笑给孩子以暗示。

记忆与思维能力提升

10～12个月的宝宝有了明显的记忆力，能认出自己的玩具、衣物，还能指出自己身上的器官，如头、眼、鼻、口等。当大人问他某件物品在哪里时，他能用手指出来。12个月的宝宝已开始有记忆能力了，如宝宝非常喜爱玩捉迷藏游戏，就是利用记忆力。但这个阶段宝宝保持记忆力只有几天，其记忆力与后天培养及宝宝是否有很大的兴趣有关。这个时期宝宝的思维发育程度较低，主要是具体形象思维，叫作“前语言思维”，表现为有目的地用动作来解决问题，如可找到藏在某地方的物体。

回归大自然

经常带宝宝去植物园和动物园，在对大自然观察的过程中，要不断地启发宝宝，提出问题，并回答宝宝的疑惑。比如，早上出门的时候太阳刚刚升起，天色会慢慢地变明亮，傍晚太阳落山了，天色会变暗，晚上，星星和月亮还会出来。植物刚开始的时候是种子，然后破土而出，很小的叶子，之后长大，变得茂盛和粗壮，然后开花，结果。果实成熟以后掉进土里面，来年春天就可以再次变成植物。告诉宝宝要爱护小动物，因为小动物也有爸爸妈妈，它们的爸爸妈妈也很爱它们，所以我们也不要让它们的爸爸妈妈伤心，不要伤害它们。小动物也会有高兴和不高兴的时候，甚至有的小动物在有些方面比我们人类还要聪明，比如狗的嗅觉、鸟的视觉等。这样可以培养宝宝对生物的辨别能力，使宝宝更加喜爱。

数学与逻辑能力提升

区别1、2、3

在婴儿的注视下，用一张16开的纸包上1块糖果，打开，再包上，引导他打开纸把糖果找出来。当他打开后，就说“1块”，并把糖果给他作为奖励。当着婴儿的面另取3块一样的糖果，边说“这是1块，这是3块”，边用两张纸分别包上1块和3块，再打开让他注视两边的糖果各5秒钟后包上(两包的位置不要变)，要求他把两包糖果都打开，看他要哪一包。玩过几次后，如果他总是要3个的一包，说明他能区别“1”和“3”。然后，你再包上2块和3块，看他是否还要3块，如果是，说明能区别“2”与“3”。

目的：提高婴儿注意力、记忆力和手的技巧，诱发简单数概念的萌芽。

注意：不要每打开一个包都把糖果给婴儿吃，那样会对婴儿的牙齿不利。

知道大小

将婴儿抱在桌前，盘子里放着大、小两种饼干，家长拿起大的饼干，给婴儿看，同时告诉他“这是大的”；接着再拿一块小的饼干给他，同时说“这是小的”。经过几次训练后，家长可以向他发出“拿一块大的饼干”的要求，看他能否拿对，如拿对了，可鼓励他；接着再向他发出“拿一块小的饼干”，观察他是否能拿对，如拿得正确也要给予鼓励。婴儿很快就学会分辨大和小，再用玩具或日常用品分别进行类似训练，以进一步巩固大和小的概念。

目的:通过大小的练习,培养对比概念。

注意:同理,还可以进行“上和下”“前和后”的训练。

听数数

在父母抱着婴儿上下楼梯或扶着他学走路时,要有节奏地从 1 数到 10 给他听;也可在他玩积木时,帮他给积木排队数数。每天至少 3 次,让他慢慢掌握数字的顺序。

目的:熟悉数字大小的顺序,为发展数学概念奠定基础。

注意:开始只能数 10 以内的数字。

我一岁

10 个月到 1 岁的宝宝经过大人的指导能学会在大人问“你几岁啦?”时竖起食指来回答。这时宝宝也确实懂得竖起食指能代表 1。妈妈拿一包饼干问“你要几块?”宝宝竖起食指表示要 1 块。妈妈拿来一串香蕉问“你要几个?”宝宝会竖起食指表示要 1 个香蕉。这时宝宝会用食指表示 1,是真正懂得 1 的意义了。如果大人让宝宝拿 1 块糖、1 颗珠子、1 块积木,宝宝都能准确无误地拿来。

要两个

大概要到一周岁前后宝宝会竖起中指和食指要 2 个东西。常常是要 2 块饼干、2 根虾条之类的小食品。宝宝还不会说,但是会用手指去表示,即竖起中指和食指表示要 2 个。这个动作也要大人先作示范,如只竖起食指就给 1 个,竖起中指和食指就给 2 个。宝宝通过手势和食物的联系就懂得要 2 个时就要竖起两个指头。因为这个时候宝宝还不会说话,所以教会宝宝用手势表示需要是比较容易的。

生活与交往能力提升

能熟练用摆手表示“再见”,拍手表示“欢迎”,穿衣和脱衣时会主动配合。自我意识萌芽,有时不同意妈妈的意见说“不”。

让宝宝学会与人分享

现在大多数家庭中只有一个宝宝,家庭中所有美好的东西孩子都可以无所顾忌地占有,而父母和祖父母都极其疼爱宝宝,将最好的食物给宝宝吃,最好的东西给宝宝用。对于年幼的宝宝来说这是必要的。但是等到宝宝1岁之后,就应该注意这方面了。一旦宝宝理所当然地认为一切好东西都归他独享,以后就很难纠正这种观念了。所以,要在日常生活中加以矫正和培养。比如,吃香蕉的时候,要他分给家人每个人一根,还要说,大的留给爷爷,小的留给自己。即使是宝宝非常爱吃的东西或者非常稀罕的东西,也要教宝宝懂得和他人分享。宝宝做到了,全家人都要给予表扬。

培养宝宝最初的友谊

研究表明:在10个月之前,宝宝们之间见面互不理睬,只有极其短暂的接触,比如伸出手去抓抓对方,或者瞟对方一眼。但是在1岁左右会出现简单的交往,比如,他们会和同伴交换玩具,会拉推同伴等。大人就要支持并且促成这种交往,这对宝宝今后的交际能力很重要。

>> 妈咪小贴士

这时候的宝宝经常会大哭大闹,性格强硬一点儿的还会使用各种方式使成人就范。对此,大人可以使用转移注意法,如果宝宝非要得到什么东西,大人可以假装同意,然后带他去做其他有意思的事情,让他忘记原先的想法。

宝宝着装

10~12个月的宝宝已经逐渐能爬、会走了,宝宝的活动范围也日渐扩大,他们对周围世界充满了好奇。给宝宝选择衣物是大多数母亲喜欢做的事,父母喜欢买漂亮的衣服用于特殊的场合，为此花大量的钱。其实买些经济实惠的衣服，或亲手缝制将更有乐趣。总之，为宝宝选做衣服既要考虑其特点，又要注意此时宝宝年龄的需求。

另外，宝宝活泼、好动，衣服易脏，换得也勤，因此一定要有足够的衣服才能应付宝宝的需要。为宝宝购买或缝制衣服时，尺码应稍微大一些，这样不会影响宝宝的生长发育。衣料的选择要柔软、舒服、易于洗涤，质地不易燃，如毛巾的、棉的、纯毛的，同时还要避免硬的接缝或粗糙的缝缀。衣料的颜色应选不易褪色的，不应选白颜色。因为白色容易脏，而且洗涤时容易被别的颜色浸染。前面开口向下或宽圆领的衣服最好，因为宝宝不喜欢被衣物遮住脸部。领口有松紧扣的衣服耐穿，宝宝长大了衣服不合适了，往往是因为头不能穿过领口，如果穿松紧扣领的衣服，仅需要解开纽扣宝宝的头便可穿过。罩衫和连衣裤仍适于本年龄段的宝宝，也较容易制作。10～12 个月的宝宝穿背带裤和连衣裙很适合，是学步的理想服装类型。

在游戏中开发智力

指认五官

父母和宝宝面对面坐着，问“宝宝的鼻子在哪里”，然后指向宝宝的鼻子说“宝宝的鼻子在这里”。反复练习，当宝宝对五官有初步概念后，可以父母问，宝宝自己来指认。

目的：锻炼宝宝的认知能力。

插钥匙

每次妈妈抱孩子回家，把钥匙交给孩子，让他将钥匙插进锁眼，插入以后，妈妈将门打开，母子都很高兴。

目的：训练手的精细动作。

听音乐、吃水果

选择几段优美的、节奏明快的音乐，让宝宝先听上一遍。将不同的水果混合放在一起，告诉宝宝将相同的水果拣出来放在一块，然后告诉宝宝父母最喜欢吃的水果是哪几种。每一种水果对应一种音乐，放某种音乐的时候开始吃某一种水果，然后音乐中断，吃水果的动作也应中断。然后再放第二种音乐，吃第二种水果，方法同上。吃完之后告诉爸爸妈妈今天吃了几种什么水果，分别是什么形状，什么颜色。

目的：训练宝宝听音乐做动作的能力，培养宝宝的节奏感；同时培养宝宝的味觉和触觉；发展宝宝的认知能力，认识水果的特征。

涂抹

给宝宝一本旧挂历，让宝宝在挂历反面用颜料反复涂抹，可以用手指，也可以用笔。

父母要在一边看着，以免宝宝把颜料吃下去。

目的：练习宝宝手的精细动作。

追易拉罐

将空易拉罐里放一件东西，妈妈手拉着孩子，让孩子踢易拉罐。易拉罐滚动可发出响声，而且不像球那么滚动。

目的：练习走。

给宝宝数数听

当父母抱着宝宝做事时，就可以进行数数练习。比如，吃饭时往桌上放碗，就可以放一个数一个；下楼梯时，可以下一级数一个数；给宝宝系纽扣时，也可以系一个数一个数。利用平时的机会，多在宝宝耳边数数，让宝宝逐渐熟悉数数的顺序。

目的：教宝宝学数数。

玩滑梯

妈妈带孩子到儿童乐园，选婴儿用的小滑梯（1 米以下），将孩子抱上去，或扶孩子爬上去，然后保护他滑下来。

目的：培养勇敢精神。

这是什么玩具

将宝宝喜欢的3个动物玩具放在地板上，让宝宝说出每个玩具的名称，也可以父母说出玩具名称，让宝宝把相应的玩具挑出来。

目的：理解词语是说出词语的前提，让宝宝指明和挑选是给他提供一个非语言交流的方式。

套环

给孩子选购一件套环玩具，可以是木质的，也可以是塑料的。这件玩具有一根立柱、几个环，孩子用环套在立柱上即可。孩子一边套，妈妈一边数："一、二、三。"

目的：训练手眼协调能力。

>> 妈咪小贴士

一过10个月，宝宝的手指就能相当灵活地抓东西了。

给宝宝蜡笔，让他在纸上随便画，宝宝也会去画。宝宝把给他的纸画完后，会在墙上画，所以应多给宝宝一些纸。蜡笔不要放到玩具箱里，有时宝宝会拣起来吃。让宝宝画东西时，只有父母陪着，才可以给他蜡笔。

表演

妈妈选择一个对话比较多的故事，反复讲熟以后，母子两人将这故事表演出来，各扮演一个角色。

目的：发展语言能力。

玩积木

妈妈和孩子玩积木，妈妈说："把红色的都给我，把绿色的都给你。"或说："把大块的都给你，把小块的都给我。"帮助孩子辨认，玩一次只能认一样。

目的：认识事物。

再见

父母出门时,对宝宝挥挥手,随即出门,反复进行几次,宝宝会理解手势的含义,并能够做出相应的挥手手势作为回应。

目的:训练宝宝的社交能力。

读书

妈妈可给孩子选购塑料的图书和布制的图书。这些图书是专门给婴儿做的,无毒,不怕孩子撕和咬,又可以清洗。妈妈也可以买一些儿童手绢,缝成书给孩子读。

目的:提高孩子认物的能力。

第四篇

13~18个月宝宝智能提升百科

第一章

13~15个月宝宝智能提升

这个年龄段宝宝的运动和感觉能力提高,会模仿做操,会和着节拍活动手脚和身体。多数宝宝已经学会了走路,活动能力大大加强。也能说一些简单的词语来表达自己的需要,理解力和语言能力有了很大进步。手眼配合能力提高,喜欢用笔在纸上涂画。

宝宝的基本特征

宝宝的动作发展

大多数孩子在一岁时,就开始学习走路了。对孩子来说,最初的良好行走体验是非常重要的。

宝宝的情感发展

宝宝的自我意识在逐渐增强,通过对周围环境积极探索,广泛地、多方面地接触和认识事物。同时,也让自己运用物体的技能得到锻炼,才能向下一个阶段发展。

很多一岁以后的宝宝还很认生,家长应多创造机会让宝宝与生人接触,包括与小朋友交流。

宝宝的语言发展

1~3岁,是发展口语的全盛时期,是语言学习的最佳时机。宝宝的牙牙学语纯粹只是一种模仿,这种模仿的意义是在为真正的说话做必要的准备。父母应尽量用亲切慈祥的语调多与宝宝讲话,给宝宝的大脑中多存储一些语言的信息,一旦宝宝开口讲话,这些信息就会源源不断地被提取出来。

宝宝的记忆力发展

记忆力是智力的一个组成部分，开发记忆力的方法有很多，家长一定要有耐心。

综合能力提升

生活自理能力提升

学穿衣服

1. 先学脱再学穿

宝宝都是先学会脱衣服的。因为刚开始不熟练，可能会以拉扯的方式脱下自己身上的衣物鞋袜。父母应该给他练习的机会，挑战自己的能力，建立自信，绝不要一味包办。等到宝宝能较熟练地脱下身上的衣物时，就可以继续训练他自己穿衣穿鞋了。

2. 教宝宝脱衣服时，也要采取一定的技巧。幼儿还小，采取游戏的方式更能让他亲近你、配合你。例如，最开始时你可以帮宝宝撑开衣袖，让宝宝自己将手退出来，告诉他："哇，宝宝的小手出来了，小脚也出来了！"这样不但能逗乐宝宝，减少抗拒，还能逐渐让"脱衣服"这件事内化为宝宝脑部学习区域的一部分，并会影响宝宝日后的穿衣行为（如父母通常先让宝宝穿哪一只手或是穿哪一只脚，宝宝日后也会延续此习惯）。

较为宽松、简单、不繁复的衣服，是宝宝学习穿脱衣服的最理想教具，如拉链式外套、前扣式衬衫、松紧带式的裤子或裙子等。连身洋装（扣子或拉链通常在背面）或是背带裤，通常需要父母的帮助才能穿上，并不宜用来练习。

>> 亲子课堂

虽然现在专为幼儿设计的衣物已越来越趋向流行，一件比一件时髦漂亮，但家长在为开始学穿衣服的宝宝选购衣物时，最好优先考虑功能取向。设计太过复杂的衣服也许很漂亮，但并不适宜用来练习穿衣服。若是每件衣服都是要靠父母帮忙才能穿上，宝宝就会缺乏练习的机会，便很难掌握这项基本的生活自理能力。

3. 训练穿衣的技巧

（1）穿衣小技巧：爸爸妈妈如果选择前扣式（开襟式）的衣服让幼儿练习穿着，就应该让幼儿将手伸入袖中，然后自己将扣子扣上。至于幼儿穿衣的详细步骤，则需要父母耐心详细地加以示范。穿外套是幼儿最容易学的,因为很简单,幼儿只要将手直接套入袖中,然后再一翻就穿好了!

(2)穿鞋小技巧:父母教幼儿穿鞋,应先教会宝宝如何区分左右脚。让宝宝将鞋子并排放在自己的前方,如果看到两只鞋子合拢,中间出现一个圆圈圈,那就表示正确;如果没有这个圆圈圈则表示放反了。辨别出左右之后,婴儿就可以将双脚直接放入鞋里,再将粘贴式鞋带轻轻一按就穿好了。

(3)穿袜小技巧:幼儿1岁半以后就可以教他自己穿袜子了,因为这时幼儿的身体结构已基本成形、固定。父母在教幼儿穿袜子时,可先将袜子卷至一半,然后让幼儿自己将脚伸进袜内,再让他自己将袜子拉上。

(4)戴帽小技巧:13~15个月的宝宝能抓起帽子戴在头上,但要经过1~2个月的训练才能学会将帽子戴正。父母应对幼儿的能力进行正确的估价,并给予耐心细致的指导。

动作能力提升

此时期他们从平面世界转向空间,原来只是爬来爬去,现在能直立行走,喜欢到处走走,到处乱摸乱动,一会儿走进来,一会儿又走出去。动作不稳定,非常好动。活动中,在手的抓、摸、拿的过程中,小手指的功能和技巧都得到了极好的锻炼,手的动作越来越复杂,智能发展也非常迅速。

学走路

周岁以后的孩子90%都可迈出第一步,在良好的训练下可走得很好。

独立走路,不是一件轻而易举的事,走得好就更难了。初练行走,不免有些胆怯,想迈步,又迈不开。成人伸出双手做迎接他的样子,孩子大着胆子踉踉跄跄能走几步,赶快扑进成人怀里,非常高兴。如果成人站得很远,他因没有安全感而不敢向前迈步,因此成人要靠近些给予协助。迈开步子以后,仍不能走稳,好像醉汉左右摇晃,有时步履很慌忙、很僵硬,头向前,腿在后,步子不协调,常常跌倒,仍需成人细心照料。

在这个阶段，应鼓励孩子多走路，创设条件，使他安全地走来走去。对那些大胖子和“小懒蛋”更该多加帮助，使他早些学会走路。

爬上爬下

①把床上的被子叠好放在床中间，让宝宝爬上爬下。

②选择不太高的楼梯、攀登架，让宝宝爬上去、爬下来。

注意：宝宝能在平地上爬得灵活之后，适当地让他爬一爬台阶、楼梯。在练习中要注意安全，太高的楼梯不能让宝宝去爬。

推车走

教孩子握住大人拿着的扶圈或短棍一步一步学着走。引导孩子推着小车向前走、转弯走。

定向走

教孩子学着拖拉玩具走过来和练习向指定方向走。

将一些形象的玩具（如动物、小塑料玩具、小汽车玩具等）放在距孩子一米远的地方，让孩子去捡起来，或自己玩耍或交给大人。

小鸡啄米

练习走、蹲、点头动作。

几个小朋友一起玩，给每个小朋友都戴上小鸡的头饰，大人戴一个鸡妈妈的头饰，鸡妈妈带着小鸡走来走去找米吃，并“叽叽”地叫着，口里念着“小鸡小鸡，叽叽叽，青草地里找虫吃”等儿歌，走着走着鸡妈妈蹲下去，头一点一点吃米，让孩子蹲下模仿。可反复几次。

玩豆豆游戏

锻炼幼儿手的肌肉运动，训练幼儿弯腰、下蹲及手指的灵活性。

（1）碗里放些黄豆或红豆，妈妈教幼儿一把抓起豆豆，然后把手松开，让豆豆从指缝里漏出掉到碗里，可以边抓边说：“黄豆红豆，帮着数数。”

>> 亲子课堂

捡的时候要留意不要让幼儿把豆子吞进嘴里，以防呛进气管。若捡豆子对幼儿太难了，可在地上放些色彩鲜艳的小玩具让幼儿捡起来放在小床上。

(2)将一些蚕豆或黄豆放在地上,妈妈和幼儿一起捡,看谁捡得多。这一游戏可和第一步的游戏接着进行。

语言能力提升

这一阶段的宝宝处在学说话的时期,常以词代替意思,大人很难理解,只有孩子自己知道。比如叫“妈妈”,可能是要妈妈与自己一块玩,也可能是要吃的或喝的;说“上外”,可能是要上外边玩,也可能要到商店买吃的。因此,大人们从一开始教孩子说话时,不要用小儿语教(所谓小儿语是指“猫猫”“狗狗”“吃饭饭”“喝水水”等。这样教习惯了,对以后说话的准确性有影响),要教孩子说完整准确的句子,开始说一些很短的句子,以后再说长一点的,慢慢就能提高孩子的语言表达能力和语言的准确性。

发音训练

如果孩子 j、k、g 发音困难,妈妈可反复给孩子讲下面的故事,帮助他练发音。

有一天,鸡妈妈、鸡爸爸和小公鸡一家三口开家庭演唱会,请来鸭子做观众。

鸡妈妈第一个开口唱:“咯咯咯,咯咯咯……”妈妈问孩子:“丫丫,你学一学鸡妈妈怎么唱。”鸭子听了说:“鸡妈妈你唱得太好了,我也唱一曲。”于是它“嘎嘎嘎,嘎嘎嘎”地唱起来。妈妈问孩子:“丫丫,你会学鸭子唱吗?”

小公鸡跳着说:“鸭阿姨唱得真好听,鸭阿姨你听我唱:叽叽叽,叽叽叽。”妈妈问孩子:“丫丫,你会唱叽叽叽,叽叽叽?”

最后,公鸡不慌不忙走过来,高声唱道:“喔喔喔,喔喔……”大家一齐拍手:“真好听,真好听。”

给布娃娃洗手

准备布娃娃及手帕一条。大人出示布娃娃说:“小朋友,布娃娃要吃饭。”这时可启发小朋友伸出手做洗手状,与布娃娃比一比谁的手洗得最干净,同时要小朋友模仿说“手”的词音。

学动物叫

拿一套识字卡片,挑出猪、狗、鸡、鸭、羊、牛等,问孩子:“猪怎么叫?”“狗怎么叫?”让孩子一一学叫。

开口说

在孩子有什么要求时，他会做出表示，但没有用语言表达。妈妈要鼓励他用简单的词汇表达出来，而不是轻易满足他。

自我介绍

宝宝先会说自己的小名，这时要教导宝宝说出自己的姓和名，同时学会说出爸爸和妈妈的姓名。宝宝喜欢用手指表示自己几岁，这时应用口说出自己几岁。如果讲话顺利，还可以进一步要求宝宝说出自己是“女孩”还是“男孩”。这时宝宝只能记住自己的性别，并不懂得区分性别。

摸一摸

目的：训练手的触觉，发展语言。

方法：在日常生活中，让宝宝多用手摸不同材料的物体，如毛毯、丝织物、玻璃、皮革、石子等，并在宝宝触摸时告诉宝宝，如“毛毯多柔软啊！”“丝巾多光滑啊！”等感觉。

抛气球

目的：训练语言模仿能力，认识颜色。

方法：给宝宝准备两个色彩鲜艳的气球，和宝宝一起玩抛气球，边抛边念儿歌：“红（黄）气球，红（黄）气球，轻轻一抛天上游。”

说出来再给

目的：通过语言表达，提供开口说话的机会。

方法：这个阶段的孩子已经懂得很多意思，但语言表达能力仍较薄弱，习惯用动作表达需要和愿望，如想喝饮料，会用手指冰箱，就是不会直接说出来。家长应当采取“延迟满足”的办法，促使孩子用语言表达意思，教孩子用“是”或“不是”，“要”或“不要”，并配合点头或摇头动作，坚持“说出来再给”。

家长应穿插给孩子念些适合其年龄的儿歌，并可配合些动作。现列举十个儿歌如下：

(1)《小椅子》——小椅子，擦一擦，客人来了请坐下。

(2)《小汽车》——小汽车，嘀嘀嘀，开过来，开过去。

(3)《讲卫生》——勤洗头，勤洗澡，讲卫生，身体好。

(4)《爱干净》——不吃手，不坐地，不捡地上脏东西。

(5)《小花猫》——小花猫，喵喵喵，见到老鼠就吃掉。

(6)《小白兔》——小白兔，长耳朵，走起路来轻轻跳。

(7)《吃饭前》——吃饭前，要牢记，伸出手来洗一洗。

(8)《小手帕》——小手帕，四方方，天天带在我身上。

(9)《吃饭时》——吃饭时，不讲话，安安静静把饭进。

(10)《豆浆甜》——豆浆甜，豆浆香，喝了豆浆长得棒。

妈妈讲故事

严冬的河面上结起了厚厚的冰。一只野猪在冰上跑来跑去，快乐极了。

春天快到啦，河面上的冰变薄了。一群野猪来河边想过河。这时，那只野猪说：“放心，这里的冰硬得像石头。”说完，它就大摇大摆地向中间走去。“咕咚”一声，冰碎了，野猪掉进了河里。

社交能力提升

这时的幼儿喜欢妈妈，不许别人来到妈妈身旁，一面看着妈妈的脸色，一面淘气。拉住妈妈往商店走，见到玩具就要，见到吃的也要。喜欢模仿大人看书，但常把书拿倒，却念得津津有味。同小朋友玩时，经常争夺玩具，抢不到就大声哭喊和打闹。

>> 专家解疑

这个时期的宝宝喜欢探索新环境，发现新的物品，能与他人作面部表情和语言交流，能牵着父母的手行走，能拿东西给父母和熟悉的人，能堆积木、玩喜欢的玩具，想独立行走，模仿成人动作。这个阶段的宝宝喜欢追逐打闹，模仿成人的语言，适当的社交能力的提升，可以培养孩子开朗的性格，为以后孩子迅速融入群体打下基础。

给洋娃娃喂饭

幼儿这时已经能很好地握持小勺了。做游戏时，教幼儿做给洋娃娃喂饭的动作，嘴里一边说：“不哭不哭，好宝宝。好好吃饭，吃饭长肉。”

注意:还可让幼儿做抱娃娃看医生的游戏。

感知能力提升

拓印

通过手或脚的拓印,让婴幼儿感知不定型的奇妙,体验拓印的快乐。

方法:大人把自己的手或脚蘸上颜料后印在纸上,并指着手印(脚印)告诉婴幼儿:“这是妈妈的手印(脚印)。”大人也可以帮助婴幼儿往手、脚上涂颜料,然后压印在纸上。有兴趣的话,还可以把印有婴幼儿手(脚)印的纸贴在墙上,这是婴幼儿与众不同的作品。

搭二层楼

搭积木属于构建游戏。辅导幼儿搭积木是训练幼儿空间知觉和训练幼儿手、眼、脑协调的重要项目。在1岁以前,宝宝已经能够两只手拿着积木相互比配、相互对击敲打着玩耍,并且已经能够做到有意识地松开手,将积木放到盒子里。但是,这个阶段的宝宝还不会搭积木。到了1岁以后,宝宝就有兴趣去琢磨、去模仿你是如何搭好积木的。开始的时候,他的手虽然是有意识地往积木上面放,但总是搭不上,放歪了就会掉下来,家长在旁稍微扶一下,帮助他放上一个,要马上拍手给予表扬,宝宝也会跟着你击掌庆贺。在这种轻松愉快的气氛中,家长可以帮助宝宝提高对搭高楼的兴趣。接着,再来一次,再高一层,就这样在游戏中帮助宝宝把积木搭到二层,使宝宝从成功的喜悦中获得满足感,同时,逐渐地提高了幼儿手、眼、脑的协调水平。有意思的是,宝宝除了用积木来搭“楼房”,还会用积木来做模仿游戏,比如拿长条形的积木当妈妈的菜刀切剁另外的积木。

>> 亲子课堂

锻炼小肌肉和手、眼、脑协调的玩具不只积木一种,还可以用喝完的酸奶瓶子(塑料的)等家中的废旧物品来给宝宝玩构建游戏。器械练习时最适宜玩的是球类运动,首选是气球。气球轻,宝宝可以轻松地捧着气球往上扔或往地上扔,然后不厌其烦地去捡;还可以玩皮球,与爸爸妈妈滚皮球玩,还可以由爸爸妈妈扶着双肩踩皮球。

记忆和思维能力提升

儿歌记忆

虽然这时候的宝宝还不能完整地说话，但是父母朗读一些古诗，还是会在宝宝大脑里留下印象。所以如果父母希望自己的宝宝“满腹诗书”，从现在就可以开始了。

春晓

春眠不觉晓，
处处闻啼鸟。
夜来风雨声，
花落知多少。

采莲曲

荷叶罗裙一色裁，
芙蓉向脸两边开。
乱入池中看不见，
闻歌始觉有人来。

黄香蕉

黄香蕉，
甜又甜，
闻一闻，
香又香。

回乡偶书

少小离家老大回，
乡音无改鬓毛衰(cuī)。
儿童相见不相识，
笑问客从何处来。

葡萄
葡萄藤，
爬得高，
爬到架上吹泡泡，
吹了一串又一串，
串串都是甜葡萄。

月亮
月亮圆，
月亮弯，
月亮月亮挂天边。

小西瓜
小西瓜，圆溜溜，
红瓤黑子在里头，
水又多，味又甜，
夏天吃它凉悠悠。

认识水果

晚饭后开个水果晚会，妈妈端上一盘水果，让宝宝说说盘里装有什么。大苹果是什么颜色？橘子是什么颜色？梨是什么颜色？

让宝宝把梨送给爸爸，把苹果送给妈妈，把橘子送给奶奶。

目的：认识各种不同的水果，感知它们的颜色、形状、味道，发展宝宝的视觉、味觉，提高认知水平。发展语音能力，感受到亲人的爱。

比多少

将苹果分成两堆放在桌子上，一堆为 2 个，另一堆是 4 个。家长可以先告诉孩子，哪堆苹果多，哪堆苹果少，让孩子亲自比一比和数一数，然后家长再让宝宝用手指指出哪堆

>> 专家解疑

训练宝宝的记忆能力从训练认路能力开始，借此培养宝宝对周围事物的感知和记忆能力。父母可以在出门的时候带宝宝出去，有意识地告诉宝宝要记住自己家附近的标志性建筑、植物等。除此之外，自家所在的居民区、超市、菜场、学校、路口等也是有必要让宝宝辨认和记忆的地方。可以这样开始：母亲每次只去一个地方，比如超市。第一次的时候有心地提醒宝宝自己将去的地方和往返的路程。第二次的时候就让孩子走在前面，鼓励宝宝勇敢地给妈妈带路，必要的时候提醒宝宝，回到家之后当然要鼓励宝宝并给予物质奖励。这样宝宝就会乐意做这样的尝试，建立成就感。下一次再带宝宝出门的时候（一般是步行的短途），也鼓励宝宝这样做，久而久之，宝宝会自己培养认路的习惯，会向人高兴地展现自己的记忆能力。

苹果多，哪堆苹果少，也可配合念些儿歌。一般而言，区别多少要比认大小难一些。

目的：提高观察力、记忆力和理解力。

打电话

父母准备玩具电话，或者家中的固定电话以及手机等（现在的宝宝由于经常见周围的人使用手机，所以对手机具有非常强烈的兴趣）。现在的手机一般都具有快捷键功能，可以将父母的电话设置成简单的快捷键。这样，妈妈对宝宝说："宝宝想爸爸吗？那就给爸爸打个电话吧！"爸爸的电话是123，让宝宝按数字123，边按边发声告诉宝宝123的念法。这样爸爸可以在接听电话之后说："喂，喂，你好呀！××（宝宝的名字）！"妈妈在这边也让宝宝说："喂，喂，爸爸！"宝宝听后会非常新奇而高兴，下次再训练就容易得多。借此可以培养宝宝对数字的记忆能力。

认颜色

一般的家庭都会给宝宝购买各种颜色的积木，这些积木就是宝宝认识颜色的最好的道具。如果没有积木，家中的各种小件物品也是培养辨色能力的道具。比如袜子、手绢、玩具等。一次最好只教1~2种颜色，然后反复让宝宝练习并且给予肯定和表扬。比如，红色是宝宝1岁之后最先学会的颜色。所以妈妈可以指着家里红色的家具问："这是什么颜色？""红色。""哦，对，宝宝真聪明！"然后，妈妈可以问："家里还有什么东西是红色的啊？"这样，可以加强宝宝对同一种颜色不同深浅的记忆能力，培养孩子对颜色的敏感度和辨别能力。学会之后要经常巩固，这样宝宝才会记得完整准确。

区分早上和晚上

早上起床时，妈妈说"宝宝早上好"，让宝宝说"早上好"。边起床边向宝宝介绍"早晨天亮了，太阳公公也快出来了，咱们快穿好衣服出去看看"。要打开窗户和拉开窗帘，使宝宝享受新鲜空气。白天可以出去玩，也可在家中玩。到晚上要向宝宝介绍"天黑了""外面什么都看不见了，要开灯才看得见，咱们快吃晚饭，洗澡睡觉"，使宝宝能分清早上和晚上，并让宝宝学习说"晚安"才闭上眼睛。此时妈妈应留在宝宝身边，因为他会睁开眼睛看看，如果妈妈还在，他才能安心入睡，不妨多道几次"晚安"，让他将词汇学熟练。

目的：初步学习时间概念，分清早上（白天）和晚上。

猜东西

用一块桌布把几样物品盖起来，这几件东西是妈妈特意找来让孩子猜的，如茶壶、杯子、勺、笔等。这些东西不全盖住，每样东西露出一小部分，如茶壶的嘴、杯子的把、勺子的头、笔的笔帽露在外边。然后妈妈让孩子一样一样地猜："宝宝，你猜猜这是什么？"孩子有的能猜出来，有的不能猜出来。猜错了不要紧，可以再猜。

目的：这个游戏可让孩子从物品的某部分特点来认识物品的整体，训练孩子的观察力和记忆力，使他学会认识事物时要注意这个事物的形态。

玩多米诺骨牌

父母教宝宝叠四层积木，帮助选择大积木放在第一层，越向上越小，让宝宝搭起四层来。还可以把军棋一排排立起来（间距要适当），把最后面的一个推倒像多米诺骨牌一样按顺序倒下，趣味盎然。

目的：这种训练可以帮助宝宝集中注意力及提高模仿能力、手指的灵活性。

认物

大人用实物教小儿说出物品的名称，多次反复训练后，向小儿指出，让他按要求回答，如"鞋""帽""碗""杯"等。可鼓励小朋友们看谁能最先说出来，相互间有鼓励和竞争的气氛。如果这些物品都说对了，还可以改换其他用品重新开始进行游戏。

目的：认识日常用品，用手指着并说出物品的名称。

"寄信"游戏

宝宝辨认 1 和 2，可以用游戏的方法加深印象。用 10 张纸分别写上 1 和 2 当做"信"。另用两个大纸口袋表面贴上 1 和 2，放在房间的两个角落。爸爸和妈妈各站在两个大纸口袋旁边检查信件，宝宝当邮递员。拿着 10 封信分别投入到相应数字的纸口袋信箱内，看宝宝能否辨认 1 和 2。

目的：看宝宝能否辨认数字。

创造性能力提升

喜欢模仿大人做事，躺在被子上自己包自己，拍娃娃睡觉，拿东西喂小猫。能把积木叠到三块不倒，拿笔乱画，喜欢藏猫，自己把自己眼睛蒙上看不见别人就以为藏好了，玩得很高兴。如果给他铅笔，一开始他会胡乱涂画，渐渐会画出图形。

全家游戏

(1)爸爸或妈妈先藏在家中的某一地方，不要藏得太隐蔽，要给宝宝某种线索。

(2)当宝宝找到爸爸或妈妈时，爸爸把宝宝放在肩上，两手分别握住宝宝的手腕，掌握好平衡，然后在屋里转几圈，可跟宝宝说："找到爸爸了，找到爸爸了。"

(3)然后让宝宝自己去藏，爸爸、妈妈不要立即找到他，而应假装找一会儿再找到他，并跟他玩飞机的游戏。

可以发展宝宝的认知能力和记忆、思维能力，训练宝宝的平衡感。注意：藏猫猫和坐飞机都是宝宝十分喜爱的游戏。在藏猫猫时要尽量收拾起像电器、暖水瓶等不安全的东西；坐飞机游戏一定要注意安全，以免闪了宝宝的身体，又要防止抓不牢而将宝宝摔下来。

搭大的积木

在桌上放几块积木，家长示范后，鼓励孩子自己搭。开始时孩子总是搭不起来，经过多次训练，可以搭到三块，不碰倒。搭成功后要给予鼓励。

玩泥

做小鱼：用泥搓成短棍，再搓成两头尖，压扁，安上眼睛，捏出鱼尾和鱼鳍就行了。

做麻花：将橡皮泥搓成细长圆棍，把两头并在一起，用手一拧即可。

做小刺猬：将橡皮泥揉成鸡蛋形，插上火柴棍，安上眼睛即可。

按形状作分类

用颜色相同的卡片来按形状分类，易于孩子认识形状。

玩法：将6张卡片放在桌子上，拿一张三角形卡片，问孩子："你能找出一张和我这张相同的卡片吗？"

孩子拿出另一张三角形卡片，他拿对了，那就说："这是两张三角形，你把两张三角形放在一起。”反复告诉孩子这是三角形。

然后拿一张圆形卡片，让孩子挑另一张。最后挑出正方形。再把卡片混在一起，让孩子重新将卡片两两相应放在一起。

在游戏中开发智力

听响响

孩子对敲积木，或是用筷子敲击能发出响声的物件都很喜欢，可以给孩子购买小鼓、小锣、小钹等能打击的玩具，让孩子尽兴地敲击，逐渐教会孩子敲击出有节奏、清脆的声音来。让孩子左、右手全用上。玩耍中大人要给予配合，有意敲出有节奏的鼓、锣、钹点来，让孩子感受。

目的：此游戏可以锻炼宝宝听觉，满足孩子爱敲击的欢闹情绪，有助于大脑细胞的发育。

>> 妈咪小贴士

这个时期的宝宝大部分的生活内容就是玩耍，游戏是宝宝未来生活的演练和准备，做父母的必须重视宝宝的玩耍。首先仔细观察宝宝的兴趣大概集中在哪种玩具上，然后再发展他所喜爱的游戏。

取算盘珠

大人把拴线的3个算盘珠，放进瓶内（瓶口只能进出1个算盘珠），让孩子从瓶内取出3个算盘珠。这时的孩子往往想把3个一块取出来，所以抓住3根线一齐向外拉。这时大人应告诉他为什么3个算盘珠一并取时取不出来，可以演示竹竿如何进门，尺子如何从窄缝里拿出来。

目的：多练习，发展孩子的复合思维。

杯盖上放物

杯子里放上孩子喜爱的玩具，然后让孩子拿出来，再装进去。几次后，大人把杯盖盖上，让孩子在杯盖上放玩具，反复几次放不住，都滑下来了。大人教孩子把杯盖翻过来盖在杯上，再放玩具就放得住了。

目的:多练习,发展孩子的复合思维。让孩子继续玩下去,广泛开动脑筋。还可装、拿小饼干等小食品,但要有要求,装、拿一次吃一块,为了引起情趣,大人可以演戏似的监督。

巧取玩具

让孩子看见在他伸手够不着的有把手的杯子里,放着他喜欢玩的、吃的东西。大人把一根绳穿过杯的把手空间,绳子两端都摆在孩子面前,孩子开始可能拽其中一根,当然失败。大人应教他两根绳头必须一齐拽杯子才能拉过来。

目的:反复训练,让孩子掌握此道理,提高智力。

面粉涂鸦板

在盘子上均匀地撒上面粉,让孩子用手指头在上面画画看。如果孩子想再画别的东西时,把面粉抹平,即可以再画。

由于面粉会乱飞扬,所以不要让孩子用嘴吹。不用的时候,要用布或是毛巾盖起来。

目的:这个游戏不仅可以开发孩子的想象力,也能为画画带来不一样的乐趣。

套圈圈

将用完的胶带卷,利用彩色胶带装饰,做成套环。将滚筒卫生纸的纸卷塞进箱子里固定住,做成标的物。让孩子往中间的柱子投掷套环,玩“套圈圈”的游戏。

目的:这个游戏可以提升孩子调节和测量的能力,而且可以让孩子手臂的肌肉强壮。

我也会布置餐桌

刚开始先让孩子摆几把汤匙就好,等孩子再大一点时,可以让他摆跟人数相当的汤匙。这样孩子就会先去数人数,再数汤匙的数量。因为对汤匙放置的位置有把握了,则会放在正确的地方。让孩子试试放筷子,由于筷子必须要找出是一对的,因此孩子会为了测量长短,用手将筷子整理好,以便测量长短。

目的:让孩子帮忙布置餐桌,越早开始越好。通过这个游戏,可以教导孩子要有责任感,也可以使孩子清楚数字概念。

骑着枕头转啊转

让孩子把枕头当马一样骑着玩,一边喊着:“冲啊!”一边向前跑。爸妈分别骑着一个枕头,和孩子一起跑。可以玩抓人的游戏,或是比赛看谁跑得快。

目的:跑对宝宝有很大的好处,可以促进骨骼生长,令肌肉结实,增强腿部力量,使心脏跳动有力,还能加强呼吸系统和消化系统的功能。

听收音机

收音机会发出许多不同的声音,如古典乐、爵士乐、歌谣、广告等,就连搜寻频道时都会发出“吱吱吱”的声音。让孩子听听收音机中发出的各种声音,试着让孩子的耳朵贴着收音机的喇叭听听看。

目的:这些声音会充分激起孩子的好奇心。

听故事

拿一本图文并茂的书,大人与宝宝一起边看图,边讲述故事。大人讲故事时一定要集中精力,不要因为其他事情而分心,从而形成宝宝良好的读书习惯。

目的:在讲故事的过程中,适当提一些问题让宝宝回答。

步调一致

爸爸双脚稍分开站立,宝宝面对爸爸,双脚踩在爸爸的脚背上,双手抱着爸爸的腿。爸爸往前走,宝宝随之向后退;爸爸向后退,宝宝随之向前。也可以双手拉着爸爸的双手,双脚踩在爸爸的脚背上,身体向后仰,宝宝随着爸爸走,爸爸转圈,宝宝也跟着转圈。

目的:这个游戏在于进一步锻炼宝宝双手、双腿动作的协调性、随意性和灵活性。

串珠套环

给宝宝一些木珠或圆环,一根稍硬的尼龙绳或一根小棍(筷子),让宝宝把珠子和圆环一起串(或套)起来。给孩子一堆小塑料环或金属环(挂窗帘用的也可以),让幼儿把圆环一个个套在木棍(或小筷子)上。

目的：此游戏主要锻炼宝宝的小肌肉群，还能让他了解物体的属性。

撕撕看

将广告纸放在孩子耳边，然后撕撕看。撕完之后，将它撒向空中。

目的：宝宝能将纸撕成条，说明大拇指和其他手指协调配合，手的精细动作进一步发展。这个游戏促进宝宝的感知运动思维和探索世界的能力进一步发展。

跟着爸爸摇摇晃晃

和孩子面对面，然后抓住孩子的手，让孩子的脚踩在爸爸的脚背上。爸爸走动的时候，孩子也跟着走动，一步一步慢慢地踩着，在房间里绕圈圈，跟着"左脚，右脚"的口令，大步大步地走。

目的：宝宝行走能力的发展和其他动作发展一样，经历着既有连续性又有阶段性的发展过程。这个游戏在于进一步锻炼宝宝双手、双腿动作的协调性、随意性和灵活性。

脚底按摩

洗过脚或洗完澡之后，开始做脚底按摩。先用手让孩子全身放松，一定要一抓一放地按摩才可以。涂上婴儿油之后，用拇指缓慢地压脚底板，慢慢地、使劲地压。按摩完之后，让孩子喝一杯温水或温牛奶。

目的：按摩双脚不仅可以刺激脚的感觉神经，也可以让头脑更加发达，同时也能促进身体健康。请爸爸、妈妈在家里为孩子做简单的脚底按摩吧！

爬向玩具

在屋子一头放一个宝宝喜欢的玩具。你趴在地板上爬向玩具，当你够到玩具时，拿起来并假扮玩具说话："来呀，你能过来拿到我吗？"鼓励宝宝爬向玩具。

目的：这个游戏是在宝宝爬的时候玩的。如果宝宝已经会走路了，将玩具放在一个高一点的地方，这样宝宝就要探起身去拿。

推东西

为宝宝选择几种非常轻巧的东西供其推动。例如毛绒动物或其他小型玩具，说“一、二、三，推！”然后推动其中的一个玩具，重复数数并鼓励宝宝推东西。

如果小家伙整天都在嘟囔着“三”，这说明宝宝一定很喜欢这个游戏！

目的：婴幼儿喜欢推东西，他们以观察运动和知道自己能使物体移动为乐。推东西游戏能让宝宝感到自己强健有力，这是培养宝宝的自信心及协调性的好方法。

爬岗钻洞

大人和孩子一起爬，孩子一定很感兴趣。爬行片刻后，大人指导孩子从大人肚子下面、胳膊间爬过去，然后再让孩子从大人弯曲的腿肚子上面爬过去。大人念着儿歌：爬岗岗，钻洞洞，一钻钻出个大豆虫。

目的：锻炼孩子的控制能力，自如地掌握爬行的方向，增加其前臂和腿部肌肉的力度。

穿圈圈

开始把旧自行车里胎剪成一圈一圈的，让孩子用线穿起来，穿熟后再穿孔小点的类似算盘珠之类的东西。最后，剪些图形硬纸片，中间扎小孔，让孩子穿。穿好后，把绳的一端固定在一个地方拴好，绳的另一端让孩子攥好，绕圈圈悠一悠，玩一玩。可多次重复。

目标：培养孩子耐心和注意力集中，锻炼手指小肌肉群，增强其灵活性，促进手眼动作协调。

第二章

16~18个月宝宝智能提升

这时的宝宝行动更为自如，应该加强宝宝手眼协调能力和精细动作能力的培养，学习使用工具够取物品。这时为宝宝选择玩具应注意锻炼宝宝动作的灵活性和反应的灵敏度。

适合宝宝这个阶段的玩具有：可拆装的玩具；可扔进容器的彩色大珠子；排序玩具；小橡皮球；大蜡笔；沙盒；玩具铲子；简单的乐器，如鼓和铃铛；玩具车；可摇晃的玩具马。

宝宝的基本特征

宝宝的动作发展

父母在训练孩子时应有耐心，因为孩子年龄小，学习一项技能需要反复进行，父母一定要注意调动孩子的积极性，让孩子在玩耍中增长本领。

宝宝的记忆力发展

这个时期，家长可以利用卡片教宝宝认数字和汉字，认照片中的亲人，还可以在洗澡时教宝宝学数学。在孩子愉快的时候，通过游戏的方式开发他的记忆能力是非常有效的。

>> 妈咪小贴士

1~1岁零3个月的宝宝大部分都可以不抓任何东西，靠自己的力量站好，一步、二步，摇摇晃晃地开始走路。他们喜欢爬楼梯，看到楼梯就会一层一层地往上爬。刚开始，有些宝宝会上楼不会下楼，这时候就哭着叫妈妈，只要教他手扶着楼梯，身体重心向后，用脚一边摸索一边下来，他很快就可以学会。

宝宝的语言发展

幼儿会说的话虽然不多，但是他能理解的话却多出了好几倍，学习的速度也极快。所以，与孩子相处时，千万不可认为“反正他不懂，说了也没用”的想法，应该不厌其烦地找一些容易理解的话，回答他所有的问题。

孩子刚学说话时，发音一般都不是很准确，成人不要有意去逗他，或故意学他错误的发音，而应该及时纠正孩子错误的发音，耐心地教他发比较困难而准确的音。

宝宝学知识

这个时期，可以让宝宝学知识了，如教宝宝一些与生活有关的词语，或者简单的英语，也可教他阅读、边唱边画等。

宝宝的性格发展

给予宝宝足够的爱抚，使宝宝感到舒适。当宝宝进行危险活动或提出不合理的要求时，父母一定要说“不”。正确对待宝宝的自我意识，宝宝的性格才不会太任性或是太胆怯，这样的父母才能在宝宝的心中建立起威信。

综合能力提升

动作能力提升

孩子经过前一阶段的努力，小步独自走得稳当了，不但在平地上走得很好，而且很喜欢爬台阶，下台阶时知道用一只手扶着下。此时，家长不要阻止孩子，要鼓励他，同时注意在旁边保护他。这样的活动既锻炼了身体，又促进了智力发育，使手、脚更协调地运动。这么大的孩子会用杯子喝水了，但自己还拿不稳，常常把杯子里的水洒得到处都是。吃饭的时候，孩子常喜欢自己握匙取来吃，也还是拿不稳，同时平衡能力还比较差。

砖上走

带宝宝到户外，找五六块砖放在地上，每块间隔 10 厘米左右或视宝宝步子大小而定，让宝宝踩在砖块上走。熟练后可把砖块距离拉大，也可以增加砖块。

涂颜色

给宝宝画一张花草的图画，图案要大、简单明了，不要太复杂。让宝宝手拿蜡笔或用彩笔为花草涂上相应的颜色，如花可涂红色或黄紫色等，草或叶可涂成绿色。

踢球比赛

在房屋中间放一把椅子，把椅子底下的空当作球门，家长和宝宝在椅子的两边踢球，看谁踢进球门的次数多。

爬行游戏

家长和宝宝相对而坐，对宝宝说："我是大象，你是小象。咱们一起去外面玩吧。"让宝宝跟在家长后面爬行，爬了一会儿，家长说："咱们就在这儿做游戏吧。"这时家长用手触地，身子变成拱形，让宝宝钻或爬过去。最后还可让宝宝骑在家长的背上再爬几圈。

摇一摇

(1)妈妈坐在床上抱着宝宝，宝宝两条腿分开，面朝妈妈，坐在妈妈的两腿上。

(2)妈妈用两手搂抱住宝宝的后背，然后带着宝宝一边前后方向地摇动，一边使自己的身体向前移动。

(3)妈妈在带着宝宝一起摇的时候，可以念一些欢快的儿歌，如"摇呀摇，轻轻地摇。宝宝乐，妈妈笑。摇到外婆家，宝宝仔细瞧一瞧……"

注意：此游戏也可由爸爸躺在床上，两腿翘起，让宝宝坐在爸爸的两膝盖上，爸爸双手握住小宝宝的两只小手，宝宝面对着爸爸，爸爸的两条腿不停地摇动，使小宝宝觉得像坐在小船上一样摇晃。

走窄道

用粉笔画线或用两条绳做成"羊肠小路"，让宝宝在线中独立行走，也可领宝宝到室外的小路上独自行走。

看书翻页

在给宝宝看书时，有意识地让宝宝自己翻页。开始宝宝总是五个指头一齐上，一叠一叠地翻，你要反复地给他示范，让他慢慢学会用三个手指以至两个手指一次翻一页，最后一页页地翻。

做馒头

把宝宝的手洗干净，然后将揉好的面团端出来，教宝宝做小馒头，随宝宝任意捏成任何形状。然后将"小馒头"蒸出来，宝宝看见自己的劳动成果，会异常兴奋和得意。

吹炸泡泡

让孩子站立，双手放在嘴前做吹泡泡状，大人念儿歌并随着做动作，当说到最后一个字时，可以张开手做爆炸了的动作。

儿歌：吹泡泡，吹泡泡，吹了一个大泡泡，哟！泡泡吹炸了，哟！

捉蝴蝶

大人将系在绳上的彩色蝴蝶晃动着落在某处。当孩子去捉时，大人就提起，让孩子去追，追着后再提起，反复玩。

墙上贴上用鲜艳的纸做成的蝴蝶，孩子坐着，大人说："看墙上有蝴蝶，快去捉。"孩子过去碰到后又回来坐下。

走斜坡

准备一条宽35～40厘米、长1米左右的厚木板，一端垫高约10厘米做成斜坡，或利用户外的自然斜坡。

开始时可用一只手扶着宝宝走斜坡，待宝宝走稳后，可鼓励宝宝不借助外力独自走斜坡。

和小朋友玩小猫捡球

准备猫头饰数个，垫子两条，篮筐一个，皮球几个。场地上放2米长的垫子两条，垫子一端放四个皮球。小朋友扮成小猫坐在垫子的另一端，大人扮猫妈妈。游戏开始后，大人说："小猫快爬到前面把球捡起来吧。"接着让小朋友们轮流在垫子上朝前爬，孩子捡起球便随手放在篮子里，而后再爬回来。

>> 妈咪小贴士

宝宝到了1岁之后，个人的体型差异会逐渐明显，有的宝宝较高、有的较矮、有的较胖、有的较瘦。

但是只要其成长过程顺利，这个时期的宝宝即使有两三个月的差异，以后不见得会有什么差别，不必太多在意。

语言能力提升

1岁半的孩子开始认真地学习语言、翻书、选看图画，能够说出一些简单物品的名称，能够指出方向，能够说4~5个词汇连在一起的句子，会有目的地说"再见"，能够按照要求指出眼睛、鼻子、头发等。

1岁半孩子的注意力集中的时间仍很短，他不会坐下来安静地听你讲5分钟故事。对陌生人会表示新奇，很喜欢看小朋友们的集体游戏活动，但并不想去参与，爱单独玩。喜欢自己所喜爱的玩具，女孩子常会像大人一样抱着布娃娃，开始模仿大人做家务，如铺床、扫地等。

因不用奶瓶吃奶，1岁半的孩子更喜欢吸吮手指了。特别在睡觉之前，躺在床上，一边吸吮手指，一边东张西望。很难坐下来安静地吃饭，总是走来走去。当有什么事情做不好、不顺心时，他还会发脾气、哭闹。

>> 专家解疑

这个年龄阶段的宝宝已经能听懂很多语言了，这时父母要有意识地多用语言的指示调动他的活动。如让宝宝"跟妈妈出去""听奶奶唱歌""给叔叔问好"等，使宝宝形成这种按指示做事的概念。同时也要注意一些否定性语言的学习和使用，要让宝宝真正懂得"是—不是""有—没有""要—不要"等概念，并学会用语言正确地表达。

1岁半的孩子喜欢有规律的生活，他们对所有的突然变化都会表示反对。比如，从奶奶家搬到姥姥家居住，他会不适应，会哭闹；去幼儿园、托儿所，他们也需要很多天来适应。

谈论周围事物

宝宝渴望了解和学习周围的一切，父母应该告诉他正在做的事情，如打扫房子、看报纸、洗衣服等，无论什么事情都可以。父母还应该跟宝宝谈谈他正在做的事情，或者是正在为他做什么。如“我正在给你洗衣服，瞧，这是你的夹克，让我搓搓它。看，我正在洗你的夹克！”这样，每当宝宝接触新事物、体验新情感时，都应教他说有关的词语，跟他谈谈他看到、听到和做的事情。还可以谈谈最近发生的或不久就要发生的事情，但一定要用短小简单的句子，不断扩大宝宝的词汇量。

猜声音

给宝宝模拟车的叫声（汽车、自行车、摩托车、火车等）、动物的叫声（狗、猫、小鸡、鸭、牛等）以及风、雨、雷、电话等声响，让孩子猜猜是什么东西发出的声响。

目的：练习辨别声音。

逛动物园

利用节假日带宝宝去动物园，认识几种真正的动物，告诉宝宝每种动物的名称、特征、习性。然后让宝宝讲出在动物园见到了哪些动物，它们爱吃什么。

目的：学说动物名称，认识动物。

练习发音

孩子如果发不好 z（滋）、sh（师）的音，妈妈可教他读这首儿歌：

三个小胖子

三个小胖子，穿衣扣扣子。
红红帮冬子，冬子帮玲子。
互相来帮助，都是好孩子。

开商店

准备一些实物、玩具和纸片（做纸币），让宝宝和你一起玩开商店的游戏。你当顾客，宝宝当售货员，让宝宝先问：“你要买什么？”你回答：“我要买铅笔。”并把纸币递给宝宝，宝宝就把东西拿给你，可互换角色。

目的：学说名词。

宝宝学说双音词

在学会用语言正确地表达自己的要求的基础上，进一步训练用两个字以上的词或词组来表达。如爸爸问：“到哪儿玩去？”教他回答：“上公园去。”要有意识地逐渐培养孩子扩大使用词组的范围。

家长应穿插给孩子念些适合年龄的儿歌，并可配些动作。现列举十首儿歌如下：

(1)《爱干净》——不吃手,不坐地,不捡地上脏东西。

(2)《公鸡叫》——公鸡喔喔叫,宝宝起得早。

(3)《轻轻走》——轻轻走,不乱跑,阿姨说我好宝宝。

(4)《大皮球》——大皮球,真正好,拍一拍,跳一跳。

(5)《吃菜》——胡萝卜,大白菜,宝宝吃了长得快。

(6)《小小鸡》——小小鸡,叽叽叽,青草地里找虫吃。

(7)《爱玩具》——小朋友,爱玩具,玩过以后要收起。

(8)《好朋友》——小朋友,手拉手。一二一二向前走,团结友爱好朋友。

(9)《排排坐》——排排坐,分果果,你一个,我一个,大的给奶奶,小的留给我。

(10)《讲礼貌》——爸爸妈妈上班去,把我送到幼儿园。我跟爸爸握握手,我跟妈妈说再见。

目的:训练孩子用两个字以上的词或词组来表达自己的想法。

接背儿歌

为了促进宝宝语言的发育,可以经常给宝宝念一些儿歌,儿歌里既有一些可供宝宝理解的句子,又可以以押韵的形式教宝宝学习发音,特别是有一些儿歌还配有一些图画,更可引起宝宝的兴趣。在多次念某一首儿歌后,宝宝会留下很深的记忆,此时他虽然还不能背出完整的儿歌,但宝宝会记住其中一些很重要的字音。当父母念到这些音时,宝宝会和上父母的音,这时父母可以有意识地不念完整,启发宝宝接着背,如"小白兔"。

创造性思维能力提升

走迷宫

家长让幼儿用蜡笔,从箭头起画到终点小旗。家长要给幼儿做必要的示范和讲解。

手工制作

家长为幼儿准备一块橡皮泥,然后指导幼儿进行下面的训练。

①让幼儿用橡皮泥捏制一个大圆球。

②让幼儿用橡皮泥捏制两个小圆球。

③让幼儿用橡皮泥捏制一个长方体。

④家长指导幼儿把大圆球放在长方体上，再把两个小圆球重叠起来放在大圆球上。

装物品

家长指导幼儿进行下面的训练，先给幼儿做必要的示范，要给幼儿讲解装物品的方法。

家长准备一些大小、形状不同的物品，让幼儿装入提包中，要求幼儿尽量装放整齐。

家长准备一些大小、形状不同的物品，让幼儿装入衣服口袋中。

家长准备一些大小、形状不同的物品，让幼儿装入信封中。

家长准备一些大小、形状不同的物品，让幼儿装入小钱包中。

对瓶盖

把大小不同口径的瓶盖拧下来，混放在一起，让幼儿找到正确的瓶盖给瓶子盖上。开始可给幼儿做个示范，然后重新让幼儿盖。

注意：当幼儿玩一阵厌倦了时，大人可改变一下，把棋子、小扣子拿来让幼儿装进去，再对瓶盖，可玩得持久些。但要防止孩子将小扣子等物放进嘴里，吞咽下去。这样可以知道孩子掌握物体不同特点，训练思维活动。这种思维活动，实际上是逻辑思维的萌芽，幼儿要通过对比、筛选、对号方可成功。所以多进行这类活动，能大大提高幼儿逻辑思维能力。

开火车

大人做车头，宝宝做车厢，然后告诉宝宝："火车马上就要开了，乘客同志请上车。呜……"边摇动双臂边向前跑，让宝宝紧紧跟在大人的身后，同时发出"咔嚓、咔嚓"声。跑一段路后，你说："火车到站了，乘客同志请下车。"也可让宝宝当车头，你当车厢玩。

找洞洞

家长可选择一张四方形的硬纸板，在上面刻出图形，如长方形、三角形、菱形等基本几何图形，让宝宝把这些图形正确地放进硬纸板上刻出图形的小洞穴内。

注意：刻出来的各种形状家长最好给它染上颜色。在让宝宝放之前，家长要给宝宝做示范，并且要不厌其烦地教给宝宝，直到宝宝学会放为止。

认三角形

可在纸上用色彩鲜艳的笔画出几种三角形，并告诉宝宝："这是三角形。"平时还要结合室内外宝宝常见的有三角形状的实物，反复教宝宝认识三角形。经过反复指认，宝宝便能分辨出三角形。

按指示找物

把宝宝喜爱的玩具藏起来，让宝宝根据你的指示把东西找出来，如"在床上"，当宝宝走到床边，再告诉他"在枕头底下"，逐渐增加难度。

>> 亲子课堂

轻松愉快的情绪对宝宝和父母都是非常重要的，它可以让宝宝有足够的热情和兴趣去游戏、去学习、去探索，从中进一步获得乐趣，增加自信，形成良好的发展倾向。宝宝愉快高兴，父母自然也轻松愉快，整个家庭的气氛也就活跃起来，有利于宝宝的成长。

情绪和社交能力提升

与同伴玩

为幼儿提供与同伴一起玩的机会，如到邻居家串门，再安排需要两人合作的游戏。如盖房子、拍手、拉大锯等，训练幼儿能与同伴一起玩。

生活自理能力训练

良好生活习惯

训练幼儿大小便坐便盆。家长要注意观察幼儿想要排便时的动作和表情，以及掌握幼儿排尿的间隔时间。适时提醒幼儿坐便盆，使他习惯用便盆。

在游戏中开发智力

对对看

准备厚纸箱的一面，割出三角形、四边形、圆形，以及动物、花等造型的样子，让孩子将割好的纸板再重新放回去。

也可以让孩子自己找出和纸板相同模样的图形来。

目的：这个游戏让宝宝手拿模形放入相应的孔，标志着其手和眼睛配合完成的动作能力发展到一个新的水平。

找玩具

将孩子喜欢的玩具用布盖住或藏起来，问孩子玩具在哪里。孩子想要找出玩具会翻开盖布或到处找喔。

目的：玩这个游戏可培养孩子探究的精神和训练记忆力。

猜猜看

盖住图画，白纸渐渐往下移，使之露出部分画面，让孩子猜猜是什么。每多看到一点画，孩子便会期待到底是什么图案，妈妈可同时制造一些音效。露出大部分画面后，让孩子说出相似东西的名称。

目的：这个时期的宝宝对熟悉的名称、人或物品，能够指认出来，记忆力等心理活动发育更加活跃。这个游戏可以帮助宝宝锻炼和提高视觉判断能力。

玩拼图

让孩子先从两片的拼图开始玩起，渐渐增加片数。

目的：通过这个游戏训练孩子的记忆力和耐心。

提示：图案完全拼出来时，孩子能享受到成功的快乐。

纸箱游戏

给孩子一些纸箱，其中一面需开口，每个大小不一样的话更好。将各种纸箱放在孩子面前，然后让孩子把纸箱一一戴在头上玩。让孩子随意堆叠纸箱，引导孩子把小纸箱放进大纸箱里，把周围的东西放进纸箱，让孩子玩放进去又拿出来的游戏。

目的：经过这个游戏可开发孩子的智力，也可让孩子理解眼睛看得到和看不到的相互关系。

小石子滑溜溜

在河边摸摸带有青苔的小石子，感觉小石子独特的滑溜感。试着把小石子扔进河里，听听那“扑通”的声音。带几颗小石子回去，放在孩子的房间里。

目的：这个时期的宝宝对什么事都很好奇，喜欢自己动手了。但是小手还缺乏准确性，捏光滑的球，可提高宝宝手指捏的精确度、力度及手眼协调运动的能力。这个游戏可以让宝宝的小手指更加灵活，动作更加精确。

介绍夜光贴纸

在孩子房间的天花板上贴上动物形状的夜光贴纸，若有笑脸形状的动物贴纸更好。把灯关掉，妈妈躺着介绍夜光贴纸，妈妈说：“夜光熊宝宝，也会和我们一起睡吗？”同时观察孩子的反应，和孩子一起对熊宝宝说话。在关着灯、躺着的晚上，教孩子就寝时的用语，如“我们一起到梦乡旅行吧！”“你在那边睡，我在这边睡”等。

目的：经过这个游戏，孩子也可以自己安心入睡。

跟着表情做

孩子和妈妈一起看书，出现笑的表情时，可跟着做做看。不一定是要人的表情，跟着动物主角笑的表情做做看也可以，让孩子依自己的感觉自由表现。

目的：童话里陆续出现的人物具有各种表情，孩子可以看着书跟着做表情，这会让孩子的展现能力变好。

>> 妈咪小贴士

户外游戏可以促进孩子的思考能力、想象力和创造能力的发展，这是因为幼儿时期正处于大脑迅速发育成熟的阶段，任何发展都需要足够的刺激。

例如，跑、跳、做体操、打球、游泳、登山、捉迷藏等所有的活动，都需要身体肌肉的紧张收缩和舒张，而肌肉的活动是神经反射活动作用的结果。也就是说，活动肌肉也就可以活动中枢神经系统，这种锻炼可以促进大脑发育，促进智能的发展。

身体绘画

在地上把报纸摊开。在几个碗里，分别挤出不同颜色的水彩。让孩子只穿内裤，然后在报纸上随意画画。手掌、脚掌、手背、膝盖、肩膀等部位分别涂上水彩后，在报纸上抹抹看。

目的：宝宝正处在涂鸦阶段，不一定按照成人的要求作画。这个时期重点是训练宝宝的手、眼协调能力，只要宝宝能专心涂涂画画，就值得赞赏，画的是什么并不重要。

数数看

妈妈在数算东西时，让孩子能听到“1、2、3……”的声音。看故事书时，也让孩子数一数有几个故事人物。让孩子数数看盘子的种类。

目的：让孩子养成数东西的习惯，孩子自然会对数字熟悉。

图画盖子对一对

在彩色纸后面画好图案后剪下来，将剪下的图贴到塑胶奶粉盒盖上，可多做几组。利用剪刀把塑胶奶粉盒盖剪成一半，剪成一半的图会变得较难区分、辨认。让孩子看图找出正确的一半。

目的：通过找另一半的游戏，可以帮助孩子了解事物的特征。

踩同样的颜色

在地上贴上多种颜色的色纸。当妈妈说“红色”，孩子就踩在红色的纸上，可以让孩子的双脚分别踩在靠近且颜色相同的色纸上。换几种颜色踩踩看，孩子很快就能认识各种颜色。

目的：颜色视觉是宝宝对光谱上不同波长光线的辨别能力，宝宝的三色（红、绿、蓝）视觉很早就有发展。一岁多以后，基本能认识和准确地指出红、绿、蓝、黄、黑、白六种颜色。16个月时，基本能说出六种颜色的名称。

画线

引导孩子用蜡笔画线，让孩子用不同的颜色画出每一条线更好。让孩子慢慢地画线，并渐渐引导孩子画直线。

目的：这个游戏有助于缓解孩子的情绪。

玩球

当婴儿已经走得很稳后，可以给他轻的海滩球或大一点的气球，不管拿着走或玩丢球游戏他都会很高兴。

目的：这时候婴儿虽然没有办法投得很好，但渐渐便知道如何控制力量，而且丢球的动作能使腰部及腿部长出肌肉。

随着音乐起舞

幼儿听到悦耳的音乐，不需别人教他，便会跟着音乐的节奏摆动身体。因为舒适的音乐能让人放松心情，不知不觉间身体便随着音乐起舞。这时候，妈妈可以陪幼儿一起跳，先配合音乐摇摆身体，然后跟他跳一些电视上学来的或自己发明的一段即兴舞。

目的：积极地活动身体，学习按节拍进行活动，可以促进宝宝大运动能力的综合发展以及反应能力，提高动作的连续性和准确性。

不同的走路方式

幼儿的步伐很稳、很少跌倒后，就会越来越喜欢走路。这时候可以和幼儿玩走路的游戏，如快步走、慢慢地走、看到信号就停下来等。如果已经走得很稳了，可以让他自己调整走路速度或按照大人指示学习步行的能力。

目的：在宝宝会爬、会走后，适当地为宝宝创设一些有趣的游戏活动，可以让宝宝的身体运动技能得到充分的锻炼。

下楼梯

让孩子抓着扶手一步一步慢慢地下楼梯。如果他害怕,可以从他敢走的高度开始学习,同时训练他如何平衡全身。

目的:这个时期的宝宝双手和双腿动作的协调性、随意性、灵活性大大增加,这个游戏能够有意识地锻炼宝宝爬楼梯的能力,加强腿部力量,提高整体运动能力。

追泡泡学跑步

大人吹泡泡,宝宝看到泡泡飞,会跑去追,这时大人可以让宝宝学习新的词:“飞”和“追”。当泡泡破了时,教宝宝说“破了”。在玩的过程中大人会提醒宝宝:“慢慢跑”和“快点跟上”。如果宝宝摔倒了,让他自己起来,继续游戏。

目的:这个时候的宝宝刚学会走路不久,这个游戏可以锻炼宝宝动作的协调性和灵活的应变能力,让他保持浓厚的兴趣和愉快的情绪。

>> 专家解疑

大人看起来非常简单的堆积木,对宝宝来说是一种高难度的动作,如果在1岁左右可以堆2个,1岁零4个月可以堆3~4个,已经是进步很快了。手指的灵活度取决于宝宝是否热心接触东西而定,这个时期如果积极地让他使用手部,就可增加手的灵活度。

拉东西

在玩具上绑一条适当长度的绳子,妈妈引导孩子的手去抓绳子,孩子最后抓着绳子把玩具拉过来。

目的:轻巧的或有轮子的玩具都很适合这个游戏,拖拉玩具能给予孩子新鲜的刺激。

敲打纸卷

将纸卷成长棒状,用胶带固定。让孩子分别拿着纸卷敲打东西,同时敲或两个交换着敲也可以交叉的方式敲敲看。

目的:必须让孩子两手平均使用,双手都用的话,可以使身体和头脑的发展均衡。

戴着杯子帽走

让孩子在头上戴上纸杯帽子走走看,重心抓不稳的话,杯子会掉到一边。让孩子戴着纸杯在房里来回地走,使他熟悉平衡感。孩子能走完全程不掉杯子,然后把纸杯给妈妈. 就算成功了。

目的：对刚开始能走稳的孩子，可借由这个游戏训练掌握身体的重心。

人手代脚

让孩子趴好，两臂撑起前身，大人在后面轻握两腿腕抬起，使两前臂受力，支撑前身。这时大人稍用力向前推孩子，驱使两臂向前挪动前进。大人可喊："小狗爬爬，小狗爬爬。"可间歇进行。

目的：这个时期的宝宝虽然学会了走路、跑跳，但爬行对他们来说仍然是一个很重要的活动项目。这个游戏可以训练宝宝的爬行和翻越能力，促进大脑的发育。

说名字

触摸一件物品，如一张桌子，将宝宝的手放在桌子上，说："桌子。"接着说："××（宝宝的名字）在摸桌子。"边说边摸。重复这个游戏，触摸其他的东西，或是宝宝身体的部位。

目的：当幼儿开始学说话时，他们喜欢一遍又一遍地说自己的名字。有时他们会冲别人叫自己的名字，因为他们还不明白名字和人是对应的。这个游戏就是要让孩子知道不同的人和物品有不同的名称。

第五篇

19～24个月宝宝智能提升百科

第一章

19～21个月宝宝智能提升

随着生理和心理的生长发育，这一阶段宝宝的能力都较以前有了许多提高，宝宝的辨认能力、想象力、创造力也在平日里得到很好的锻炼和发展。此阶段可为宝宝提供一些促进知觉和动作发展的玩具，如哗铃棒、彩环、彩球、八音盒等。

宝宝的基本特征

这个阶段宝宝

这个阶段的幼儿已会扶墙上楼梯了，也会用脚尖行走。此时的幼儿，能用玻璃丝穿眼，能搭高7～8块方积木，并把圆形纸贴在圈圈里。

这段时期的幼儿既会走路，又会用3～5个字的句子回答简单的问题，所以特别愿意和小朋友交往。父母应创造机会让他学习主动和别人交往，特别是与他年龄相仿的小朋友交往。

宝宝的个性发展

这一时期是充分利用玩具教育宝宝的大好时机，应放手让宝宝充分享受玩具和活动的乐趣，让宝宝在轻松的玩耍中获得情绪上的满足，自然而然地获得感官刺激，激发和培养孩子广泛而浓厚的兴趣。

这阶段的孩子虽然独立愿望越来越强，但独立做事能力却还很差。因此，在这阶段父母既要允许幼儿在某些方面依赖于大人以稳定他的情绪，又要鼓励他，并对孩子的行动提出适当的要求，如正确地穿衣、吃饭等，从而培养孩子独立生活的能力。

父母必须训练宝宝放松身体，培养宝宝自我控制情绪的能力。正确对待宝宝的要求,父母双方在教育孩子的态度上要一致。

宝宝的语言发展

在这个阶段里,随着小儿语言理解能力的发展,儿童的言语表达能力也很快发展起来,发音由不正确逐渐正确,会说的句子逐渐增多了,语言的结构也更加复杂化。儿童掌握的词的数量也在不断地增加,开始出现了多词句。这期间,小儿已开始逐步从成人的语言习惯中来掌握语言的语法结构。

父母在这一阶段不仅要丰富幼儿的词汇量,还要教幼儿如何正确运用词汇。父母要抓住一切机会,充分利用一切环境,随机自然地培养孩子运用语言交往的能力。

宝宝的动作发展

由于宝宝的神经系统发育仍然不够完善以及经验的缺乏,宝宝的姿势控制能力及视觉感觉能力还较差。所以,虽然他们学会的动作较多,但动作的准确性、灵活性和熟练性仍不够。因此,要创造适宜动作训练的机会,促进宝宝动作的发展。

这个时期的宝宝,开始初步表现出各具特色的性格特点:有的孩子很听话很乖;有的孩子特别好动,脾气大、执拗。对过分好动的宝宝,家长要给其创造发泄精力的机会。

>> 妈咪小贴士

这个时期的宝宝喜欢把物品拆开研究,把周围物品摆来摆去,帮助大人做事,喜欢玩球,听短故事,模仿大人动作,指认书中物品。喜欢学唱儿歌,用笔在纸上做记号,喜欢奔跑,将栓塞入孔中,堆搭积木,扳弄开关。爱听小故事,做“藏猫猫”游戏,能用线穿珠子,指认书中图画,会跳上、跳下台阶,念简短儿歌。

宝宝的社会交往

这时的小儿既能走路，又会用语言表达，对周围的事物更好奇，而怯生的程度已大大减轻。他们会对一些新的面孔发生兴趣，此时可鼓励和创造机会让他们学习主动和别人交往，特别是与他们年龄相仿的小儿交往。小朋友之间可能会相互接触或交换玩具，并在这些简单的活动中，得到很多乐趣。家长不要强迫小儿用某种方式与别人交往，而是让他用自己的方式去接近别人，这种简单的交往会给他带来很多好处。

宝宝观察力的发展

构成智能的五种因素都可通过学习数学得到循序渐进的锻炼，儿童在不同阶段的发展中，能通过数学游戏得到促进和开发。

周围五光十色的环境激发着孩子的认识兴趣和愿望，也培养了孩子的美感。教孩子学会区别和认识颜色，是教孩子认识事物、发展智力、培养美感不可缺少的内容。

宝宝的记忆力发展

记忆力能促进智力发展，无论是数数、背述数字、倒述数字还是计算都需要记忆。

对孩子的记忆力训练要采取学后马上复习的办法，最好学习 10 ~20 分钟后，马上复习一遍。

训练孩子的记忆力，应在学习后的当天晚上和第 3 天、第 7 天作全面复习，使记忆痕迹稳定下来。此外要在理解的基础上记忆。

综合能力提升

动作能力提升

捡豆子

将豆子或杏核摆在桌子上，教小孩用右手大拇指和食指捡蚕豆或杏核装入小篮中，一粒一粒捡完。摆的数量不宜过多，以防孩子疲劳。

目的:锻炼孩子手指肌肉。

跑

宝宝在刚学会走路时即踉踉跄跄,步伐显得比一般人走路要快,但那不属于跑,而是宝宝还不能很好地控制身体,在宝宝能较好地控制身体、能平稳地走路后,就可以开始学跑了。刚开始的时候,宝宝的动作比较僵硬、速度可能慢一些,父母要经常鼓励宝宝练习,逐渐地使宝宝能够较稳定地、协调地跑,速度可以逐渐加快。在此基础上,可以教宝宝学习转弯、绕障碍物跑等。

玩套盒

给孩子大小不同的两层套盒,大人先示范,然后让孩子将小盒拿出来,再放进去,反复进行。也可改为一个盒内放数粒小球,让孩子一个一个地拿出来。

目的:训练手指肌肉。

穿扣子

给孩子一个扣子和一条细塑料绳,让孩子用塑料绳练习穿扣眼,教他穿后将塑料绳拉出来,可以接着再穿和再拉塑料绳。穿过三个以上扣子即可。

目的:练习眼、手协调能力。

从窗子里看妈妈

(1)当妈妈在厨房里干活时,爸爸可把宝宝举过头顶看厨房里的妈妈。

(2)让宝宝跟妈妈打招呼叫“妈妈”。

(3)妈妈别停下自己手中的活,但一定要惊讶地回头,向宝宝打招呼。

(4)当宝宝正跟妈妈热情地交谈的时候,爸爸可对宝宝说:“宝宝,咱们赶快下去,不让妈妈看到,行不行?”

(5)爸爸立即放下宝宝,过一会儿再问宝宝:“宝宝,咱们再去看妈妈在干什么?”重复刚才的动作。

目的:锻炼宝宝身处高处不害怕的胆量,培养勇敢精神,发展平衡机能;帮助宝宝积累多方面的经验,发展空间知觉。

注意:家长可以利用一切机会有意识地把宝宝带到高处,让宝宝看看自己周围的环境,看看处于自己身体下方的东西和人,给宝宝一种与站在地面上不同空间的感觉和知觉。此活动中,家长除了要注意周围环境的安全以外,还要始终守在宝宝的身边,以防宝宝发生危险。

玩小圈套

(1)爸爸妈妈准备一些小圈,把小圈套在手、耳朵或身体其他部位。

(2)不断地鼓励和赞扬宝宝,并表现出非常高兴的样子,故意让挂在耳朵上或身体其他部位上的小环掉下去,让宝宝弯腰拾起来。

(3)在爸爸妈妈套完之后,可让宝宝自己给自己套。

目的:发展宝宝身体平衡能力,提高动作的协调能力以及视觉运动能力,增强宝宝腿部的肌肉力量。

>> 亲子课堂

当宝宝把小圈套在自己的小手或小脚上时,家长可指导宝宝使小圈在手上或脚上转动。当孩子把小圈套在耳朵上时,家长就指导宝宝怎样才能使小圈不掉下来。

宝宝床上操

1. 转圈运动。让宝宝坐在床上两只手支撑着床面,使自己的身体原地转圈。

2. 举腿运动。让宝宝仰卧,两腿伸直,爸爸或妈妈把两手放在宝宝腹部的上方,引导宝宝把两腿同时向上举起,尽可能用脚触摸到父母的两手,然后,让孩子把两腿放回原处。这样举腿的动作共练习3~4次。

3. 摸床运动。让孩子在床上站立,父母在孩子的身后,用两只手搂住孩子两条腿的膝盖,引导孩子身体向前弯曲,尽可能用两只手去触摸床面,然后,让孩子还原成站立的姿势。这种摸床的动作共练习3~4次。

4. 翻身运动。让宝宝在床上做连续翻身的动作,家长在宝宝的身边加以保护。

目的:锻炼宝宝的腰椎关节和膝关节,发展宝宝身体的柔韧性及动作的协调性、灵活性。

拔萝卜

让宝宝站在地上或躺在床上做"萝卜",你握住宝宝的双手,一前一后或一上一下地牵拉，边拉边说："拔萝卜呀拔萝卜，拔了一个大萝卜。"把宝宝抱起来或立起，也可以在数次牵拉之后，显示出筋疲力尽的神态，并说："萝卜太大了，我拔不动呀，叫爸爸来拔（或叫爷爷来拔，叫哥哥、姐姐、小花猫、小花狗一起来拔）吧。"增加孩子的自信心和兴趣。

目的：体验合作的快乐。

拍拍手

（1）让宝宝仰躺在一张柔软的毯子上，然后妈妈在附近坐下，让宝宝看见妈妈。

（2）儿歌内容：蛋糕师傅求求你（牵起宝宝的双手，拍宝宝的手掌），赶快替我烤蛋糕（重复拍手）：揉一揉（揉宝宝的手），拍一拍（拍拍宝宝的身体），蛋糕上面画个一（在身体某部位画个一），放进烤箱里，送给我的——心肝宝贝（轻戳宝宝的肚子）。

目的：培养幼儿手眼协调的能力，促进身体肌肉发展，培养幼儿社会交往能力。

爬树

母子面对面站着，妈妈假装是一棵树让孩子爬上爬下。妈妈拉着宝宝的手，让他由膝盖处开始往上爬，由膝盖、腰部、腹部、胸部，依着顺序小心往上攀爬。如果妈妈此时身体微向后仰，宝宝则容易爬上去。当爬到妈妈的颈部时，让宝宝的两腿骑在妈妈颈部，妈妈一手扶住（臀腰颈一线），另一手放在孩子的前胸部，两手用劲夹住宝宝让其翻转到地面，在孩子脚未着地站稳之前，妈妈不可放手。

目的：攀爬，翻转，培养孩子的冒险精神，增进母子感情，以满足宝宝的攀爬欲望。

语言能力提升

2岁孩子的注意力集中的时间比以前长了，记忆力也加强了，他大约已掌握了300多个词汇。他能够迅速说出自己熟悉的物品名称，会说自己的名字，会说简单的句子，能够使用动词和代词，且说话时具有音调变化。他常会重复说一件事，他喜欢一页一页地翻书看。给他看图片，他能够正确地说出图片中所画物体的名称。

大人若让他去做什么，他完全能够听得懂并且去做。他开始学着唱一些简单的歌，还喜欢猜一些简单的谜语。他会自己洗手并擦干，会转动门把手，会打开盒盖，会把积木排成火车，总想学着用小剪刀剪东西。总之，这时的孩子非常可爱。

增加词汇量

家长应穿插给孩子念些适合年龄的儿歌，并可配些动作。现列举十首儿歌如下：

(1)《新年到》——新年到，放鞭炮，小朋友，拍手笑。

(2)《红花》——花园里，花儿开，我看花，不去采。

(3)《小树苗》——小树苗，快长大，小朋友，爱护它。

(4)《看图书》——看图书，要坐好，慢慢翻来仔细瞧。

(5)《大苹果》——大苹果，甜又香，宝宝吃了脸儿圆。

(6)《睡午觉》——小麻雀，你别叫，宝宝睡午觉，身体长得好。

(7)《手牵手》——小朋友，手牵手，走到马路上，看到大高楼。

(8)《小宝宝醒来了》——小宝宝，睡午觉，醒来了，眯眯笑。

(9)《宝宝乖》——宝宝乖，宝宝好，来到托儿所，一点儿都不哭闹。

(10)《有礼貌》——公鸡喔喔叫，宝宝起得早，来到托儿所，问声阿姨早。

>> 专家解疑

家长要时刻记住不断扩大孩子的词汇量，结合生活中的人、物、食物、用品、玩具、衣着、身体部位、房屋结构等，经常教孩子学和记。家长要准确地先给孩子念，然后再让孩子模仿着说，要反复强化和练习。

扮鸭子

(1)父母做小鸭。爸爸或妈妈，戴上鸭子头饰，让幼儿当小鸭。鸭妈妈领着小鸭边走边找东西，并发“呷呷呷……”的叫声，头一摇一摆，模仿小鸭吃食并让孩子跟着模仿，可以随口念儿歌：“呷呷呷，我是小小鸭。”让孩子跟着模仿。

(2)玩过几遍后，让幼儿尝试做妈妈，父母在适当的时候给孩子以提示或帮助，让孩子体验扮演不同角色的快乐。

注意：随便更换模仿动作，锻炼幼儿学说简单句的能力和联系发音。发音联系很重要，它能够帮助幼儿掌握标准的语音，调动幼儿想说话的积极性。

听声音

把宝宝眼睛蒙上，敲盆子、翻书、摇铃铛，然后问他是什么声音。

指出身体部位的名称

成人问宝宝:“宝宝的肚子(或手、腿、肚皮、脚、脖子等)在哪里?”宝宝指出后给予表扬,若一时没指到,要帮助宝宝指出来。

表达感觉

让宝宝多次触摸稍烫或稍凉的东西,然后问他:“烫吗? 凉吗?”吃到较烫或较冷的东西,可马上接着说:“哦,好烫,妈妈给吹吹”“太凉了,加热了再吃”。多次练习后能形成条件反射,碰到类似的情况,只要你提问,宝宝便会讲出这些词来,如“甜、酸、苦、辣、冷、热”等。

对应游戏

准备4块长宽均为5厘米的硬纸片,分别贴上小狗、小兔、肉骨头、大萝卜图案,然后问宝宝:“小狗最爱吃什么? 小兔最爱吃什么?”让宝宝根据动物的习性,把食物与动物对应起来。

给扣子排队

给宝宝找出大大小小几种不同的扣子,问孩子哪个扣子大,哪个扣子小。

记忆能力提升

听声音作判断

父母可用录音机录下敲门声、猫叫声、狗叫声、洗碗声以及宝宝熟悉的亲人说话的声音、汽车的行驶声,然后父母播放让宝宝仔细听,并让宝宝说出都是什么声音,是谁的声音。当宝宝说错的时候,父母可以给宝宝纠正,让宝宝仔细分辨清楚。该项训练可以培养宝宝的记忆力、判断力、听力。

配对

将两个相同的玩具放在一起,再将两个完全不同的图片放在一起,让孩子学习配对。在熟练的基础上,将相同的汉字卡片、数字、图形(如圆形、方形、三角形)、颜色先后混入图片中,让孩子学习配对。

目的:训练观察和对比能力。

对照物品

父母带宝宝到超市去，先让宝宝找出超市里与家里相同的东西。特别是到卖玩具的区域，让宝宝找出他所玩的玩具，并要求宝宝说出每件玩具的名称。如果不全，父母可以提醒宝宝，回家以后还可以对照。对于生活用品方面还可以要求宝宝说出其用途。经常带宝宝逛超市，让宝宝相互对照，可以培养宝宝的观察力和记忆力，扩大宝宝的眼界，增加认知范围。

认物体

给幼儿看一张画有鸡等四种动物的图画，先指着鸡问宝宝："这是什么?"提问可以重复几次，可采用不同的方式提问。不管他是否说出鸡的名称，可继续指着一幅别的画问："这是什么?"对他作出的任何反应都给予表扬，以鼓励他作出更多的反应。然后用画有六幅画的小卡片，询问宝宝其中每幅画的名称。每问一幅画时，应让宝宝有两次机会说出它的名称。对没有说出名称的画，可对他说："指给我看看哪个是××。"或"把你的手指在××上。"这个测试可以在让宝宝说出画的名称以后紧接着做，或者可以以后再做，要看小儿对这一测试是否还有兴趣。

目的：训练记忆力。

>> 专家解疑

平时应多和宝宝进行言语交谈。一岁半以后，宝宝逐渐由说单一词句过渡到学说短句，这时应多问宝宝一些日常生活中的问题，让宝宝用短句回答，如："妈妈叫什么名字?""爸爸上哪儿去了?"如果宝宝答不出，或回答得不完整时，要用完整的句子再说一遍，让宝宝重复。一问一答，既能训练宝宝的语言能力，又能训练孩子的记忆力。

>> 妈咪小贴士

要留心照料宝宝时让他用自己的能力来帮助你。不妨多让宝宝有一些这样的服务机会，这不仅练习了他的动作，更可以促进他的语言理解能力和记忆能力，因为对宝宝的口头说明要靠他自己去理解执行。宝宝完成了指令，说一声"谢谢你"，会让他体会到成功的喜悦。

摸水果、说名称

将一些宝宝比较熟悉的水果，如苹果、香蕉、梨、枣等放进一个布袋子里。把宝宝的眼睛蒙起来，让宝宝把手伸进布袋子里摸，并把摸到的东西的名称说出来。当宝宝感到困难的时候，父母可以用语言来提示宝宝"你摸到了什么？是什么样的?

是硬硬的还是软软的？是长的还是圆的？想想可能是什么东西？”当宝宝说出一个名称时，可以将东西取出来看对不对。

找小球

把两只杯子倒放在桌上宝宝够不到的地方，拿出球让他看并对他说：“这是什么？”让宝宝说出名称。然后说：“是的，这是一个球。现在我把它藏在杯子下面，你看（要确定他在看着）。”随即把球藏入一个杯子下面并大声数数：“1，2，3……”每隔一秒钟数一个数，同时把杯子移向宝宝很容易够到的地方（移动杯子时，不能交换），两个杯子之间相隔5厘米。接着对他说：“去把球找到。”或“球在哪里？”重复测试三次，每次应把球交替放置在杯子下面。

目的：训练快速记忆力。

认颜色

继续教孩子认识颜色，收集红、黄两种颜色的多种物品，如用红色的丝带捆红色的书、上衣、鞋，再拿出红扣子、红盒子、红粉笔等物品。让孩子识记，使孩子能从各种物品中认识红色的共同特性，再用相同的方法训练孩子对黄色的认识。

目的：培养孩子的认识能力。

记忆卡

将图片一张一张递给宝宝看，让宝宝将看完了的图片反扣在桌子上。大人任意指着一张卡片的反面问宝宝：“这是什么？”让宝宝根据自己的记忆回答。父母要注意，一定要先让宝宝回答后再将卡片翻过来，让宝宝看看是否正确。如果正确，卡片归宝宝收起来，如果回答不正确，卡片还是反扣，这样可以调动宝宝的积极性。若宝宝实在想不起来，也可以让宝宝将卡片翻过来看一看，再将卡片反扣，鼓励宝宝记住图片的内容，直至所有的卡片都归宝宝所有。该项训练可以发展宝宝的视觉能力、记忆力。

找熊

当着宝宝的面，父母将玩具熊放进一个纸盒里，把纸盒盖上，告诉宝宝："小熊回家了。"接着，将玩具车放入另一纸盒里，把纸盒盖上，告诉宝宝说："汽车进站了。"把两个纸盒并排放在宝宝能够得着的地方，父母可以问宝宝："小熊在哪儿呢？宝宝快去把小熊找出来！"等宝宝把装有小熊的纸盒找出来以后，让他把纸盒打开，把小熊取出来。也可以将玩具熊纸盒与玩具车纸盒调换一下位置，再玩一次，或者将纸盒内的玩具调换一下再玩一次。该项训练可以提高宝宝的注意力以及记忆力，发展宝宝的空间知觉能力。

猜猜看

家长把两件东西放在孩子面前，让孩子观察一会儿后，叫孩子闭上眼睛或转过身去。家长从中拿走一件东西，让孩子睁开眼睛或转过身来问孩子："什么丢了？"孩子回答正确以后，家长增加一件东西放在孩子面前，重复上述内容。放置的东西可以逐渐增加到5~7件，让孩子观察后取走一件或几件，让他猜哪件丢了。

放置东西不能无限制地增加，最多7件就足够了。也可以准备一张图片，上面画有各种物体，让孩子看一小会儿，然后让孩子闭上眼睛，家长遮住其中一张或几张图片，让孩子猜："什么丢了？"

目的：训练宝宝的观察力和记忆力。

分水果

将一些苹果和橘子混合放在一起，教孩子把苹果和橘子分开来放，苹果放在大盘里，橘子放在小盘里。

目的：训练辨认、分类能力。

听指令

家长说出一个命令，叫宝宝去执行，引导宝宝将语言与实物联系起来。如"把奶奶的眼镜拿过来""把柜子上的糖盒拿来""把你的积木拿来，我们一起搭积木"等。

目的：锻炼语言理解能力和记忆力。

思维能力提升

拼脸谱

用大纸画一张脸，再用小纸片画上脸部各个器官（眉、眼、鼻、耳、口），让孩子摆在正确的位置上。然后再帮助孩子将画好的身躯、四肢、手足、衣服等摆正。

比谁的多

（1）准备一副棋和一个棋盘。

（2）爸爸和宝宝围着棋盘坐下，爸爸让宝宝决定要哪种颜色的棋，宝宝决定好后，爸爸和宝宝各拿好自己的棋子。爸爸说“开始”，宝宝开始，爸爸将自己的棋子排列到棋盘上，待爸爸喊“停”时，让宝宝比较谁排得多谁排得少。游戏可反复进行。

家长应根据宝宝排的多少决定自己排的多少，因为要使宝宝有一个明显区别。比如，宝宝排5个，爸爸可排10个左右。爸爸也可以比宝宝排得少，激发宝宝的游戏兴趣。

当游戏结束时，将棋子一个一个收回盒子里。比如，放一个说：“一个。”再放一个，再说：“一个。”这样做，能使宝宝理解。

穿珠比赛

随着宝宝手指技巧的进步，爸爸妈妈和宝宝可以进行穿珠子比赛。爸爸妈妈有时要故意穿得慢一点，让宝宝取胜。经过几次练习以后，可以用分钟计算，看看宝宝在月初每分钟穿上几个，月中每分钟穿几个，月末每分钟穿上几个。

除了速度之外，穿珠子还可以按颜色、形状、大小来做间隔。爸爸、妈妈、宝宝各按自己的设计穿珠子，看谁穿出来的项链最漂亮。最后再比赛，要用速度、漂亮两项指标各占一半来评分，看看在一分钟内谁穿的项链最长最漂亮。

倒数数开发

家长教幼儿数数“1、2、3、4、5”。

妈妈：“宝宝，跟妈妈数数1、2、3、4、5。”

幼儿：“1、2、3、4、5。”

妈妈：“宝宝，妈妈把1、2、3、4、5倒过来数。”

妈妈：“5、4、3、2、1。”

幼儿:“5、4、3、2、1。”
妈妈:“再数一遍5、4、3、2、1。”
幼儿:“5、4、3、2、1。”
注意事项:幼儿可能一天掌握不了,家长可以让幼儿多学习几天。

数数的前后关系训练

家长依次向幼儿提下列问题,让幼儿回答。
妈妈:“宝宝,从5数到6。”
幼儿:“5、6。”
妈妈:“数数时,6前面的数是几?”
幼儿:“5。”
妈妈:“数数时,5后面的数是几?”
幼儿:“6。”
妈妈:“5在前面,6在后面,对吗?”
幼儿:“对,5在前面,6在后面。”
注意事项:此训练可由任意数反复训练。

>> 亲子课堂

培养幼儿的认知思维能力应采用直观教育的方法。采用实物、图片、玩具、木偶表演等方式进行教育,也可以通过以下几方面结合语言的训练同时进行。

在游戏中开发智力

送玩具回家

准备好盛器,如纸盒、塑料桶、大篮子,在宝宝结束玩具游戏后,父母告诉宝宝:“你的玩具‘朋友’和你一样,都玩累了,现在你该送它回家了。”然后指着玩具盛器对宝宝说:“玩具的家在这里,请你送它回家好吗?它也要休息了。”父母可以帮助宝宝将玩具一件件放入。开始时,由成人帮助一起收拾,以后,仅以语言提示,让宝宝自己拾起玩具放好。

目的:培养宝宝从小学会收拾玩具的好习惯,训练蹲下、起立放好玩具的动作。玩具是宝宝最喜爱的伴侣,但宝宝还未学会玩时,常会四处扔,如果父母过于积极地帮助收拾玩具,又不为宝宝提供盛器,不教宝宝如何收拾玩具,宝宝就会养成乱扔的坏习惯。因此,应及早教宝宝收拾玩具并养成习惯极为重要。

划小船

准备一根60厘米左右的木棍或竹竿。游戏时，让宝宝背对着坐在妈妈的怀里，和妈妈一起握住木棍，宝宝握中间，妈妈握两端。妈妈说："宝宝来划小船，划呀划。"开始时，母子一起划，等宝宝掌握了划船的动作后，就让宝宝自己拿着小木棍一前一后地摇动。模仿着一推一拉地做划船的动作，妈妈在旁边唱划船歌助兴。游戏前，先带宝宝到公园去观看游人划船，并用双手模仿划船的动作给他看，然后握住宝宝的手，教他做划船的动作。

目的：训练幼儿的臂力，锻炼腹肌并有节奏地弯腰配合手臂的前后摇动。

从这儿到那儿

打开一本图书，翻到宝宝熟悉的那页上，说两个物体的名字，如小猫、小鱼，教宝宝如何在这两样东西间画一直线。开始他可以用手指，接着可用蜡笔。

目的：让宝宝熟悉基本的颜色和动物，锻炼手眼协调、写字所需的良好的动手能力。

> **>> 亲子课堂**
>
> 选购玩具时不能忽略孩子的认知水平和阶段。1~2岁的孩子还处于直觉行动思维阶段，需要选购体积略大、有动作、声色并茂、富有变化的玩具。可以考虑发展各类视觉、听觉、触觉、动作的趣味玩具，总之要结合宝宝的身体、心灵特征来买玩具和玩游戏。

沙字

抚平沙地表面，和宝宝一起在上面"写"故事。主要由宝宝去做，工具可以是手指或树枝。

目的：在发展精细运动能力的同时，培养符号代表字母和单词的意识。

我的邮件

用颜色鲜艳的纸盒给宝宝做一个邮箱，邮件可以是单词、图片或小故事。父母可以给邮件分类，给宝宝读邮件，也可以像邮递员那样投信。

目的：发展宝宝的语言和读写能力，训练符号意识的能力。

找影子

准备动物的彩色图片和影子图卡，并将它们配对在一起。妈妈可以直接在图画纸上描出图案的外形，并涂上黑色，即成为影子的样子。

目的：可以训练孩子看到影子的轮廓，就能推理出它原本的样子。

盖子开了又关

将各种不同开法的瓶子混合在一起，如转开的、“砰”一声打开的，再把瓶与盖分开。孩子会找符合瓶口的盖子，将瓶子盖上。把可以放进瓶子里面的米或黄豆放在孩子旁边，他就会把米或黄豆放进瓶子里，然后摇动着玩。

目的：研究表明，大脑皮层的成熟程度随手指运动的刺激强度和时间而加快。因此，促进宝宝手指的灵活运动，是提高大脑两半球皮质机能的有效手段。

用黏土印上手掌

揉捏黏土，使之变成可以印上手掌的大小。引导孩子在黏土上盖上手掌，并紧紧地压着一会儿。拿开手时，黏土就会出现手的形状。在下方写上日期后，放在阴凉处风干。

目的：这个游戏能帮助孩子确定自己的存在感，而且当孩子长大以后，还可以变成孩子回忆小时候的纪念品。

配配看

将彩色纸剪成袜子或二指手套的样子，让孩子找找它们的另一半，要依照样子和颜色才能配对喔。找到手套的另一半后，画线连起来。也可以将组合式积木的其中一块抽出之后，让孩子找出原本的位置应该在哪里。

>> 妈咪小贴士

宝宝活泼好动，当然喜欢一些活动性的游戏。看到推或拉能动的交通工具，会自己坐上去看看。进展较快的宝宝，2岁半后甚至会自己骑三轮车，在公园的游乐设施中也玩得很好。虽然还不会自己荡秋千，但会爬上溜滑梯的台阶，自己滑下来，也会抓着单杠让身体晃来晃去，在平衡台上也能走得很好。父母过度干涉会妨碍宝宝的运动能力，妈妈能做的就是让他尽情地玩，自己在一旁小心地看护。

在草地里找珠子

将形形色色的珠子丢在草地上,进行找珠子的游戏。让孩子说说受阳光照射的珠子是什么颜色,再用篮子装起来。

目的:这样不但能提升孩子的专注力,也能养成辨别事物的能力。

碰碰球

让孩子拿球瞄准地上的球,并碰撞它使之弹开。妈妈和孩子面对面,同时丢出球,让球互相碰撞在一起。

目的:它是一个“把球放在地上,然后用另一个球去碰撞它”的游戏。刚开始球会往意想不到的方向去,因此要教孩子用力的方法。

在浴缸里游戏

捏住孩子的鼻子,和爸爸一起潜水,让孩子在浴缸中行走。爸爸托住孩子的腹部,让他做出游泳的样子往前游,一边游一边发出船航行“哗哗哗”的声音。

目的:大浴缸对孩子来说就像游泳池一样,试试水的温度,如果不是太烫或太冷,就可让孩子在这里面游泳,可丰富对大脑神经的刺激。

给你米,给我米

请妈妈手里盛着满满的米,然后倒一些到孩子的手中。孩子要将两手并拢来接妈妈给的米,再让孩子把米倒回给妈妈。进行游戏时,尽量以最少的量慢慢倒。

目的:通过这个游戏,可以训练孩子手部的精细动作,也能增进他的小肌肉群发展。孩子也能经历给予与接受的经验。

Good Moorning! 娃娃们

让孩子和自己的玩偶打招呼,把玩偶放在孩子容易看见的地方,试着这样问孩子:“不错的早晨呢!”“今天想玩什么呀?”“我们今天玩过家家吗?”妈妈也和孩子一起向玩偶打招呼。

目的:这样能够提升孩子的语言能力,也可以打好社交的基础。

重音

用宝宝知道的童谣做这个游戏,唱歌谣(任何歌谣都可以)重读每句话的第一个字。

目的:给宝宝念他喜欢的童谣是一种培养宝宝的语言能力及为阅读做准备的好方法。

开关取物,放物

找一个能开关的小盒,内放一些小玩具。让宝宝在你的语言指示下开关取物,如"宝宝把盒子打开,给妈妈拿出一块积木"或"宝宝把蜡笔放进盒子"等。

目的:此游戏训练宝宝与人合作和语言能力。

第二章

22～24个月宝宝智能提升

这一年龄段的宝宝大动作和精细动作的能力发展较快，手眼配合能力、手的操作能力明显提高，会握笔，也会用积木搭一些更高的塔，行走和跑动更为自如，喜欢模仿大人的各种动作，感情日益丰富。随着生理和心理的生长发育，这一阶段宝宝的能力都较以前有了许多提高，宝宝的辨认能力、想象力、创造力也在平日里得到很好的锻炼和发展。

宝宝的基本特征

宝宝的语言发展

孩子的语言是在与人的交流过程中获得发展的。家长要想让孩子的语言获得良好的发展，就应该多和孩子交谈。

刺激宝宝语言发展的方法有很多，如看图称呼人物、教唱儿歌等。

宝宝的记忆力发展

1～2岁的孩子认识事物主要依靠无意识记忆，有意识记忆要2岁以后才开始萌芽。因此，提高幼儿无意识记忆的效果有助于促进其心理的发展。

家长应该让宝宝多感知一些事物，经过无数次重复，有助于他们在无意中记住事物的特点、名称和用途。

宝宝的动作发展

孩子开始学会了走和跑，他很愿意到处乱跑、乱动。但此阶段的孩子识别危险的能力很差，因此孩子独自在房间内玩耍时，成人要对室内做全面检查，对孩子安全有碍的东西要予以整理。

父母在给孩子选择玩具时，不但要注意适合孩子的年龄特点，并要有助于开发智力，而且还不可忽视它们是否对孩子的安全造成威胁。

宝宝的个性发展

这个阶段的孩子已能走会说，交往范围扩大了，他开始对小伙伴感兴趣，欲与其他小伙伴一起玩的愿望越来越强烈。家长要教孩子在与小伙伴玩的过程中逐渐懂得与小伙伴合作、分享的方法，并体会到因这样做而获得赞赏的愉快心情。

>> 妈咪小贴士

这个阶段的孩子对周围环境充满了兴趣，每一个新发现的事物都能激发孩子的求知欲，但这也可能是造成孩子意外伤害的原因。要解决两者之间的矛盾，就要把重点放在预防上，给孩子一个安全的空间，让他在那里自由地探索他所感兴趣的问题而又不会发生任何危险。

宝宝的观察力发展

一岁以后的幼儿开始有意识地观察事物，因其对客体永久性的认识日趋成熟，知道物体可以从一处移到另一处，且能够找到先后藏在两个位置上的同一个客体。长到一岁半时，幼儿已能找到无论在什么情况下藏起来的物体，不管他看见与否。这种对客体的永久性认识，使其注意活动具有了持久性和目的性，而不再受物体出现与否的影响，这也使其注意活动更具有探索性和主动性，使其直接经验的学习能力也迅速发展起来。

模仿也是一种学习方法。看见别的孩子玩得很开心，他就会模仿着做，活动他的身体，或跟着一起笑。

宝宝的数学能力发展

两周岁宝宝的数学能力发展很快，但也存在个体差异。宝宝数学能力的发展与成长环境、家长是否重视教育的关系密切。

综合能力提升

动作能力提升

将近两岁的幼儿走路已经很稳了，能够跑，还能自己单独上下楼梯。如果有什么东西掉地上了，他会马上蹲下去把它捡起来。这时的孩子很喜欢大运动的活动和游戏，如跑、跳、爬、跳舞、踢球等。并且很淘气，常会推开椅子，爬上去拿东西，甚至从椅子爬上桌子，从桌子爬上柜子，总是闲不住。

现在他只用一只手就可以很熟练地拿着小杯子喝水了，他用调匙的技术也有了很大的提高。他能把 6～7 块积木叠起来，会把珠子串起来，还会用蜡笔在纸上模仿着画垂直线和圆圈。

钓鱼

用硬纸片剪几条小鱼，鱼头部别一根曲别针。做一根钓竿，线的末端系一块小磁铁，让孩子钓鱼。

顶气球

准备一只气球，让宝宝把球抛向空中，当球下来时，教宝宝用左、右手向上击球，或让宝宝用头顶球，使球不落地。也可以和孩子比赛看谁玩的时间长（或击的次数多），多者为胜。

毛巾里的滚球

与宝宝各自抓住长毛巾一端的两只角，把一只皮球放在毛巾中间，分别提高毛巾的两只角，让球在毛巾上滚来滚去。还可以抬起毛巾，把球抛到空中再用毛巾接住。

追鸭子

准备拖鸭数个。小朋友坐在场地一端，阿姨对小朋友说："小朋友，我今天带来许多小鸭，小鸭跑了，请小朋友跟着我后面追小鸭，看谁跑得快。"然后阿姨手里拿一些拖鸭，带着小朋友跟在自己后面追拖鸭，追两三圈后，阿姨把拖鸭分发给每个小朋友，让小朋友自由地拖着玩一会儿，游戏才结束（在跑的时候相互之间不能相撞）。

和小朋友一起开飞机

准备一些小红花。小朋友当飞行员，两手侧平举做飞机飞的动作。游戏开始，阿姨念儿歌："小飞机，飞飞飞，飞得高，飞得低，飞来飞去真有趣。"然后在阿姨的铃鼓声响后，飞机降落。小朋友蹲下休息，游戏反复三次。最后阿姨给优秀飞行员发小红花。

摸摸看

妈妈念儿歌："小宝宝，真好玩，摸摸桌子（沙发、床……）跑回来。"说完"来"，宝宝跑到妈妈身边。

妈妈指定的物体应是幼儿书中的或容易摸到的。

小娃娃荡秋千

（1）妈妈或爸爸扶住宝宝的腋下，一边说儿歌一边左右轻轻摇晃。

（2）儿歌：小娃娃荡秋千，飘飘荡荡到蓝天！说到"蓝天"时把宝宝轻轻往上抛后，轻轻接住。

拍气球

（1）家长可以在市场上购买一些小欢乐气球，把这些气球放在一间较小的房间里，可以让这些气球都飞起来。

（2）爸爸作为发号施令者，告诉宝宝如何去玩。当爸爸说开始时，宝宝就边拍球，边把球向脚下踩。

家长的指导语应该是："宝宝进到太空里面了，这么多气球，宝宝快去追呀，看宝宝能不能把球踩在脚底下。"

>> 亲子课堂

气球的气不能太多，避免宝宝踩到球上时因为球的硬度比较大而从宝宝脚下蹦出来。

不要用嘴对着气球吹气，以防宝宝模仿家长的动作而把气球吸进喉咙里。如果宝宝用两只手去捏气球，这时，家长也应给予及时制止。

语言能力提升

孩子学会并记住家中每个人物的称呼，如爷爷、奶奶、姥爷、姥姥、小姨等。开始学会用代词你、我，能说完整的句子，如“妈妈上班了”“我要吃香蕉”等。能分辨清楚长铅笔和短铅笔，吃苹果能分辨出小大，能知道桌上桌下、身体的前面后面。能知道爸爸是男的、妈妈是女的，也知道自己的性别。

到户外玩耍后，能知道自己的家门，会走回家的路，喜欢和小朋友交往。能用声音表现出自己的喜怒情绪，高兴时会笑得很开心，生气时会发脾气。有很强的自主意识，要自己穿袜穿鞋，穿鞋时常分不清左右。

练习发音

孩子如果发 sh、s 的音困难，妈妈可教他说以下绕口令。

登山

三月三，小三去登山。
上山又下山，下山又上山。
登了三次山，跑了三里三。
出了一身汗，湿了三件衫。
小三上山大声喊：“离天只有三尺三！”

>> 专家解疑

以前只会讲“妈妈”“爸爸”等两个字并列的单词，现在进步到会说文章式的双语了，如“去、那里”“妈妈、不在。”进展较快的宝宝甚至会组合“我也、想到、外面”等三个单元音的词。这时宝宝的好奇心也很强，经常会问“这是什么？”大人所说的话会一而再、再而三地重复，也会一个人在一旁喃喃自语或不断地练习新学的字音。

跟着做

（1）妈妈和孩子相对而坐，妈妈边做动作边念儿歌，让孩子也跟着做同样的动作。儿歌词为：“请你跟我这样做，我就跟你这样做，小手指一指，眼睛在哪里？眼睛在这里（用手指眼睛）。”“请你跟我这样做，我就跟你这样做，小手摸一摸，鼻子在哪里？鼻子在这里（用手摸鼻子）。”依次认识五官，“请你跟我这样做，我就跟你这样做，小手指一指，小手在哪里？小手在这里（用手摇两下）。”

（2）练习几遍后，让孩子说“我就跟你……”可先和爸爸示范一下。如妈妈说：“请你跟我伸伸手。”边说边做伸手的动作。爸爸接着说：“我就跟你伸伸手。”同时做伸手的动作。在孩子参与的时候，可以让爸爸带着孩子一起做，然后慢慢地让孩子单独做。可做各种各样的动作，让孩子学说“伸伸手”“弯弯腰”“喂小猫”“种种花”等短语。

记忆能力提升

传话

爸爸妈妈相对而坐,中间隔一段距离,让宝宝当传话员。妈妈可以把宝宝抱到自己的腿上,在宝宝耳边说一句悄悄话,让宝宝去告诉爸爸。宝宝跳下地,跑到爸爸的面前,趴到爸爸的耳边,悄悄地把妈妈说的话告诉爸爸,然后爸爸再将宝宝传的话说出来。请妈妈核实一下,如果宝宝传对了,爸爸亲宝宝一下,并对宝宝说:"宝宝真棒,谢谢宝宝!"接着爸爸再说一句悄悄话,让宝宝传给妈妈。训练可以反复进行,如果宝宝传错了,启发宝宝重新回到发话者那里再听一遍或让宝宝努力回忆。该训练可以锻炼宝宝的记忆力、注意力以及发展宝宝的自我意识。

观察大自然

要经常带孩子去公园和儿童乐园,在对大自然观察的过程中,要不断地向孩子提出问题,让孩子去仔细地观察、比较和记忆。如早上出太阳后,天变得很亮;傍晚太阳落山了,天色变暗;晚上星星、月亮出来了,天空就很漂亮。天气经常会有变化,有时晴天,有时阴天;有时炎热,有时寒冷;有时刮风,有时下雨,有时下雪;有时打雷,有时闪电……培养孩子从观察中进行比较、理解和适应大自然变化的能力。

目的:到大自然中去,培养孩子观察和记忆的能力。

记音

将不同质地的碗排成一列,当着宝宝的面,将其中一个碗敲一下,让宝宝记住不同碗敲出不同音质的声音。让宝宝背过身去,将每个碗敲三下,让宝宝说出敲的是哪个碗。该项训练可以锻炼宝宝听觉辨别力。

复述句子

可选内容简单但富有情节的小故事，如《拔萝卜》作为复述内容。先给孩子讲几遍故事内容，然后教孩子复述句子。复述时，妈妈说出一句(3～5个字)，让孩子模仿一句。渐渐地，妈妈说一句话的开头，孩子就可以补充后面的话，最后让孩子自己把句子复述出来。

目的：训练语言表达能力、记忆能力。

听音乐、吃水果

(1)选择两段优美的、节奏明快的音乐，让宝宝先听上一遍。

(2)放一些水果在一起，告诉宝宝将相同的水果拣出来放在一块。

(3)告诉宝宝听第一段音乐的时候去把水果按相同分类拣成几堆。当第一段音乐一完，要立即停止拣水果的动作，开始摸一摸，吃自己爱吃的水果，然后告诉爸爸、妈妈他吃的水果叫什么名字，以及水果的颜色、形状、大小、味道。当音乐停止时，宝宝的动作也应立即停止。

水果对于生长发育中的宝宝是十分重要的，家长可在吃水果时引导宝宝观察、认识水果的特征和作用，可以让宝宝摸一摸、闻一闻、尝一尝。

培养宝宝倾听音乐的能力。

目的：训练宝宝听音乐做动作的能力，培养宝宝的节奏感；发展宝宝的味觉和触摸觉；发展宝宝的认知能力，认识水果的特性。

宝宝和苗苗

(1)在盆中或院中种上一颗小豆子，等小豆子发芽长到两片叶时就带宝宝去观察。

(2)看着刚出土的豆芽弯着头，告诉宝宝，这是小苗苗在欢迎宝宝，宝宝也向小苗苗问好，摸一下小苗苗的两片叶子。

(3)当小豆苗长出新叶子时，让宝宝继续摸一摸，说一说跟刚开始时有何区别。

目的：发展宝宝的视觉、触摸觉、感知觉能力，发展宝宝的认知能力。

注意：这时的宝宝大都喜欢户外活动，家长要有意识地利用这一机会教宝宝认识自然环境中的事物，看一看、摸一摸。这项活动也可扩展到花、草、树等植物上。

讲故事提问题

小虎拔牙

小虎威威长得虎头虎脑,每天醒了吃,吃了玩,玩了吃,吃了睡,无忧无虑。有一天,虎妈妈拿来一把小牙刷说:“威威,你长大了,该刷牙了,不然牙长了虫虫,牙齿要坏的。”威威一溜烟地跑开了:“我从小就没刷牙,牙还不是好好的?”

这天,威威吃了很多肉,又吃了许多蛋糕。晚上睡觉时,它突然醒了过来,觉得自己的牙好痛啊!赶紧到医院里去就诊。牙医看了看说:“哎呀!小虎,你的牙长虫了,虫在蛀你的牙呢!”小虎很痛,问:“那怎么办呢?”牙医摇摇头,说:“那就只好拔牙了。”

从此,小虎威威就少了几颗牙齿。

(提问:小虎威威为什么会长虫牙呢?)

雪娃娃

一大早,宝宝就起床了。他推开窗户往外一看:啊,好大的雪啊!宝宝高兴极了,蹦蹦跳跳跑到外面,叫爸爸:“爸爸,爸爸快来呀,我们来堆雪娃娃!”宝宝和爸爸一起,一盆一盆地端来雪,往上堆呀堆呀,咦,一个大肚子出来啦!又堆呀堆呀,咦,一个圆乎乎的脑袋出来了。宝宝跑回屋,拿来一根胡萝卜,两个黑色圆积木,给雪娃娃做了鼻子和眼睛。宝宝左看右看,又把自己的小红帽、小围巾给雪娃娃围上:这下雪娃娃不冷了吧?宝宝和雪娃娃一起拍了好多照片呢!

第二天,暖洋洋的太阳照在宝宝的小脸上。宝宝醒了,他一下子想起了雪娃娃,忙跑到窗口一看:咦,雪娃娃不见了。宝宝哭得伤心极了:雪娃娃,你到哪儿去啦?

(提问:宝宝的雪娃娃到底到哪去了呢?)

儿歌记忆

红绿灯

哥哥走,
我也走,
我和哥哥手拉手,
手拉手,慢慢走,
一起走到马路口,
看见红灯停一停,

看见绿灯抬步走。

穿珠子
绿的圆珠子，
红的方珠子，
拿根细绳子，
大家穿珠子。

数蛤蟆
一只蛤蟆一张嘴，
两只眼睛四条腿，
扑通一声跳下水，
两只蛤蟆两张嘴，
四只眼睛八条腿，
扑通扑通跳下水。

画画
宝宝爱画画，
样样都会画，
画只鸭子嘎嘎嘎，
画只青蛙呱呱呱，
画个娃娃哈哈哈，
送给爸爸和妈妈。

数学与逻辑能力提升

拿几个

让宝宝给妈妈拿几个东西，这个年龄阶段的宝宝最多能拿三个。宝宝能拿的数目是他理解的数目，如果父母让他从 3 块积木中去拿 2 块，问“还有几块?”宝宝很快会回答:“1 块。”

比较长短

比较能力对数学智能中的排序、逻辑推理和判断能力的发展都有着重要的促进作用。它往往是进行正确排序和准确判断的主要手段和途径，拥有比较强的比较能力，对宝宝今后数学智能的发展是必不可少的。

准备一根比较长的铅笔、一根比较短的钢笔，还有一双长短相同的筷子。先教宝宝认识哪个是铅笔、哪个是钢笔、哪个是筷子。然后教宝宝读儿歌："铅笔长，钢笔短，两根筷子一样长。"让宝宝跟着反复诵读，同时不断地向宝宝举起铅笔、钢笔和筷子。读过几遍之后，将铅笔和钢笔还有筷子并排放在桌子上，让宝宝学习如何比较长短。

观察体积的变化

尽管好几年后宝宝才可能会计算体积，但是需要他从小就对体积有一个概念，这对宝宝的空间直觉和守恒能力的发展具有很重要的作用。在宝宝洗澡的时候，准备几个高矮粗细不同的透明玻璃杯，让宝宝能清楚地看到其中水面的高度。跟宝宝一起来观察同样多的水倒进不同的杯子里高度会有什么样的变化。先将一个玻璃杯装上半杯水，在杯子外面用笔做出标志，然后当着宝宝的面将杯子里的水倒进另外一个不同形状的杯子里，可以问问宝宝："这里的水还跟刚才的一样多吗？"同样在杯子外面做出标志，让宝宝观察两个杯子外面标志的位置有什么不同。水是宝宝非常喜欢玩的东西，用这种办法来让宝宝体会体积的变化是一种很好的方法。这个年龄段的宝宝由于动作发展还不完善，为了防止将水倒洒，可以由大人操作给宝宝看。

>> 专家解疑

对于求知欲强的孩子，如提出像"为什么""什么时候开始的"这类问题，要注意培养他们的数理逻辑才能。培养方法可采取教孩子一些计算方法，教孩子用直尺、圆规画图形，从简到繁，不断激励孩子，加深学习兴趣。家长可以帮他找一个兴趣爱好相同的小伙伴，打扑克、下跳棋，共同学习，相互促进。

创造性思维与想象能力提升

数学游戏

妈妈先教孩子用手指着自己身上部位，然后说："我有一个鼻子。""我有一张嘴。""我有两只眼睛。""我有两只耳朵。""我有两只手。""我有两只脚。"反复玩，认识1和2。

训练孩子思维的游戏

(1)将全部卡片放在桌子上。

(2)问孩子："你能找出一张不是红色的卡片吗？把它放在盒子里。""还有没有不是红色的卡片？""把所有不是红色的卡片都放在盒子里。"

(3)再将9张卡片放在桌子上。

(4)问孩子："你能找出5张不是圆形的卡片吗？""将所有不是圆形的卡片放在盒子里。"

(5)再将9张卡片放在桌子上。

(6)问孩子："你能找出一张既不是红色，也不是圆形的卡片吗？""还有其他既不是红色也不是圆形的卡片吗？""留在桌子上的卡片是什么颜色的？"

(7)再将9张卡片放在桌子上。要求孩子："指出一张既不是蓝色又不是正方形的卡片来。"

(8)反复提出两种否定特征、一个肯定和一个否定特征的条件要孩子完成。

>> 亲子课堂

在培养婴幼儿创造力时，首先应培养他们的好奇心和求知欲。孩子好奇心强，喜欢问这问那，总想把问题问个透彻。这时家长应耐心地回答孩子的问题，不要显得不耐烦、解答不清楚。孩子求知欲很强，家长应给孩子准备图书、画报等，经常带孩子去大自然中观察万事万物，要鼓励孩子玩，如玩玩具、积木、折纸等，使孩子学会观察、比较、思考以及动手的能力。

把画补完整

妈妈画6头猪，一头是完整的，另5头猪每头都少一部分(耳朵、眼睛、鼻孔、尾巴、腿)，请孩子说出每头猪缺什么，用笔补好。

摸物游戏

找几个宝宝较熟悉的玩具，放到布口袋里，叫宝宝把手伸进袋里去摸，并把摸到玩具的名称说出来，再拿出来看是否正确。或者你先说出玩具名称，叫宝宝摸出你所说的那个玩具。

红灯停、绿灯行

让宝宝和你一起用小汽车玩“红灯停、绿灯行”的交通游戏。你说：“红灯亮了，汽车赶紧停下。”就让宝宝的汽车停下来；或者说：“绿灯亮了，汽车可以开了，全速前进把车开得快点。”“黄灯亮了，减速，慢行……”要让宝宝真正理解这一行为规则，平时可带宝宝进行实地考察，观察路口车辆行驶与红绿灯信号的关系。

生活和社交能力提升

辨别是非

辨别是非的能力对于宝宝的成长是很重要的，比如“打人是不对的”“偏食是不对的”等。不一定跟他讲道理，而是用自己的支持或者反对来鼓励或者禁止他，不能对他粗暴，防止对宝宝起到反激作用。

学用剪刀

购买儿童用的钝头剪刀，以免尖的剪刀伤及宝宝。先教宝宝将拇指和中指穿入剪刀把的两个小洞内，用食指推剪刀片使两片贴紧才能将纸剪开。父母先在纸上画直线、曲线，然后为他剪开个小口，让孩子继续按线剪下去。先学会剪纸条，当宝宝能按线剪后，画圆或图画让孩子剪，以激发宝宝的兴趣，提高技巧。通过此项练习宝宝能掌握一种新的工具，学做容易的剪贴。

>> 专家解疑

宝宝的感情现在可以用很多方式来表达了。现在重要的是教会宝宝如何在一个群体之中控制自己的感情，这是宝宝拥有社交能力的第一步。由于宝宝还无法控制自己的感情，可能会对其他的宝宝有一些不应该的举动，但是也不能因此而把宝宝和他的小伙伴分开。事实上，只有让宝宝与其他的小伙伴待在一起，他才能知道如何在群体中控制自己的感情。

按时间做事

有些要求要让宝宝知道应在某一指定时间才能做。例如，刚上街买到蛋糕，孩子要马上吃，但已接近吃饭时间，如果吃了蛋糕就会影响吃饭,可告诉他“晚上等爸爸回来大家一起吃。”有时孩子叫嚷着要出去玩,但天已黑了,可告诉他“明早吃过早饭才能出去,现在天都黑了。”可让他看看窗外,并告诉他“小朋友们都回家睡觉了。”孩子不会看钟表,在他的心目中的时间是:起床后,饭后,妈妈爸爸下班回来,午睡后等。孩子的时间概念要与生活秩序联系起来,渐渐养成按时作息、按时玩、定时吃东西的良好的生活秩序。

在游戏中开发智力

找鞋子

找来几双鞋,拿出其中一只与其他的分开,让宝宝找到与之成双的另一只。如果有困难,父母可以给他一点儿帮助,并告诉宝宝这双鞋最突出的特征,如颜色、外形等。然后可以用另外几双鞋重复上述的游戏。几次之后,宝宝就可以轻而易举地完成这一任务了。

目的:培养宝宝的逻辑能力。

和娃娃玩

即使贵了点,也要选择触感佳、表情富于变化的玩偶,当作孩子的礼物。让孩子帮玩偶取个好听的名字,帮娃娃梳头或是换衣服。告诉孩子胡乱操纵娃娃的话,它可是会痛的。教孩子和娃娃互相碰碰脸颊、打打招呼,寒暄一下。这样孩子会觉得与娃娃之间有着很强烈的亲密感。

目的:生活性游戏可以训练宝宝对日常生活的观察能力,提高其模仿能力,在模仿中学习生活中的常识。

面粉团游戏

用面粉团捏成各种形状的面团,将玩具放在面粉团上使劲地压,就会出现玩具的轮廓。在面粉团上仔细地刻画出玩具的模样,也可请妈妈画出动物大概的形状,让孩子完成细部或上色。再拿一些面粉团,让孩子在上面做眼睛、鼻子和耳朵等五官。

目的:这个时期的宝宝动作的发育更加成熟,更需要学习一些复杂、技巧性的动作。面粉团游戏,可以让宝宝手部动作更加协调,更加灵活。

画我的家人

让孩子画爸爸、妈妈和兄弟姊妹。孩子画图时,妈妈在旁边跟孩子说有关家人的事情。让孩子先画出想画的人,也可以看着照片画。

目的:通过这个游戏,可以培养孩子与家人间的亲密感情。

>> 妈咪小贴士

婴幼儿早期教育应从零岁开始,教育的重点应放在激发小儿的潜在能力,培养个性品质上。有的家长"望子成龙""望女成凤"心切,不能正确地掌握早期教育方法,过早、过多地给孩子学习任务,相对地减少了玩耍,殊不知孩子的学习是通过游戏方式来进行的。

帮忙洗碗

妈妈洗完盘子后,交给孩子。孩子将盘子上的水擦干,擦干盘子后,让孩子帮忙整理碗盘。如果担心孩子打破或受伤,请以塑胶材质的碗盘为主。

目的:孩子很乐意帮妈妈的忙,这能让孩子体验帮助和照顾别人时的满足感。

洗蔬菜

在水槽里装满水,让孩子将小黄瓜、胡萝卜和切好的蔬菜洗一洗,孩子会沉醉于洗蔬菜的乐趣当中,将孩子洗过的蔬菜做成沙拉。

目的:鼓励自己动手,在游戏中掌握简单的生活技能,锻炼手指精细运动,体验自我服务的快乐。

看天空

问孩子:白天天上有什么?孩子答:太阳、云彩。再让孩子看,那些云朵都像什么?孩子必然答他熟悉的东西,如像坦克、汽车等。晚上,让孩子看天空,他会发现月亮、星星,还可顺便讲讲牛郎星织女星的故事,重点放在牛郎担着两个孩子找妈妈织女时,孩子如何想念妈妈。

目的:通过这个游戏培养孩子的感情。通常说,情感教育没有做好是"最危险的疏忽"。

以点连线

当宝宝能握住笔，并能根据虚线运笔后，让宝宝连线。即在纸上画若干个点，让宝宝把任意两点或几点连上，形成横线、竖线、斜线等。

目的：不论宝宝画得怎样，你都要帮他想出他画的像什么，并不断地夸奖他真能干，画得真好。

帮娃娃穿衣服

让孩子帮娃娃穿上衣服。孩子帮娃娃穿好衣服时，可赞美孩子并说："娃娃变得好漂亮呀！"再让孩子帮娃娃穿上袜子、戴上帽子。

妈妈仅给最少的帮助，然后帮孩子帮娃娃穿好衣服。

目的：帮助孩子增强自我穿衣的能力。

旗子倒了

堆好沙堡后，在顶端插上旗子。爸爸、妈妈和孩子轮流抓起一小把沙子，沙堡渐渐变小，旗子也开始摇晃。将沙子拿走的当中，如果谁让旗子倒了就输了。想让旗子不要倒的话，需要小心并注意控制手和手臂的力量。

目的：训练孩子的反应能力。

爬楼梯

牵着孩子的手，一起爬楼梯，一边一阶一阶地往上爬，一边鼓舞孩子给予勇气。爬上楼梯后，让孩子回头看看自己爬了多少阶。

目的：在户外能做的运动当中，简单、运动量多又有趣的游戏就是爬楼梯。这个运动能让孩子的肌肉和心肺功能发达。

> **>> 亲子课堂**
>
> 家长对孩子的早期教育应注意掌握适度教育，要遵循婴幼儿心理发展的规律进行，要让孩子全面发展，有的事情可让孩子自己去做。在安全范围内孩子随心所欲地活动，爱怎么玩就怎么玩，成人不要管头管脚去左右孩子，弄得孩子不知所措，阻碍各种能力的发展。

气球变羽毛球

让孩子用羽毛球拍拍打气球；让孩子将气球拍打到妈妈所在的位置；让孩子将气球打到床的上方；让孩子一边拍打气球，一边到处跑来跑去。

目标：孩子会玩得很开心，也能使孩子的身体动作均衡地发展。

跳房子

开始，在地上简单画上几个格子扔出一个毛毽子，让孩子用单腿或双腿蹦跳过去拣到毽子再跳回来，跳一段后还可跳离地高5厘米的橡皮筋。教会孩子这首儿歌：

跳房子，跳呀跳，跳出青蛙呱呱叫。

叫一叫，笑一笑，毛毽毽，要拣到。

目的：这个游戏能够锻炼宝宝的腿部力量，增强身体的灵活性，使体质得到锻炼。运动还能促进脑中多种神经递质的活力，使大脑思维反应更为活跃、敏捷，并通过提高心脑功能，加快血液循环，使大脑享受到更多的氧气和养分，从而达到提升智力的作用。

第六篇

2~3岁宝宝智能提升百科

第一章

25~30个月宝宝智能提升

玩具对婴幼儿各阶段的发展有相当深远的影响。父母要依宝宝各阶段的发展，为其选择合适的玩具。好的玩具应当具备以下几个特点：可以帮助孩子发展各阶段的基本动作；可以培养孩子的学习能力；可以引发并培养孩子的好奇心、探险性。

宝宝的基本特征

宝宝的动作发展

这个时期的孩子大部分的生活内容是玩耍。孩子一方面快活地游戏，一方面发挥自己的天分，做父母的必须重视孩子的玩耍。首先仔细观察孩子的兴趣大多集中在哪种玩具上，然后再发展他所喜爱的游戏。

两岁以后的小儿运动技巧又有了新的发展，运动技巧的发展可促使小儿动作更具有灵活性；扩大幼儿的认识范围，使他们不但能主动地接触事物，还能从各方面来认识事物；为空间知觉及初步的思维活动的形成准备条件；同时也促进了小儿独立性的发展。

>> 亲子课堂

需要注意的是，这时期的幼儿许多动作仍然是不稳定的，很容易出现意外。因此，父母既要为小儿提供练习的机会，又不要让小儿过于疲劳，同时还应注意儿童的安全卫生。

宝宝的语言发展

这个时期是小儿学习口语的关键时期，因为这个时候，随着生活范围的逐步扩大，孩子好奇、好问、好模仿，样样都想尝试，对周围事物的兴趣特别高，学说话最快，是获得词汇的高潮时期。如果这个年龄阶段小儿口语发展遇到障碍，以后要进行弥补则会很困难。

好的语感是儿童智力培育的先驱。单纯靠幼儿日常学习语言来培养语感是绝对不够的。父母多教几句话,多教几个词,也是不够的。必须在日常生活中随时留意,在自然中陶冶性情,不断充实幼儿的内心体验。这样,幼儿对语言才会有丰富的联想,智力才会不断提高,形成良好的语言风格。

>> 妈咪小贴士

幼儿期正是大脑和脑神经细胞急剧发育的时期,故事中的人物形象、情节和语汇能迅速被接受并储存,与此同时进一步刺激大脑皮层的发育。每个人都会有这样的体会,近期的许多人和事都忘记了,可幼年时父母讲的一个故事或一件事却还记得很清楚。这就是人们所说幼小时的记忆特别好的原因。

综合能力提升

运动能力提升

2 岁零 1 个月至 6 个月宝宝能稳定地上下楼梯,会双足离地跳,用足尖走,在窄道上行走,能单足站稳,能学骑三轮车。

独自下楼梯

在宝宝能够比较稳定地独自上楼梯以后,可训练宝宝独自下楼梯。因为下楼梯较难把握,可先让宝宝从较矮的楼梯开始试,使宝宝体会下楼梯的感觉,学会保持身体平衡,这样从几阶矮楼梯开始,逐渐独自迈下一阶楼梯。此时宝宝上下楼梯可能都是一脚迈上,另一脚跟着迈上同一阶梯,即一步一踏。可选择无扶手、只有 3 ~4 层的阶梯练习。

骑小三轮车

为了培养宝宝手足配合的协调能力,从这个年龄开始可以教宝宝学习骑小三轮车。开始可扶着宝宝教宝宝双脚用力蹬,如果力量不够可稍加用力推宝宝前进。让宝宝感受通过自己的努力可以前进的喜悦,以后逐渐培养宝宝独自骑三轮车玩。这样不但可以使宝宝全身的肌肉得到锻炼,同时也培养了宝宝眼、手及全身动作的协调。

训练上高处取物品

将玩具放在高处，在父母监护下，看宝宝是否学会先爬上椅子，再爬上桌子站在高处将玩具取下。让宝宝锻炼四肢协调能力和身体灵巧性。训练前，家长要先检查桌子和椅子是否安放牢靠，并在旁监护。学会了上高处取物品之后，家长要注意：洗涤剂、化妆品、药品等凡是有可能让孩子取下来误吞误服的东西，都应锁入柜子内，不能让宝宝自己取用。当宝宝能取到玩具时应即时表扬："瞧我们宝宝多棒！真能干！"

训练立定跳远

与孩子相对站立，拉着孩子双手，然后告诉孩子向前跳，熟练后可让孩子独自跳远，并继续练习从最后一级台阶跳下后独立站稳的动作。

>> 亲子课堂

这个时期的宝宝非常好动，运动神经也逐渐发达，可以在坡路上走得很好，也不怕在沙上行走。体力与运动神经关系着往后是否能过健康生活，所以在宝宝时期应该让他尽情活动，为他打好根基。

语言能力提升

学说完整句子

教小孩学说完整句子，包括主语、谓语、宾语的句子。如"妈妈上班去了""我要上街""我要上公园"，并教孩子使用些简单的形容词。如"我要红色的球""我要穿红色衣服""我要圆饼干"等，这些形容词一定要简单、形象，是孩子生活中最常见的。

学习辨声音

让孩子听周围的声音，如鸟叫声、汽车声、钟表声、电话声等。听到这些声音时，问孩子是什么东西发出的声音，答不出来就直接让孩子边看边听，并告诉他，什么是大人讲话的声音，什么是走路的声音，逐渐学会辨音。

用形容词

宝宝在学会了用双字词后语言的进步会非常快，接着可说出多个字的词句，宝宝模仿语言的范围更大了，此时可教宝宝用一些形容词来表达。比如说“这是一个蓝色的气球”“这只小猫很听话”，在语调上多强调这些形容词供宝宝模仿，使宝宝的语言更加丰富。

学习记住家人的称谓

教孩子记住爷爷、奶奶、小姨等称呼。学会自我介绍，说出自己的姓和名，同时知道爸爸、妈妈的姓和名。学会用手指表示自己几岁，并说出来。如果学话顺利，还可以进一步要求孩子说出自己是“女孩”还是“男孩”等。

说出物体的用途

随着宝宝语言的进步，可以说出许多物体的名称，在宝宝正确地掌握了这些名称以后，可以教宝宝学会说出这些物品的用途。比如，教宝宝镜子是干什么用的，梳子是干什么用的等。教宝宝学会用正确的语言来表达一些物体的用途，注意一定要按照正确的名称来说出物体的用途，不要混淆用途和名称。

看图说话

和孩子一起看生活中日用品的图片，边看图片边讲解各种物品的特点和用法，让孩子跟着重复，并就图中内容提问，如“这是什么呀？”“可以吃吗？”让孩子回答。

> **>> 亲子课堂**
>
> 家长可以在孩子耳边悄声说一句话，让孩子跑到另一个人身边，悄悄告诉他家长刚才说的是什么，听到的人大声讲出来，看孩子是否听懂并准确传达。
>
> 耳语是一种独特的方式，它声音低，需要听者用听觉去理解，而不能同时看到表情和动作。孩子很喜欢耳语，因为它有一种神秘感。两岁半左右的孩子正处于语言学习阶段，光靠听觉，没有其他辅助方法，要听懂有一定难度。开始先说一个物名或两三个字的短句，让孩子获得成功，增强信心，以后再逐渐加长句子并增加难度。

叙述简单的事件

宝宝语言进步较快后要多给宝宝一些语言表达的机会。有些事情要让宝宝主动来表达，特别是对已经发生过的事，甚至是1~2天前发生的事，教宝宝用语言来简单叙述，这同时也加强了宝宝的记忆力。在宝宝能够准确地表达时，教宝宝学会用一些关键的词，使宝宝尽快学会用语言进行交流。

背诵儿歌

教孩子念儿歌，每首儿歌四句，每句三个字，听起来押韵，读起来顺口，反复练习。注意，要完全会背诵一首后再教新的。这样能提高孩子的语言能力，增强韵律感、记忆力，同时也能激发孩子的学习兴趣。也可以让孩子多听英语歌，锻炼语感。

记忆与思维能力提升

卡片记忆

父母可以买很多卡片，卡片上有图片和对应的文字，这样就可以用图片再加以肢体语言来让他认识。首先是让他学会识别，接触多了之后就教他读，还有就是要注意方法，因为他太小了，所以必须是一边玩一边学，还要根据孩子的一些特点来教，这样他学起来快，大人教得也不累。有时候带他出去玩，也可以把看到的东西用语言来表达，让他有个大概的概念。这样，经过多次对他讲，他一定会有印象，毕竟小孩子的记性是很好的，只是要加以培养。

数字记忆

虽然此时宝宝对数的概念还不清楚，但机械记忆能力强，通过数字记忆练习，可强化宝宝机械记忆能力，如可教宝宝记门牌号、电话号码、历史年代等各种数字材料。在室内，父母可以用粉笔画出一大一小两个圈，并告诉宝宝，大圈是妈妈的家，小圈是宝宝的家。训练开始的时候宝宝和妈妈先在圈子外面自由活动，但听到妈妈说“老虎来了”就迅速回到自己的圈子里。如果宝宝找错了，就罚宝宝做个表演，如果宝宝找对了，父母就要表扬宝宝。训练可以重复进行，借此可以锻炼宝宝跑的能力以及训练宝宝的记忆力。

猜一猜

把宝宝熟悉的玩具藏在一个纸盒里，或某个宝宝可以看到的容器里面。你形容一下跟玩具有关的记忆特征，比如我们昨天给它洗过澡的，某某小朋友很想玩的……让宝宝猜一猜，里面藏的是什么玩具。这样可以让宝宝从瞬时记忆转向短时记忆和长时记忆，不但训练记忆力，对语言的理解能力也有促进作用。

巧装直尺

准备一个装玩具的塑料小桶和一把尺子（尺子的长度要大于小桶的口径），父母让宝宝向桶里装玩具，当装到尺子的时候，如果宝宝横着装，就装不进去，父母就教宝宝竖着装，反复几次，宝宝就记牢了。然后再用长度大于塑料桶口径的口琴让宝宝去装，如果宝宝装进去了，应该立刻表扬宝宝，如果装不进去，就继续教。这样，可以让宝宝开动脑筋，发展思维能力。

欢乐剧场

挑一个宝宝喜欢的故事，让宝宝表演，看宝宝能否把主要内容表达出来。当然，你要做提词人兼现场导演。你在记录他所完成的记忆量的同时，注意不要否定宝宝对剧情的创造，不能因为是记忆力训练，而扼杀宝宝的创造力和想象力。以此刺激记忆力和想象力，能养成宝宝自我表现的习惯。

多了什么

给宝宝一组同类物品的卡片，这些物品要在他认知的范围里，比如衣物、水果、家具等。卡片五六张、七八张不等，根据宝宝的能力而定。让宝宝说一说它们分别是什么，比如：衣服、裤子、裙子等。然后让宝宝背过身，你再混进一张同类卡片，看宝宝能否指出多了什么。用归类材料训练记忆，不但强化记忆能力，还能让宝宝形成归类的思维方式。

装水

父母和宝宝一人准备一套器材：一个空盆、一个可乐瓶和一个塑料杯。父母告诉宝宝：我们要将盆中的水装进瓶子里，看谁装得多。父母可以先示范一下动作：左手扶住瓶子，右手用杯子舀水往瓶子里装。父母要鼓励宝宝自己动手往瓶子里装水，两分钟后，比一比两个可乐瓶中的水哪个多哪个少。该项训练可以培养宝宝的专注力。

数学与逻辑能力提升

能从1数到5,意识到了物体在大小上是不同的,但是还不知道如何确切地将它们分级;能够把红色积木放进红碗里,蓝色积木放进蓝碗里,但是还不具备基本的分类能力。

走几步跳几步

练习“走三步跳两下”或“走两步跳一下”先从2和3之间变化,熟练后做4以内的变化。同时可以伴随音乐训练,如放4拍音乐时走三步跳一下,一来练习数脚步,二来练习合节拍。如果几个宝宝一起玩可以围成大圈,父母和宝宝一起一边数一边向右跳,到乐曲的一段结束的时候,大家一边数一边向左跳。

排数字

可把挂历上的数字单个剪下来,或使用数字卡,让宝宝一面按顺序慢慢背数,一面逐个把数字摆成一列。摆错了要取下错的,补上对的,反复摆。大人可计时计分,开始可能要十几分钟,后来慢慢变成几分钟。

学写数字

宝宝2岁的时候会写1和画个圈,能写出3个数字,即0、1、8。两岁半会画拐弯,先拐纯弯,如3和2,多练习后学会拐尖角,学会写7和4,也想写5,但写不像。宝宝写字常在画画时偶然出现,如写3常在宝宝画鸟儿飞的时候,大人发现了就告诉宝宝“写竖一点儿就成3了”。有时宝宝画画时画出个小尖角,大人要马上鼓励说“这不是7吗”,宝宝高兴就会多写几个,反复练习,慢慢地就学会了。

>> 妈咪小贴士

只有当宝宝明白了一个数字所代表的实际数量时，他才真正懂得了数字的意义。因此，培养宝宝将数字与物体配对的能力，让他知道"3"表示任何一个由3件东西组成的集合是十分重要的。尽管2岁左右的孩子在这个方面还处于起始阶段，但是他们的这种能力是不断增强的。适时适当地对宝宝进行引导，对促进宝宝数学智能的发展很关键。

生活与交往能力提升

听到音乐的时候能起舞。会完成提裤子的动作，不需要大人的帮助，会自己伸手套上一只袖子。会穿鞋，会扣纽扣。非常重视自己的东西，禁止做的事情知道不去做，有一定的控制能力。表现出自尊心、同情心和害羞，不顺心时发脾气。喜欢同1～2个好朋友玩，但容易发生冲突。

询问大小便

在早晨起床，中午和睡觉之前让宝宝养成上厕所的习惯，这样才能控制他晚上不尿床。比如早晨宝宝起床之后问宝宝："你要尿尿吗？"晚上睡觉之前问宝宝："要不我们先尿尿再睡觉吧？"即使宝宝不做出反应，也可以带他去卫生间转一转。

鼓励宝宝帮忙

这个年龄的小孩子已经有了一定的做事情的本领。他们的感情很丰富，对待父母比以前体贴和乖巧多了。宝宝特别想为大人做点儿事，但往往成事不足，败事有余。父母应该给他们提供一些机会好好表现。比如可以让宝宝自己穿脱衣服、上厕所、自己吃饭、收拾玩具等。此外，父母还可以主动提出要孩子帮忙做事。比如打扫卫生的时候，父母在拖地板的时候，可以建议宝宝拿一块小抹布擦擦自己的小凳子。时间长了，宝宝的做事质量也会提高。

学会穿鞋

脱的程序会了之后要学会比较复杂的穿的程序。刚开始由父母和宝宝一起努力将鞋穿好，久而久之让宝宝自己来！父母可以提起鞋子的前端，套在宝宝脚上，然后和宝宝一起扯鞋子的后端，让宝宝将脚丫子尽量往前伸，这样手把手地教会宝宝。如果有鞋带的还要教宝宝系鞋带，当然，这个车龄能学会系鞋带的宝宝不多哦！

与他人共处

宝宝想要独立，很想和别人分享玩具或其他东西，一起玩时经常充满敌意，总想把自己的意愿强加于人。现在就可以开始教宝宝社交的基本礼仪，如要尊重别人的所有权，和别的孩子有矛盾要用温和的方式解决，及时表扬他为此做出的努力。多玩一些要把东西给别人的游戏，从中学会与别人共享。

>> 妈咪小贴士

有些年轻妈妈认为只生一个，为了把宝宝打扮得美丽可爱，花多少钱都乐意，在挑选内衣时专挑名牌，还十分中意色彩鲜艳的衣服。需要引起注意的是，鲜艳的有色染料可能会刺激宝宝的皮肤，这一点请你事先考虑好，还是以淡雅为宜。

总之，内衣是宝宝降临世界后首先要穿的衣服，宝宝穿得合适舒服与否，就要看父母的选择了。

在游戏中开发智力

找出双胞胎

准备画有三角形、方形、圆形等各种形状的卡片，在纸上画一种图形。让孩子找出相同图形的卡片，告诉孩子，这游戏叫作“找双胞胎”。

目的：提升孩子的辨识能力。

和手偶一起唱歌

将手偶套到孩子手上，然后唱歌，最好是孩子熟悉的歌曲。一边唱歌，手偶也一边舞动。跟着音乐节拍晃动手，让唱歌变得更有趣。

目的：培养孩子的音乐细胞。

编故事

用图画书上的几个句子做基础来编故事，试着编出符合图画情节的有趣的故事。让孩子一边看着图画书，一边专注着听妈妈说故事。比起现成的故事，妈妈编的故事情节更加有趣、生动。让孩子边看图画书，边帮忙编故事，妈妈并说着："哦，是这样啊！"附和他的话，孩子就能尽情地展开想象的翅膀。

目的：提升孩子的想象能力。

贴上太阳、月亮、星星

将图画纸分成两半，分别贴画出白天与夜晚的情景。在色纸上画出"太阳、月亮、星星与跑着玩的小孩"后，剪下来。和孩子讨论在白天这一边应该贴上"太阳""月亮"，还是"星星"。如果孩子贴好"太阳"，再请他把"跑着玩的小孩"贴在适当的位置上。在夜晚这一边，先将底色、建筑物、道路涂黑之后，让孩子说说看应该贴上"太阳""月亮"，还是"星星"。让孩子在夜晚的天空中贴上黄色的月亮与星星。

目的：提升孩子的颜色辨识能力。

>> 亲子课堂

爸爸妈妈可以把家中没有用的东西，比如肥皂盒、饼干盒、汽水瓶盖等进行分类整理。只要孩子有兴趣，家长可以和孩子一起动手，进行废物利用。例如，利用糖果盒为孩子做面具，利用废旧纸盒做成小卡车。

用火柴做做看

用火柴排出简单的数字。在排数字 5 之后，再多拿两根火柴，要他排数字 8 看看，孩子虽然会先苦恼，不过应该还是可以排出来的。可以利用火柴排出汽车、火车或梯子等图形。

目的：提升孩子的数学思维。

风车咻咻转

利用各种材料做成纸风车。妈妈先吹吹看，也让孩子吹吹看。瞧！风车神奇地转动了。让孩子拿着风车迎风跑跑看，并观察风车转动的情形。

目的：提升孩子的观察能力。

呼——吹熄蜡烛

关灯后点起几根蜡烛，美丽的烛火将给予孩子视觉与感性的刺激。跟着"一、二、三！"的口令吹蜡烛，同时吹熄几根蜡烛。吹熄蜡烛后，房间里就会变暗，让孩子说说感谢蜡烛的话语。

目的：提升孩子的视觉能力。

纸桌球

把纸揉皱并弄圆，做得像球一样。用乒乓球拍来打纸球。要是没有乒乓球拍，就利用厚纸板折起来当成球拍。在地板上画一条线，将球放在地上之后，用乒乓球拍把球打过去。

目的：提升孩子的运动能力。

静电游戏

用塑胶垫板在孩子穿的衣服上摩擦，马上拿到碎纸片上面，纸片就会通通吸附到垫板上喽！将垫板摩擦之后，碰碰孩子的头发看看，头发会向上翘起喔！之后将两张垫板摩擦，这样两张垫板会彼此相吸不落下。这可是孩子出生以来第一次看到摩擦产生的静电现象喔！

目的：培养孩子的观察能力和对科学的兴趣。

秤的游戏

准备密度和重量不同的物品及秤。在称重量之前，先让孩子说说看，这个东西有多重。接下来，就直接测量重量，把东西放上去时，会看到秤的指针在跳舞喔！

目的：指导孩子看指针的方法。

>> 妈咪小贴士

培养小儿与小朋友在一起互不干扰地玩。学会轮流玩玩具，交换各自带来的玩具，或共同使用玩具。这时成人应教会小儿学习与人共同玩的有关语言和动作，如想要玩同伴玩具时可说：“请你给我玩玩好吗？”要与别人交换玩具时可说：“我们换着玩玩好吗？”同时主动将玩具递给同伴。

图画记忆

让孩子仔细地看一会儿图画书中的一页，合上书后，让孩子说明里面的内容。可以让孩子说画面中的颜色、角色的动作，还有背景喔！

目的：第一次，孩子也许无法将内容说得很好，但是时常练习的话，孩子的记忆力会增强，观察力也会变好。

包装礼物

给孩子看包装得很漂亮的礼盒，引起孩子的好奇。对孩子说："一起来包装礼物吧！"游戏开始喽！孩子剪好纸张后，妈妈协助孩子，让他能将包装纸覆盖在箱子上，并做折叠的动作。妈妈先在纸上留下折痕，也可以帮助孩子喔！让孩子用胶带将包装纸的开口处一一粘贴固定。让孩子将装糖的纸盒包好，送给好朋友当作礼物。

目的：培养孩子的社会交往能力。

对与错

父母可以根据情境叙述一些话题，让宝宝判断父母的叙述是否正确。如下雨了，父母可以说："天上下着大雨，一个小姑娘在露天地里玩了很久，当她回到家里，身上的衣服都是干的""下雨了，天气变得越来越热了""下雨了，池塘里的水变多了""雨后出现了七色的彩虹"等。

目的：训练宝宝语言准确，并让宝宝运用日常经验做出正确的判断，发展判断推理能力。

木偶戏

宝宝们喜欢演木偶剧。用一个木偶能教会宝宝包括方位词在内的许多事情，"把积木放在箱子里""把球放在椅子后面""把娃娃倒过来"等。对于妈妈来说，这是很乏味的事情，但对于宝宝来说，则是非常有趣的。

目的：训练宝宝听觉、语言。

分类匹配

将不同种类的图片放在一张张大卡片上，例如，哺乳类在一张纸上、鸟类在一张纸上、鱼类在一张纸上、爬行动物在一张纸上，让宝宝建立分类意识。也可以分为：工具、玩具、食品、动植物类等。

目的：训练宝宝智力、逻辑。

归类活动

给宝宝各式各样的贝壳，取出一个让他去找同类的一个。也可以换用纽扣、袜子、果仁、豆子来进行（宝宝只有抓住细节，明确其差别和相似之处，才能顺利完成）。

目的：训练宝宝智力、逻辑。

认识形状

可教宝宝认识几何图案：圆形、正方形、长方形、椭圆形、三角形、球形、立方体。无论他走到哪里，你都要帮他寻找这些形状。例如，桌面可能是圆的，也可能是方的；瓶盖、纽扣、水滴及胡萝卜圈都可能呈圆形。

目的：训练宝宝智力、逻辑、视觉。

穿衣服

首先父母把宝宝的上衣放在地板上，衣服领子部分朝着宝宝的脚，然后让宝宝蹲下去，两只手分别套进两只袖子里，最后父母帮助宝宝拾起衣服，让他翻过头顶，把手臂穿进袖子里。

目的：训练宝宝自立、精细动作。

积木

积木的用途很多，可以盖房子、砌墙，也可用来和小汽车、动物玩具、洋娃娃一起玩。积木除用来发展宝宝的想象力外，也可用于学习形状、大小，并比较大小和数目等。

目的：训练宝宝创新、创造力、精细动作。

第二章

31～36个月宝宝智能提升

这个时候的宝宝语言发展迅速，说和听的积极性都很高。适合这时候宝宝玩的玩具有：画架、颜料、较复杂的书，如立体书、小篮球圈、木凳、配对游戏、磁性字母和数字、图钉板、需要自己装配的玩具、简单的卡片游戏和大型拼图、厨房设备玩具。

宝宝的基本特征

宝宝的语言发展

这个阶段的小儿仍处于语言发展的关键期，他们语言发展迅速，说和听的积极性都很高。他们不但非常喜欢跟成人进行语言的交流，而且爱听成人讲故事、念儿歌和诗歌等，并能记住这些内容，甚至能背诵几首诗歌，简单地复述童话的主要情节。

>> 专家解疑

这阶段的孩子，语言对行动的调节作用有了明显发展。如当成人说“好”“对”时，小儿就认为这件事是可以做的而乐意去做，而当成人用“不好”“不对”作了否定的表示时，小儿就会认为这件事是不可以做的而停止自己正在做的事。这时，小儿不但能理解与他们直接感知的事物有关的语言内容，而且能理解他们所熟悉但不能被感知的事物的叙述性语言。

宝宝的动作发展

这个年龄的孩子有了一定的乐感，手指也比较灵活了。父母可利用一些乐器玩具，来初步培养孩子对音乐的兴趣，促进孩子听觉的分辨能力，锻炼孩子手指和手腕的灵活性，陶冶其情趣。

这个年龄的孩子可以开始学习游泳了。游泳是一种非常好的综合性锻炼活动，室外游泳既有“三浴”锻炼，又是一种全身性的体格锻炼运动。

2~3岁小儿开始学习一些基本概念，如大小、形状等，手较之前更加灵活了，此时可给小儿准备一些简单拼插积木、简单的图形镶嵌软塑、有各种形状孔洞的益智盒、可穿脱衣服与鞋子的娃娃、交通与水利系列玩具等。这些玩具可帮助小儿学习识别颜色、形状等概念，扩大知识范围。还可给小儿准备小三轮车，锻炼小儿的协调动作能力。

宝宝的社会交往

2~3岁是幼儿性别理解能力发展的时期，父母要及时对幼儿进行性别教育，使幼儿对自己的性别形成正确的认识。如果一个人在小时候对自己的性别认识混乱，将有碍其心理的社会性发展，特别是会影响性心理的正常发展，而且这种不正确的性别认同一旦形成，往往很难改变。因此，父母要重视幼儿的性别教育，使幼儿从小树立正确的性别意识。

宝宝的个性发展

性格的形成与完善是一个长期的过程，它贯穿于人的一生，但在2~3岁前，生活环境和教育方式会给性格涂上一层底色，这层最初的色彩甚至影响一个人今后一生的性格色调。所以对小儿良好性格的培养是不容忽视的。

宝宝的认字训练

阅读中识字能使幼儿感受到阅读识字的快乐，获得了“我也能认字了”的自豪感、成功感；阅读中识字还能提高幼儿的口语表达能力。

>> 妈咪小贴士

阅读能启迪智慧，增长知识。好的图书内容，再配上生动有趣的图片，对2~3岁孩子良好品德个性的形成有着重要的作用。从阅读中，可以发现孩子的善恶感、同情心等高级情感的萌芽。从小培养孩子的阅读兴趣和良好的阅读习惯，对孩子入学后的学习是大有好处的。

宝宝的艺术发展

教孩子学绘画，其目的是发展孩子对绘画的兴趣，引导孩子欣赏“美”，利用画的美来促进孩子人格健康及和谐地发展。2~3岁孩子正处于由涂鸦期到象征期的过渡。孩子喜欢画他们所看到或想到的东西，他们的想法、画法是天真、直率的。家长不应该以成人的眼光来欣赏儿童绘画，而应了解儿童绘画的特点。

孩子的音乐潜能的调练是一个长期的坚持过程，必须靠家庭创造的一种艺术氛围的熏陶和潜移默化的影响。家长可让孩子在音乐伴奏下做动作，可以培养其节奏感和动作的协调性，使听觉更敏锐，身体更健康。

综合能力提升

运动能力提升

跳跃

跳跃是孩子成长过程中必不可少的一个重要环节。孩子开始走路了，但是妈妈们会慢慢发现，他们已经不能满足原来的慢慢走路，而是逐渐加快脚步，并且伴随着身体平衡能力的日趋成熟后，开始跳跃了。跳跃对孩子的好处很多，但是当孩子跳跃时，一定要让他有一个正确的姿势。首先，两脚稍稍分开，呈半蹲状，小屁股微翘，攥紧小拳头，然后开始起跳（注意：孩子的小脚一定要分开，并且要半蹲，小屁股的姿势一定要做得标准。否则跳跃时，容易扭伤腿）。

>> 专家解疑

家长们可别小看了跳跃的功劳！在日常生活中会发现跳跃动作的熟练有助于孩子很多方面的发展。比如，他的性格会变得更活泼，喜欢表现自己，不怕生，并且在学习舞蹈等身体语言时，他会学得很快、很协调。

1. 跳高

将10厘米高的小纸盒放在地上，让孩子跑到近前双足跳过去。反复练习，但家长要注意保护他。

2. 跳格子

在单足站稳的基础上，训练单足跳，也可以教小孩从一个地板块跳到相邻的地板块，熟练后玩跳格子游戏。

玩球

随着孩子的长大，妈妈可以和孩子一起玩球了。玩球的游戏可以锻炼孩子身体的协调性，让孩子更加灵活。

1. 反弹接球

妈妈、孩子面对面拿球站好。妈妈说："宝贝，看妈妈拍、接球了。"妈妈将球拍下，待球反弹时，双手接住。妈妈说："宝贝，来一个。"孩子学着妈妈的样子，拍球，接住。

锻炼效果：能锻炼孩子手眼协调性，能促进孩子空间知觉的发展，增强孩子的感受力。

2. 抛接球

妈妈、孩子相对站好，两人之间保持90~100厘米的距离，妈妈手拿球，孩子双手伸出，准备接球。妈妈将球抛给孩子，说："宝贝，接球。"孩子接住球，再抛给妈妈，妈妈接住球。开始时，妈妈和孩子应当站得近一点儿，随着孩子的长大，可以逐渐拉大孩子和妈妈之间的距离。

锻炼效果：能锻炼孩子手眼协调性，促进孩子空间知觉的发展。

跳远

带小孩去儿童游乐园，示范双足立定跳远，鼓励他学跳，与小朋友一同练习，边跳边说："看谁跳得远？"跳远时要求孩子自己测量。跳远可以让孩子了解长度的概念，同时更可以促进锻炼孩子的大运动协调能力。

玩跷跷板

扶宝宝从跷跷板的这一边走到那一边，或坐在跷跷板的一头，大人压另一头。训练平衡能力及控制能力。

语言能力提升

2岁零7个月至3岁宝宝会说自己的姓名，会说较完整的句子即句子中有主谓语及宾语和补语，会用一些形容词，能说出自己的性别，懂得你我他并会正确应用。

说出自己和别人的姓名

姓名作为一个人的代号使之相互区别开，宝宝在认识了很多人以后也要学会用姓名来加以区分。首先，宝宝已经知道了自我，那么就要学会用自己的代号来表示，即学会说出自己的姓和名，而不是小名。继而教宝宝学会说出周围一些熟悉的人的姓名，以后他会逐渐地懂得用姓名来称呼同伴。

懂得"你""我""他"

宝宝在用代词的时候首先懂得了"我"，知道"我"代表自己以后就要教宝宝区别“我”“你”，并能正确地使用。主要是在和宝宝讲话时多用一些“你”“我”的代词，使宝宝明白这些代词的意义，比如说“这是你的玩具”“这是我的衣服”等，以后让宝宝自己来正确地转换使用。此时也可以教宝宝用第三人称“他”，但宝宝不一定用得很准确，要经常跟宝宝说，使宝宝逐渐懂得“他”的使用。

>> 妈咪小贴士

宝宝的词句丰富了，表达需要更为清楚。这个时候就需要教宝宝说一些较复杂的句子，比如“今天早上我爸爸上班去了”“我爷爷下午才回来”等。这就需要父母和宝宝进行更多的交谈，给宝宝更多的表达机会，使宝宝的语言发展更为迅速。

说出性别

性别是人的重要类别标志。为了让宝宝较早明确自己的性别角色，就要教宝宝识别性别。可以教宝宝先从自己和家人来识别，能够正确地说出是男还是女，这样就可以建立同性的概念，以后会有意识地观察同性的各种外形和行为特征。区分性别，这对以后的社会行为有益。

猜谜语

身体瘦又长，有绿又有黄，浑身都是刺，吃来脆又香。（黄瓜）
天热爬树梢，大喊又大叫，啥事都不懂，偏说知了知了。（蝉）
圆又圆，轻又轻，节日飘在半空中。（气球）
一把刀，水里漂，有眼睛，没眉毛。（鱼）
脸皮厚，肚里空，打它三棍子连叫痛痛痛。（鼓）
头上大火烧，身上泪水浇，越烧个越小，最后全没了。（蜡烛）
小小一床被，只盖鼻和嘴，防病讲卫生，人人要准备。（口罩）
一座桥，地上架，爬着上，滑着下。（滑梯）
兄弟七八个，围着柱子坐，大家一分手，衣服就撕破。（蒜头）
一只小白鸟，会飞不会叫，打它来回飞，不打往下掉。（羽毛球）
马儿不吃草，全是骨头造，骑它它就跑，不骑它站着。（自行车）
小宝宝圆头脑，拍一拍，跳一跳。（皮球）
小小玻璃房，外面起围墙，屋里热烫烫，墙外冰冰凉。（热水瓶）
方方一块糕，洗澡吹泡泡，越洗越变小，洗完不见了。（肥皂）
头戴红帽子，身穿白袍子，走路摆架子，说话伸脖子。（鹅）

生来矮又小，脾气特别暴，见火它就响，大伙拍手笑。（鞭炮）

白天睡，夜里行，尾巴上面挂星星。（萤火虫）

像鸟不是鸟，比鸟飞得高，飞起轰隆隆，不飞静悄悄。（飞机）

生来白头，爱抹黑油，闲时戴帽，忙时光头。（毛笔）

身小力不小，团结又勤劳，有时搬粮食，有时挖地道。（蚂蚁）

一个小姑娘，长在水中央，身着粉红裙，坐在绿船上。（莲花）

眼睛似珠宝，身穿红花袄，住在水晶宫，自在又逍遥。（金鱼）

小铁狗，把路走，走一步，咬一口。（剪刀）

记忆与思维能力提升

这个时期是宝宝构思能力产生与发展的关键期，宝宝开始学习构思自己的行动内容，并通过双手实现出来。这个时期是一个人再造想象能力和创造性思维开始发生发展的时期，是一个人正式开始认识到自己的意识，并尝试实现自己目标的第一步。

用绳画画

父母任意拿起一根绳子，蘸上颜料然后拉直，在纸上印出一条彩色的线。同样的方法用粗绳细线蘸上不同颜色印出各种彩色的线条，也可以一手固定一端，移动另一端，画出一个彩色的圈，可以用彩绳画出各种几何图形。该练习可以发展宝宝的想象力。

故事箱

将人物、动物等图片都放入纸箱中，妈妈抽一张图片，看图编一句话。宝宝再抽一张图片，接着妈妈的句意，继续编故事，直到将所有的图片抽完。可以再将所有图片放回纸箱，打乱次序，重新抽图片，再编故事。如果宝宝想不出连续的词，妈妈可以提示。

>> 专家解疑

在培养宝宝的操作能力的同时，还要培养宝宝用自己的双手去创造的能力，对于宝宝的创造性行为，父母一定要给予鼓励，并帮助宝宝丰富想象力。

比较不同

挑选宝宝自己的牙膏、牙刷、毛巾。把宝宝的用具和爸爸妈妈的放在一起，每次洗漱时，让宝宝自己拿取用具。换用毛巾、牙刷、牙膏时，挑选与原物不同色彩、形状或不同形象的物品，向宝宝展示一下新用具，让他比较与旧用具有什么不同。

如果宝宝一时说不出，可拿出旧用具让宝宝比较。在以后洗漱时，看宝宝能否正确取出自己的新用具，并让他回忆新旧用具的不同之处。宝宝对有“自主权”的东西有强烈的占有意识，利用宝宝的这种独立意识进行训练，宝宝会自觉地加强记忆。

命名仪式

把宝宝喜欢的玩具排成一队，举办庄严的命名仪式，让宝宝为它们起名。可以从三个玩具开始，逐渐增加玩具。一段时间后，你跟宝宝商量，由你给它们命名，然后让宝宝复述。在宝宝眼睛里，玩具都是伙伴，拟人化地命名，他认为理所当然，因为宝宝有名字，伙伴怎能没名字？而且由他命名，他当然更为兴奋。哪怕他取的名字听上去含糊不清、不知所云、变化多端也没关系。

交朋友

让宝宝在小区里交些小朋友，在交往后，问宝宝一些问题：小朋友叫什么名字？带着什么玩具？带他（她）的是爷爷还是奶奶（外公还是外婆、爸爸还是妈妈……）？你们一起玩了什么？等等。当然，还应该正面引导交际的问题。比如，提起一个宝宝和小朋友玩得很愉快的游戏，问：你和小朋友玩得开心吗？你准备下次跟小朋友玩些什么？等等。

这个游戏还可以训练宝宝的交往意识和交际能力。

>> 妈咪小贴士

要对孩子进行积极的情感暗示，父母可用鼓励的目光进行情感暗示。

要转移孩子的注意方向，使孩子用另一种情感冲淡或代替嫉妒心。如讲讲故事，带孩子出去走一走等。

做作业

要让宝宝养成主动记忆的习惯，就要给他布置记忆的“作业”，也就是事先告知。比如,带宝宝出去散步前,在家的爷爷、奶奶或其他人表示羡慕,要求宝宝回家告诉他们看到了什么;要求必须具体、单一、指示清晰——看看大树下有没有花儿、花园里小桌子装好了没有,等等。"作业"由一项向几项发展,记忆对象由一个地点逐渐扩展到多个地点。给宝宝提出各种记忆任务,会激发宝宝的独立感与自豪感,对培养宝宝的记忆习惯有强化作用。

讲故事

给宝宝讲一个简单的图画故事,事先提出要求:等会儿你讲给妈妈听。结合图画,你重复一些重点的语言、动作描述,重复的时候可以让宝宝跟着复述。然后让宝宝看图给你讲故事,在他有困难的地方适当提醒一下。如果他讲的与图书不一致不要去纠正,要肯定他的合理创造;如果不合理而导致故事无法继续,适当帮他"拐个弯"接续。如果能帮宝宝录音,再以赞赏的态度放给他和亲朋听会让宝宝很有成就感,从而对这个游戏乐此不疲。

数学与逻辑能力提升

能从1数到10,并能根据给出的物体来数数。对序数词有了一定的认识,开始尝试按照数量的多少或者大小进行排序,但有时候会排错。开始懂得初步分类,如知道猫是动物,桌子是家具。

穿珠数数

可要求宝宝按数穿珠子,如穿一个白色的,再穿两个蓝色的,间隔着穿,或穿一个白色的,一个蓝色的再穿两个黄色的等。

数手指

让宝宝伸出10个手指头放在桌子上,大人一边点数一边说儿歌:"宝宝小手伸得直,1、2、3、4、5、6、7、8、9、10。"数唱几遍后,大人把手指放在桌子上让宝宝效仿大人那样边点数边说儿歌。

数实物

为了让宝宝了解数词是怎样与物体数量联系的，可以让宝宝进行数实物练习。先让宝宝复述顺口溜1、2、3、4、5、6、7、8、9、10，然后大人伸出一个手指头告诉宝宝这就是1，再拿出一块糖，教儿歌"一匹马一人骑，一只兔子一只鸡，一个宝宝学数数，一只小猫叫咪咪"。接着向下延伸，学习2和3。大人拿出两个苹果，让宝宝拿出他手中同样数的梨，看是否能够拿对，还可以教宝宝关于2的儿歌。"宝宝两岁是二年，两块西瓜甜又甜，两辆汽车跑得快，两只小狗汪汪叫"。宝宝在形成"数量"这一概念的过程时间要长一些，大人不能操之过急。

玩跳棋

父母把一副跳棋打乱，让宝宝按颜色的不同分出来。开始父母可以和宝宝一起比赛，看谁选得多、选得快。把红的、绿的、黄的、蓝的、白的、黑的分别挑选出来，放在一起，该项训练可以增强宝宝辨别和分类的本领。分类属于归纳，是逻辑思维的重要内容。

系扣子

在给宝宝穿上衣服后就要教宝宝学习系扣子，开始先学习按扣，使宝宝知道两个互相对正即可以扣在一起，以后教宝宝系有扣眼的扣子。父母一定不要怕麻烦，要给宝宝学习这一本领的机会。

懂得按顺序做事

宝宝逐渐长大了，接触面也增大了，各种活动的机会也多了，这个时候要教给宝宝一定的社会知识，按顺序做事就是其中的一种。例如，在家里玩耍的时候，要教宝宝"我先做什么，你再做什么"，或者在玩有序游戏时，告诉宝宝谁在前边玩，谁在后边玩等，使宝宝初步地建立起先后的顺序概念，懂得做事情要有顺序。

生活与交往能力提升

多用语言交往

在和成人见面或者和别的小朋友一起玩的时候，要教宝宝多用语言交往。比如“你好、您早”，走的时候要学会说“再见”等。这既是锻炼语言能力的机会，也是锻炼与人交际的方法。

注重小节

这是生活小事，但是体现一个人卫生习惯的确要从现在开始建立。比如，轻拿轻放，吃饭不要弄出太大的声响，走路的时候不要东张西望，不要歪歪斜斜地走等。

培养宝宝的爱心

宝宝变得更独立了，但也更能容纳别人了，当别人痛苦时，他有同情心，能和别的宝宝及大人建立起友谊。这时候大人要尽可能地赞赏他对别人不自私、大方、有爱心的表现，鼓励宝宝和多个小朋友做朋友，继续强化与人分享的行为，由此引发他慷慨的品质。

这种“善良教育”是从爱护动物、同情弱者、宽容待人、唾弃暴力等方面着手的。爱护小动物，这是国外许多幼童善良教育的第一课；宽容待人、严于律己，被普遍认为是一个人善良品质的重要方面；对影视中出现的暴力镜头，大人要引导宝宝持唾弃的批判态度，引导宝宝树立与别人和平共处的心态。

对于我国当前竞争激烈的现实而言，培养一个智商高超、聪明过人的宝宝并非难事，但是培养一个善良、有品德的宝宝却并不容易。所以，对宝宝进行“德智兼备”的培养才是最成功的教育。

锻炼忍耐的性格

2 岁的宝宝往往脾气急躁，尤其是想要的东西不能马上得到时就会发火。要让宝宝学会等待。例如，妈妈正在做饭，但是宝宝早已饥肠辘辘，这时千万不要给他吃点心，否则吃饭时就没有胃口了。应当请他来当“助手”，看看桌子摆好没有，帮助清洗盛菜的盘子等。他一面忙碌着，一面耐心地等待，直到开饭时自然胃口很好，也能自己将饭菜吃完。有时，宝宝看见别的小朋友手里有个好玩具，很想玩一下，但人家又不放手，这时妈妈应当想办法转移宝宝的注意力，让宝宝去注意另外好玩的东西。

>> 亲子课堂

如果宝宝仍然想念那件玩具，要让他学习等待，告诉他要遇到机会才能买得到相似的玩具。在儿童游戏乐园中如上滑梯、坐碰碰车、坐飞机等都要经过排队才可以玩，要教导孩子耐心等待，才可以享受玩的快乐。等待在生活中是免不了的，要从 2 岁能听懂解释的时候起，就找机会让孩子学习忍耐，这是性格培养中必不可少的一步。

购物小助手

带宝宝去超级市场及自由市场时，不要让他被动地坐在小推车里，要牵着他让他当助手。例如，去超级市场，在取包装好的商品时，可以抱着他去取，告诉他商品的名称和用途。当他对买到的东西感兴趣时，不妨逐一介绍，使他认识更多的东西。出门结账时，让他看看计算器如何显示，如果他认识数字，不妨让他念出来以提高他认数字的兴趣，让他看着付钱和找钱。在自由市场购物时，可以让他提出建议，如选择他喜欢的菜，或介绍他不认识的菜一二种，购买些回家尝尝。让他听到卖菜人的介绍，怎样讨价还价，怎样用秤来称量菜的多少。宝宝对于这些都很感兴趣，回到家来常常将所见所闻在游戏中重演。父母这么做，目的是让宝宝认识各种商品和购物的程序。

爱劳动

家长要让孩子在学习劳动中掌握一些劳动技能，养成爱劳动的好习惯。这有利于孩子独立能力的培养，还可以使孩子更灵巧、更聪明。将要满 3 岁的孩子对周围的事物已经认识了不少，他的两只手已经很灵活，所以家长可以让他参加适当的家务劳动。

最初的家务劳动是自我服务，比如自己吃饭、穿衣、洗手等。慢慢过渡到为家人服务，如给洗衣服的妈妈拿肥皂，给干活累了的爷爷扇扇子，给生病的奶奶擦擦汗,给下班的爸爸拿拖鞋……这个年龄的幼儿对很多事情都感兴趣,喜欢帮助家人扫地、擦桌子、洗菜。但是刚开始时很多事情做不好,家长一定要耐心教,不要嫌麻烦而不让他做,使他失去做家务劳动的兴趣,也就谈不上养成爱劳动的好习惯了。

培养孩子的劳动习惯要抓住他的特点,使他在游戏中增加劳动的兴趣。比如玩具玩后要让他收好,家长可以说“天晚都该回家了,玩具们也要回家休息了”,和他一起把玩具放回原来的位置;孩子喜欢玩水和肥皂,可以教他洗手绢,洗净后晾在孩子够得到的地方,晾干后让他自己收好;出门购物时让他看看计算器如何显示数字,可以引起他学习数学的兴趣;回家的路上可以让他拿着小件不怕摔的东西,培养帮助家人做事的好习惯。鼓励孩子参加家务劳动时,切忌把劳动当成惩罚的手段,也不要用糖或钱去刺激,否则时间一长,你会把他爱劳动的好习惯变成好索取的坏毛病。

感知和用语言表达快乐与悲伤等情绪

让孩子指出图中谁最快乐,谁在哭;为什么笑,为什么哭;谁在生气,谁在发火,为什么?孩子最容易理解故事中人物的情感,让他用词语说出这些感受。在看动画片时,父母要为孩子讲解人物及他们的表情。父母下班回家也要问孩子“你今天过得好吗?”“什么让你觉得快乐?”“什么让你或别人生气?”等等。让孩子讲述自己的感受。

做事有条理

让孩子在睡觉前,将脱下的衣服叠好,按照先外衣后内衣、先裤子后上衣的顺序摆放在椅子上,起床时按摆放的顺序重新穿好。在家长收拾屋子时,学习如何按顺序收放物品,然后以同样的顺序安放好自己的东西,决不乱扔乱放,培养做事的条理性。

在游戏中开发智力

分解、组合玩具

将容易分解的玩具从外层一个一个地把它拆开来，将拆开来的零件散放在地上。如果是汽车的外层，就教孩子认识车轮、窗子、门等各个部分的名称。在孩子面前重新组合玩具，简单的部分可让孩子直接做做看。

目的：提升孩子的认识能力和动手操作能力。

>> 亲子课堂

正确对待孩子的淘气行为。孩子对待周围新鲜事物充满好奇，而好动的个性使他们常常做出一些不合常规的行为，成人常将其视为“捣蛋”。其实孩子的好奇心往往萌发在不太招人喜爱的恶作剧中，成人应善于发现他们的“错误”中的创造成分，不失时机地对孩子进行引导和教育。

识蔬菜专家

做饭时，和宝宝一起认识今天所吃的各种蔬菜，告诉宝宝它们的名称以及颜色、形状等。然后拿起一种给宝宝介绍过的蔬菜问他：“这种蔬菜叫什么名字？它是什么颜色的？一共有几棵？是什么形状的？”在吃饭的时候让宝宝说一说：这几道菜中都有什么蔬菜。

目的：提升孩子的认识能力和语言组织能力。

认识味道

准备各种切好的水果。妈妈遮上眼睛之后，让孩子把水果放进妈妈的嘴里，猜猜看自己吃的是哪一种水果。换孩子遮上眼睛，让他吃食物或水果，然后让他说说看是什么味道和食物名称。解下遮布，让孩子睁开眼睛看看对不对。

目的：分辨气味。

影子游戏

让孩子站在靠近墙壁的地方。关掉电灯，并在稍微有一点距离的地方开一盏小灯。孩子移动身体时，就会看到跟着自己移动的影子。妈妈一边移动着手一边做出影子，让孩子跟着做做看。让孩子自由做出各种形状的影子看看。

目的：提升孩子的运动能力与认识能力。

玩黏土

妈妈和孩子一起用黏土捏出一套餐具;捏出汤匙、筷子和碗;捏个碟子造型,然后捏个苹果放在碟子上面。捏一张桌子,然后把捏好的碗盘都放在上面。和妈妈一起用捏好的餐具来玩"过家家"的游戏。

目的:增进父母与宝宝的感情。

钓鱼

准备10个空的易拉罐,外面贴上1~10的数字,当作鱼。用一根线,一端系上一根铁钉(线系在铁钉中间),当作钓竿。让宝宝提着线的一头,将带有铁钉的一头下垂并放进易拉罐的小口中,然后提起,钓鱼成功。看一看宝宝钓上的是几号鱼。也可用别的物品设计成鱼和钓具。

目的:提升孩子的数学能力。

学青蛙跳跳

户外游戏时,在地上用粉笔画几个圆圈。你和宝宝一起扮成小青蛙,双脚着地,蹲下后再向上和向前跳,从一个圆圈跳到另一个圆圈里。学会双脚跳后,和宝宝玩追逐跳,你在前面跳,让宝宝在后面追着你跳。

目的:寓教于乐,并学会与孩子的相处方式。

丢飞盘

在公园的草地上玩"丢飞盘或回旋棒"的游戏。让孩子追着飞盘跑。如果变换飞盘的方向,孩子也会跟着飞盘跑去。让孩子也丢飞盘看看。对孩子来说,丢飞盘并不是那么容易,可先做示范,再慢慢地教他要领。

目的:提升孩子的动手能力和运动能力。

说名词

大人要求孩子每当听到大人所说的东西时,如果是食物应拍一下手。反过来,要求孩子说出10种以上的东西,其中有能吃的东西,大人也拍一下手。如布娃娃、小汽车、苹果、筷子、小勺、巧克力、鞋子、帽子、牛奶、豆腐、手套、笔、书、桃子……

目的：培养语言能力。

消失的手指头呢

妈妈将双手合拢，藏一根手指在合拢的双手里。"一、二、三"，让孩子数数看有几根手指头，问孩子："哪根手指头不见了啊？"教孩子认识大拇指、食指、中指、无名指、小指。孩子会疑惑地上下打量妈妈的手。妈妈把手翻过来，摇一摇手指并教孩子说出答案。

目的：提升孩子的认识能力。

小染画

在塑料盆里扔入水彩，可先用黄色水彩试试看。搅拌一下，让水彩在水里溶解。将图画纸的一半浸入水中后，观察水在纸上的扩散速度。用报纸或包装纸，也可以用棉花或布试试看。

目的：提升孩子的观察能力。

认识表情

大人在纸上画 4 个圈，假设为 5 个人的脸。大人再画上耳朵，然后，大人先画一个哭的，让孩子学学哭的样子。依此类推，画一个乐的、一个惊讶的、一个发怒的，都让孩子学一学。最后，让孩子照以上顺序再画几次，自己画一个表演一回。

大人也可表演，让孩子感受到人的五官各种表情的样子。

目的：提升孩子的理解能力和观察能力。

跳格子

在室内或室外，画一个"田"字格，每格长宽均为 30 厘米左右。家长教孩子由下的方格单脚跳到其他方格，跳完为止。待单脚跳跃较熟练后，还可以把沙袋放入格内，边跳边踢。

目的：提升孩子的运动能力。

独角戏

让孩子将手偶戴在手上。手偶可以用干净

>> 亲子课堂

宝宝到了 3 岁时兴趣表现和个性倾向已经明朗，因为它们还不稳定，一切仍处在不断地发展变化中，家长应尽力培养、发展宝宝良好的个性倾向。有些宝宝畏缩躲避、爱哭、不敢与人接触，家长就应逐渐培养他与小朋友们一起玩，让他在群体中相互学习和锻炼，而不能过分保护。

的袜子制作，并贴上眼睛、鼻子、嘴巴，或是直接画上去。让孩子帮娃娃说出内心话，说话的时候可配合手部的动作。让孩子试试独自领导整段对话，妈妈可在一旁帮助孩子的对话顺利进行。妈妈有时也可代替娃娃回答，以使对话能继续进行。

目的：提升孩子的语言能力。

漂亮的纸花

妈妈在彩色卡纸上画出不同大小、不同形状的图案，让宝宝把它们剪下来。把大小、颜色不同的图形分别粘在一起，做成纸花朵。用胶带把吸管固定在花朵的背面、翻过来，一朵漂亮的纸花就完成了。

也可以把彩纸剪成圆形，再通过两次对折找到圆心，沿一条折痕把圆剪开，剪到圆心后，把两边粘起来呈漏斗形，再将长短合适的吸管粘在下面，做成小雨伞。

目的：提升孩子的动手能力。

逛商场

带孩子到商场或公园去，让孩子说说他所看到的都是什么（最好按到达的先后顺序说）。大人要引导向更广泛的内容联系。如问孩子，商场里有什么，咱们家里有哪些等。如能有逛商场的机会，事先就告诉孩子，好好看看家里的东西，到商场里找一找。

目的：提升孩子的认识能力。

第七篇

3～4岁宝宝智能提升百科

第一章

3岁零1个月~3岁零6个月宝宝的智能提升

为了能够独立行走，这时期宝宝的运动神经会有显著的进展，一旦开始跑，妈妈要费很大的力气才能追得上。所以，这个时期父母一定要注意孩子的安全。有时宝宝会在快跑中突然停下脚步，转向另一个方向，这种技巧连大人都自叹不如。不仅如此，他还会单脚站立、脚尖站立等“功夫”。

宝宝的基本特征

这个阶段的宝宝

3岁以后的宝宝，身上的脂肪逐渐被肌肉所代替，虽然不是很胖，但显得有力多了。宝宝原来之所以胖，是因为皮下堆积着厚厚的脂肪，而现在，很多的脂肪在转化成能量的过程中被消耗掉了，宝宝自然就会瘦了。

>> 妈咪小贴士

你可能会发现，宝宝的生长速度逐渐慢了下来，但是如果他的身高在6个月内根本没有增加，或者如果体重增加大大超过了身高的增加，可能就是太胖了，最好向儿科医生咨询。

动作发展

以前，他爬楼梯时都是双脚站稳后再继续前进，现在可以单脚交互上下楼梯。不但如此，他的游戏方式也活泼得叫人担心，像荡秋千、骑脚踏车等都难不倒他。

宝宝3岁时不但全身运动神经变得很发达，指头也能灵巧地颤动，可以用剪刀

剪碎纸张、用铅笔画出圆形或四边形，灵巧的宝宝还可以画出简单的人物画。

宝宝的性格发展

宝宝的小脸就像春天的天气那样多变，说哭就哭，说笑就笑，情绪容易波动，极不稳定。这是因为宝宝的内抑制发展差，控制力弱，语言的调节功能不完善。因此当外界事物和情境刺激儿童时，情绪就出现爆发性，常从一端迅速发展到情绪的另一端。

宝宝独立能力发展

3 岁的孩子肌肉控制和集中注意力技能正在发育，这是掌握许多精细手指运动的基础。他可以独立或合并运动自己的每一根手指，这意味着他从以前用拳头抓蜡笔的方式发育成与成人更加相似的方法——拇指在一侧，其他手指在另一侧。现在他能够画方形、圆形或自由涂鸦。晚上睡觉时宝宝更乐意自己脱衣服，父母可以充分利用机会，锻炼他穿脱衣服的能力。现在宝宝已经会摆弄一些大纽扣、按扣和拉链，还可以穿鞋和脱袜子。宝宝还能用建筑积木搭起一座高塔或桥。

>> 亲子课堂

3 岁的宝宝贪婪地拓展自己的世界，他会爬到高的地方，试图考验自己的力量，也会试着与年龄大一点的宝宝玩，寻求新的经验。只要没有危险，爸爸妈妈应尽量满足他的好奇心。

宝宝语言能力发展

在 3 岁时，孩子的词汇量应该超过 300 个，能够以 5 ~6 个单词的句子交谈，并可以模仿成人发出的大部分声音。有时孩子会不停地唠叨，这对于孩子学习新词并利用这些词汇思考是必要的。孩子可使用语言表达自己的情感，你可能会看到孩子使用语言来帮助自己理解并参与发生在他周围的事情。如他随心所欲地问“这是什么？”

宝宝开始注意到大人跟不同的人谈话，说不同的事情时会用不同的语调，脸上也会有不同的表情。宝宝开始模仿大人的这一点,3岁多的宝宝会模仿大人说话时候的手势、声音、表情。

宝宝的大部分语言基本上都能够听得懂。宝宝的词汇量急剧增加,语法也进步了不少,他的表达越来越准确,甚至能说一些包含3个词,甚至更多词的长句子了。

宝宝交际能力发展

3岁的孩子能够和其他人玩一些协作游戏了,但时间通常不会太长。最好把孩子们一起玩的时间控制在1小时以内。很多3岁大的孩子在旁边有别的小朋友时,仍然会一个人玩,或者和他们玩一小会儿,然后继续玩自己的。明年你的孩子和其他小朋友一起玩的时间,可能就会多起来。有些内向的孩子,经过几次和其他小朋友一起玩的经历,才会觉得自在。即使过去不喜欢与别人打招呼的宝宝,到了这个年龄段也知道开始懂礼貌了,见到老师、邻居时,会大声地叫"老师好、奶奶好"。但是,也会有些宝宝依然不喜欢打招呼,没关系,不要勉强,等再长大些,宝宝自然就会开口了。

>> 亲子课堂

这个时期的宝宝想要参与家事,极力地想要表现自己是家中重要的一份子,家长可以将轻松的家事给宝宝做,趁此夸奖他做得好,以建立他的信心。而此时期的宝宝特别难缠,因为他的大脑已经慢慢有了自主性,懂得如何表达"要或不要",对于和大人间的互动有了更明确的模式,正式地进入了所谓"小大人"的阶段。

综合能力提升

运动能力提升

3岁零1个月至3岁零6个月的宝宝视力发展已经很强,现在他能迅速地判断事物的位置,并尽快地达到目标。宝宝这时走路姿势正确、动作协调,到3岁半时能听口令或者跟着节拍走圆形或变换队形。随着宝宝空间感的提高,他能成功地把水、沙和米从一个杯中倒入另一个杯中,而且很少洒出来。

宝宝的动作已经非常灵活,平衡能力也增强,跑步姿势正确,跑步时前脚掌着地,半分钟跑40~50米。双脚向前能连续跳5~7米,原地跳30~40次,能从25~40厘米高处跳下,能原地跳过25~30厘米宽。如果奔跑的速度太快,在突然拐弯或突然立定时还是容易摔倒。宝宝开始喜欢缠着家人做游戏,尤其对玩球的兴趣浓厚。宝宝现在已经会拍球、抓球和滚球了，但是由于手臂和手指之间的协调性还不强，当你抛球给他时，宝宝只会把手和胳膊直直地伸过来接球，往往会把球反弹在地。宝宝还能用建筑积木搭起一座高塔或桥，随意涂写时已经能画出清晰的线条和图形。

交替单足跳跃

单足跳跃主要是学习保持身体平衡，体重落在单足的前方4～5平方米的面积上，不平衡就会摔倒。单足跳跃省力轻盈，是跳跃障碍和许多球类运动的基础。先让宝宝复习单足站稳，然后练习单足跳跃，一只手扶物保持身体的平衡，待宝宝熟练之后渐渐离开所扶之物而单足跳跃。单足跳跃时等身体稳定后再更换另一只脚跳跃。

跳格子

跳跃是培养宝宝身体的弹跳能力，开始学习时先学习双脚同时离地跳远，技巧进步以后再要求跳高。学会弹跳便于越过障碍，如越过水沟，跳过烂泥等。在双脚离地的基础上再学习向高处跳。在格子地面，双脚站在格子外面，身体用力跳跃，看能不能跳过格子，双脚落在格子之外。如果暂时不能达到，可以多练习几次。经过练习后向前跳跃时，身体与双脚的动作同步，跳的距离就能加大。双脚落地时身体要向前才能站稳，如果身体靠后就会坐在地上而不能跳远了。

踢毽子

踢毽子可以锻炼体力，增强宝宝身体的灵活性，并训练宝宝眼腿协调能力。父母可以做一个颜色鲜艳的毽子，用一根绳子拴在毽子的底端，让宝宝先用左手攥绳右脚踢，踢一个让宝宝数一个，然后再换换手脚，右手拿绳左脚踢，让宝宝学会左右脚都会踢。

宝宝手指灵巧训练

孩子两岁后，妈妈应和宝宝一起搞些小制作，这对促进孩子手指灵巧、智力发育大有益处。

1. 折纸

拿一张稍厚的纸，妈妈先折成小船、小狗、纸鹤、衣服等，然后让宝宝涂上颜色。宝宝在学折纸时，刚开始动作笨拙，妈妈不必着急。当孩子对折纸，两边不对称时，妈妈可帮他一下；当纸边翘起，妈妈可帮他压平。折好的东西不要扔掉，还可以当游戏时的"道具"。

2. 小手工制作

在宝宝两岁半时，就可以在父母的看护下使用小剪刀了。买一把圆头塑料柄的小剪刀，让孩子先学剪直线，然后同妈妈一起搞一些小制作。在妈妈的指导下，粘一粘，剪一剪，孩子一定会备感快乐。

3. 学用筷子

让宝宝学用筷子也是训练孩子手指的方法。在孩子3岁时，就可以学着用筷子，使用筷子可以让宝宝的小手变得更加灵活。

记忆与思维能力提升

这个阶段宝宝对事物的记忆时间间隔增长，一般可保持几十天，而且记忆的内容也比以前丰富了。他不仅能记住人，而且还能记住一些人的动作活动及别人的要求等。此时期宝宝的记忆是形象记忆，他对具体形象的东西比较注意，也容易记忆，其记忆在游戏中或者通过讲故事的方式能得到较好的效果，而单跟他们讲抽象的道理是不容易记牢的。此外，3岁以后宝宝开始利用头脑中的形象进行思维，形象思维是此时期宝宝思维的特点，如学计算时，运用物体的具体形象（实物或图形），可以使宝宝较好地掌握数的实际意义。

听物拍手

父母可以用物品的名称，比如，动物、食物、带颜色的任何东西，或者在训练时环顾四周，看到什么说什么。例如父母说："我说的东西是可以吃的，你就拍手，如果是不能吃的东西，你就不要拍手，比如蛋糕可以吃你就拍手，石头不能吃你就不要拍手。"然后父母列举一些物品，让宝宝先练习，等宝宝掌握之后，父母就加快说出物品名称的速度提高宝宝的反应能力。这个训练具有创造性，父母可以根据物品的不同特征不断进行扩展，如听到水里游的动物就拍手，听到天上飞的动物就拍手，听到长尾巴的动物就拍手……通过此项练习可以训练宝宝的注意力和听力，同时也能提高宝宝对语言的理解力和应变能力。

什么不见了

父母准备一些物品，如飞机、玩具熊、船、铅笔、尺子等，不超过十种。先将这些物品拿出来给宝宝看，然后让宝宝闭上眼睛，父母将其中的一种物品藏起来，再让宝宝睁开眼睛看看什么东西不见了。如果宝宝回答正确，可以再藏两件物品让宝宝猜。通过此项训练可以培养宝宝的观察力、记忆力。

瓶中取物

准备一个一次只能放进一块积木的广口瓶，三块相同积木，三根绳分别系在积木上。将带绳的三块积木逐个放进瓶内，绳留一截在瓶外，然后问宝宝："玻璃瓶里有三块积木，怎样才能把三块积木都拿出来呢？"鼓励宝宝多做实验。宝宝总想同时取出三块积木，因此他们会抓住三根绳往外拉，父母应引导孩子比较瓶口与积木的大小，将积木逐个取出。让孩子开动脑筋，想办法从瓶子内取出积木，综合发展孩子的观察力、思维判断力推理能力以及实际动手操作能力。

棋类运动提升思维能力

> **>> 亲子课堂**
>
> 记忆能力和人的其他各种能力一样，可以经后天训练而加强。孩子正处于记忆训练最佳期，只要训练方法得当，就一定会收到意想不到的效果。

(1)用棋类运动来提高感知和观察力。人的思维活动不是凭空产生的，而是在积累了大量的感知材料的基础上加工而成的。因此，努力提高孩子的观察能力，不断丰富和发展孩子观察、认识、思考、体会的能力，可扩大孩子的印象范围，使之容易形成对事物正确的概括能力及发展思维能力。第一堂棋类课非常重要，面对从来没有接触过棋子的孩子，一定要先让孩子把棋子放在手里面先玩一会，再让他到挂盘前来玩一玩磁性围棋。通过对围棋的观察和抚摸来喜欢围棋，还要适当地用围棋小故事来吸引他，这样孩子就会初步喜欢上围棋。

(2)增加棋类课堂的感染力。在棋类课堂上，有的孩子只有3岁半至4岁半，这样大的孩子，一般来讲，集中注意力的时间往往只有10~15分钟。所以教师应运用多种教学方法来调动学员的注意力，渐而成为一种集中注意的习惯。比如，给学生讲和围棋相关的小故事啦，和孩子们互动做围棋游戏啦。可设置一个课堂栏目叫作比一比，看谁本节课里面学到的知识多？孩子们争先恐后，积极答题，你一言我一语，不会的人逐渐被淘汰，最后剩下一人为优胜。比赛结束，给优胜者颁发

礼物，作为鼓励！这样做提高了孩子们的学习兴趣，也提高了孩子们的智商。

(3)培养孩子的探索精神。孩子的好奇心比较强，喜欢“打破砂锅问到底”，见到新鲜的东西就要摸一摸、问一问、摆一摆，这些都是孩子喜欢探究和求知欲旺盛的表现。另外还要告诉父母，回家后一定要耐心地和孩子下上一盘棋，父母切不可随意禁止甚至恐吓他，比如说“你下得太差了，再下不好就别学围棋了”。这样做会挫伤孩子思维的积极性和进取心。应当因势利导，鼓励孩子的探索精神，培养从小多动脑、勤动手、肯钻研的好习惯，从而提高孩子的学习兴趣和思维能力。

认识能力提升

(1)折纸、画图：继续和宝宝玩折纸游戏，可教宝宝模仿折叠一些简单的物体，如小船等，也可教他用手绢折叠，这样便于拆了再叠。

继续教宝宝拿笔画画，这时可教宝宝正确的拿笔姿势，即用手指去握笔。教宝宝画直线、圆圈、交叉线等，使宝宝能够自如地控制手的协调动作。

(2)积木：和宝宝一起玩积木，如搭积木。此时期的宝宝可搭起4~6块积木，也可教宝宝搭一个门、桥等物，主要是培养宝宝的模仿能力。可用一些不同形状的积木由宝宝选择，使他学会认识图形，如圆形、方形、三角形等。还要教宝宝懂得选择同样的图形进行匹配。

(3)基本概念：继续教宝宝一些基本概念，从大小的概念逐渐扩大到各种物体的分辨及图形的辨别，使其懂得大小的含义。颜色概念也是如此，从各种实物的辨别到单纯的颜色辨别。

也可初步教多和少以及“一”的概念，使宝宝真正明白“一”的含义。

>> **专家解疑**

棋类运动是一种高超的思维艺术。棋手对棋局的判断、棋局的变数、对手的习惯等，都在复杂的棋局上体现出来，能够领略到局面背后隐藏的微妙之处。这种高度灵敏的“局面感觉”——创造性思维，正是衡量一个棋手才能高低的标准。

数学与逻辑能力提升

能指着物品数数,但是常会手口不一致,数完后难以说出总数。可以找出相同的几何图形,如圆形、正方形、半圆形、三角形。在对物体进行比较多少的时候,喜欢把物体一个一个对应起来进行观察比较。能按照要求取出相应数量的物体。对熟悉的物体有了初步的分类概念,如懂得黄色的苹果也是苹果,可以吃,但是还不会分类。因为听到和看到别人使用数字而懂得数字的基本概念。能按顺序背下几个基本数字,如1、2、3、4、5,但有时候会搞混。不懂得因果关系,会把两个毫不相干的事物联系起来。

数学概念的培养可包括以下几方面:

1. 认识大小等概念

如大小、多少、长短、粗细、高低、宽窄、深浅、轻重等,要在孩子认识环境、认识自然的过程中,联系具体事物去认识,既生动又具体。

2. 认识形状的概念

如立方体、球体、方形、三角形、圆柱体等。

3. 认识空间的概念

如上下、前后、左右、对面、并排、远近等,逐步使孩子理解空间词汇的实际意义。

4. 认识时间的概念

如白天、晚上、上午、下午、早晨、今天、明天、昨天及年、月、日、周、时、分、秒等。

5. 认识数目及10以内的计算

学会100以内的数数,了解数的实际意义,并学会10以内加减能力。教孩子认读和书写10以内的阿拉伯数字。

数学概念的培养,要尽可能联系实际,进行形象生动的教育。

数手指做加法

3岁的宝宝都喜欢举起手指练习加法。我们只有10根手指,超过10就没有办法了。但可以看数的大小,心中记住大数,手指只举起小数。例如,8+4=?不必举起8个手指,只举起2个就可以了。数数时从8开始,8、9、10、11、12,点着手指去数,得出结果是12。这种办法是很方便的,可以要求宝宝随时从一列数的当中开始往后数。许多宝宝都习惯从1开始数数,现在要练习从当中任何数开始往后数。

父母可以同宝宝一起练习5+6=？从6开始，举起5个指头数7、8、9、10、11，得出答案是11。又如9+3=？只举起3个指头，从9开始数10、11、12，得出答案是12。往后数数的办法比较容易，只要宝宝学会往后数数，不必考虑进位的问题。

摆单数双数

用珠子或花生排开两行，宝宝可在父母的指导下，拿一次单数，再拿一次双数，通过练习，宝宝很容易找出1、3、5、7、9是单数，2、4、6、8、10是双数。平时数东西时可以一手拿两个，用2、4、6、8、10去数，比一个个数要快些。

数圆圈

在长方形木板上插上5根活动的木棍，分别穿上不同颜色的圆圈。最长一根穿5个红色的，第二根穿4个黄色的，第三根穿3个蓝色的，第四根穿2个绿色的，第五根穿1个黑色的。数圆圈主要学习5以内的加减。

>> 专家解疑

家长要十分重视对儿童进行用脑节奏性的教育。在安排孩子学习时，要把读、看、说、写、算、玩不同活动交替进行，也可以让孩子听听音乐、画画图画，专心做一件事，过一段时间后再换一件事做。积极的休息，既保证了用脑的高效率，获得更多的知识养料，又保护了大脑。

穿、脱衣服的数学

睡觉时先脱外衣，再脱罩裤，最后脱毛衣，按顺序放置，为穿衣时先内后外提供方便。按先后次序摆放东西的办法十分有用。养成习惯后无论做什么事都先做好安排，用数学的方法，把事情按一、二、三、四的顺序排列起来。

创造能力提升

替代类问题

“如果你去郊游却忘了带水杯，你可以用什么东西来代替它？”“你今天很高兴，你还可以用什么语词来形容自己高兴的心情？”，当然，孩子会说，“快乐”或“愉快”等,你会发现孩子的智慧开始在提升了。

假如类问题你可以利用日常生活中发生的一些状况来问孩子。例如,看见消防车时,可以问孩子:“假如家里失火了,你怎么办?”他可能会说:“我找奥特曼来救我。”“如果奥特曼有事不能来,怎么办?”这时,孩子可能会冷静下来仔细想出很多办法,然后你再问他,就会刺激他的思考,启发他的创造力。

可能类问题“明天如果下雨,可能会发生什么事?”“回家的路上,我们的汽车坏了怎么办?”可能的问题通常是日常生活中曾经发生的问题。

组合类问题给他很多不同的材料,让他任意组合。譬如,给他几个不同的字,让他组成一个句子;给他七巧板,让他组成不同的图形;给他不同的线条、图案,让他组合成不同的花边……

怎样培养婴幼儿的创造力

创造力是个人在积累经验的基础上,从某些事实中寻求新关系,找出新答案的能力。牛顿发现万有引力是受到苹果落地的启发,瓦特发明蒸汽机是受到水开时壶盖被顶起的启发等,这些科学巨人之所以取得了很大的成就,是因为他们善于观察和思考平凡的、显而易见的事情,并从中获得了新的发现。

同时还要培养孩子的应变能力,培养孩子思维的灵活性和想象的创造性,发现事物之间的内在联系。例如,成人可向孩子提出“鸟儿为什么飞”“汽车和船有什么不同”“你长大后想发明什么”等,这样都有助于培养灵活应变的思维能力和想象创造力。

>> 亲子课堂

这个时段的孩子永远充满着好奇。他们的创造力是从问题的提出开始的,接着便是一个问题的解决过程,所以说问题是创造力的引子。经常面对问题,大脑就会积极活动。当孩子爱提各种各样的问题时,父母要跟孩子一起讨论、解释这些问题,父母的积极主动对孩子的影响很大。

生活与交往能力提升

现在的宝宝已经会摆弄一些大纽扣、按扣和拉链,还可以穿鞋和脱袜子。晚上睡觉时宝宝更乐意自己脱衣服,可以轻而易举地解开纽扣和拉开拉链,并能自己穿袜子和上衣,还可以套上鞋子,但是你有时会发现,宝宝的左脚套着右鞋子。宝宝已经可以开关水龙头了,这时要确保宝宝能够得着水龙头、肥皂和毛巾,这样他就可以独自洗手了。宝宝现在能够自己吃饭并乐于为他人夹菜,还喜欢在饭前准备碗筷,饭后收拾餐桌。宝宝能够辨别红、绿、黄、白、黑、蓝颜色;认识春、夏、秋、冬四季及其简单特征;也认识了一些日常生活用品的名称、用途和使用方法;知道父母的名字、职业和家庭住址;认识常见的交通工具名称和特征;认识不少的自然景观。

>> 妈咪小贴士

与人交往方面,这时的宝宝开始会和别人交谈自己当前的事,能和小朋友一起玩集体游戏。在这个过程中他认识到并不是所有人的想法都与他完全一样。每一个伙伴都有独特的性格,有些惹人喜欢,有些令人讨厌。你会发现他更加倾向于与一些孩子玩耍,并开始和他们发展友谊。与2岁时相比,3岁的宝宝已经不那么自私了,对父母的依赖也减少了。

随着宝宝对其他人的感觉和行为了解的增多与敏感,他会逐渐停止竞争,并学会在一起玩耍时相互合作。在小组中他开始学会轮流玩耍、分享玩具,即使他不总是这样做。通常他可以以文明的方式提出要求,而不是胡闹或尖叫。

在这个阶段,宝宝的性别意识增强。男孩会对自己的父亲、哥哥或邻居的大男孩着迷,而女孩会模仿母亲、大姐姐或其他女孩。这时的宝宝也容易受周围环境的影响,喜欢模仿大人,以及电视、广告等媒体的言行。

(1)自己做事:继续训练宝宝自己做事情,如吃饭。如果宝宝可自己吃饭,家长可与其同时吃,要注意培养宝宝吃饭时集中注意力的好习惯,切忌一边吃饭一边玩。训练宝宝自己洗手并用毛巾擦干。教会宝宝自己解开扣子,脱掉衣服等。除了家长很忙的时候,一般要花费一些时间陪宝宝进行锻炼,以培养宝宝独立做事的能力。

(2)合作玩游戏:训练宝宝和别人一起玩合作游戏,比如,相互滚球,一起搭积木。使宝宝初步懂得你来我往、相互合作的概念,遇人不胆怯,愿意和别人交往。

提高宝宝的社会性技能

宝宝具有一定的自我意识之后,社会性技能的发展随之开始了。宝宝的生活空间从家庭中拓展出来,开始与更多的人交往,与更广阔的生活环境互动交流。社会性技能主要包括:交往技能;同伴合作解决问题的能力;关心、同情他人的情绪。当宝宝和同伴发生争执时，父母要帮助宝宝使用合适的词语描述自己的情感和渴望，避免宝宝感到受到了挫折。更为重要的是亲自为他做出如何和平解决争端的榜样，平时父母要避免在宝宝在场时发火。否则，他感到受到压制时，就会模仿父母的行为。

为了帮助宝宝跨出家庭的生活圈，在家中妈妈爸爸可以陪伴宝宝一起做些游戏，能磨炼宝宝的社会性技能。

学会自我介绍

教宝宝学会准确无误地讲清自己的情况。逐步教宝宝能说出自己的名字、性别、年龄、住址、爸爸的名字、妈妈的名字，要分开一次一次地学，反复学习，最终能让宝宝完整地掌握。

猜猜他是谁

爸爸妈妈与宝宝坐在一起，先让宝宝猜猜看，例如，每天家里起得最早的人是谁？幼儿园里最喜欢小熊泰迪的小朋友是谁？宝宝也可以给爸爸妈妈出题目来猜，一家人一起猜测家里的亲戚、朋友以及宝宝的小伙伴、幼儿园老师等，还可以扩展到家里的物品以及社区的设施，如医院、派出所等。爸爸妈妈可以经常与3岁以上的宝宝一起玩这个小游戏，这是有意识地帮助宝宝巩固对家庭成员以及居住环境的认识，逐步扩充游戏内容，引发宝宝对周围玩伴、他人以及环境的关注，产生与周围的人、物交流的兴趣。

在游戏中开发智力

装扑克牌

备两个牛皮纸信封，剪去封口纸，跟孩子说："咱们给姥姥寄扑克牌，你寄10张，我寄10张，现在我们把扑克牌装进信封里。"给孩子10张扑克牌，先让孩子看大人怎么装，如把信封平放在桌子上，一只手掀开信封口，另一只手拿扑克牌往里装。或一只手拿着信封（切记手指头不能挡住信封口），另一只手装。

扔沙包

给孩子做几个沙包，在距离3米处画一直径30~50厘米的圆圈，脚下画一直线，在直线后面让孩子向圈里扔。也可设一纸箱，让孩子向纸箱里扔。扔进去要表扬鼓励。大人还可参与和孩子比赛，这样可增加孩子兴趣，玩的时间长一些。还可多做几个沙包，邀请几个小伙伴一起玩就更好了。

采集石头

挑一个晴朗的日子和宝宝去户外采集石头。讲讲你们所要做的事情，并随身带个容器来装石头。提醒宝宝你们在找某一种石块："让咱们找个小石块。""让咱们找些光滑的石块。"你们可找各种各样的石头，大的、小的、粗糙的、光滑的、有棱角的、白色的、褐色的等。捡完之后，把石头带回家用水洗洗。仔细观察它们，说说它们可能来自哪里。

积木村

将所有的积木聚集起来，创作组成属于全家人的城市，分别作为房子、街道、警察局、消防局和小狗的家。积木不够的话，可以利用色纸或木片等。在建筑物上面贴上它们的名字。

带轮玩具

目的：训练宝宝的肢体动作。

方法：宝宝喜欢骑三轮车或是小自行车。不过要确保三轮车的大小合适，使宝宝的脚能够得着脚蹬子。

动手裁剪

目的：训练宝宝精细动作、视觉。

方法：准备好剪刀、胶水和纸，就可以开始这一游戏了。让宝宝沿纸边剪纸，最后可以在纸上随意裁剪。试着沿一条线剪，用另一只手移动纸，并从杂志上裁剪下画面。不过，用剪刀时要小心，父母一定要在一旁指导。

空间方位

目的：培养宝宝的空间智能，训练宝宝的几个基本的空间方位，包括“上”“下”“左”“右”“这边”“那边”。

方法：父母告诉宝宝，把小凳子比作房子，在房子的上边放哪些玩具呢？在房子的下边又放哪些玩具呢？让宝宝随便摆好，可以说：“房子的上边可以晒太阳，房子的下边不怕雨淋。”再问：“房子的这边和那边都放些什么玩具呢？”告诉宝宝：“这边”是指挨着自己的这边，“那边”是指远离自己的那边。反复几次，还可指出：嘴在鼻子下边，鼻子在嘴上边。在宝宝了解以上空间概念的基础上，还可以将范围扩大到“里边”“外边”。

颜色概念

目的：训练宝宝视觉、智力、逻辑。

方法：彩色纸板游戏很容易做。你可用不同颜色的塑料瓶盖、积木或卡片，让宝宝按颜色进行分类；也可将杂志上的彩色图片剪下来，贴成一个彩色粘贴画。在画板上涂画某种颜色，做成某种颜色的食物，穿某种颜色的衣服，让宝宝指认。

>> 亲子课堂

将整日关在家里不让运动的孩子和那些有适当时间在外面玩的孩子做比较，会发现经常在户外玩耍的孩子思维更加敏捷、聪明。

家长千万不要整日把孩子关在家里，应在忙碌的生活中，抽出时间陪孩子到户外玩玩，应允许孩子和周围的小朋友交往，遇到休息日尽量带孩子走进大自然中。

第二章

3岁零7个月~4岁宝宝的智能提升

宝宝注意的范围越来越大，能逐步注意到周围更多的人和更多的事物，而且能把许多无意识的注意逐渐向有意识的注意转化和发展。宝宝能画出简单的图形，是因为使眼球转动的肌肉与控制手指头的肌肉已经可以互相牵动了。到了3岁，认识色彩的能力也增强了，可以在这个时候教他涂色和画图的游戏。

宝宝的基本特征

婴儿脂肪会进一步下降，肌肉组织将进一步增加，使孩子具有更加强健和成熟的外观。宝宝的上下肢更加苗条，上身狭窄成锥形。

宝宝动手能力发展

如果宝宝手臂伸展机械地向前跑，他可以抓住一个大球，并能十分顺利地将一个小球从手中抛出。宝宝可做向上纵跳、立定跳远的动作。宝宝可以轻而易举地解开纽扣和拉开拉链，并能自己穿袜子和上衣，还可以套上鞋子，但是你有时会发现，宝宝的左脚套着右鞋子，这不是因为宝宝分不清左右，而是由于他乐意有一点小自由，左右脚互穿鞋子时，脚会有种特异的新感觉。

>> 妈咪小贴士

宝宝注意的范围越来越大，能逐步注意到周围更多的人和更多的事物。就像注意力一样，宝宝的有意记忆正在逐步发展，能记住周围更多的事物。宝宝的抽象记忆也开始发展，对较为抽象的事物逐渐能够记住了，如妈妈的电话、家庭住址、幼儿园的名字等。

一般来说，智力发展较快的宝宝手指比较灵活。很多游戏，都会用到手指，大人可以教宝宝或跟宝宝一起玩，但不要太勉强他。

宝宝语言能力发展

宝宝语言的发展能力及语言的理解能力都非常迅速，能用语言来表达自己的希望和要求，反映自己的需要和意见。一般宝宝听过2~3遍的小故事，他就会兴致勃勃地自己讲了，有时还能把自己想象的情节加在其中。

培养孩子坚强的意志

3岁左右的孩子最明显的变化就是表现出强烈的独立愿望，希望什么事情都自己来做。虽然他们吃饭弄得饭桌上到处都是饭粒，玩玩具时弄得满床、满地乱糟糟的，但他们自认为不错，不让家长帮忙。

积极的意志主要表现为自觉、坚持、果断和自制能力等方面，消极的意志则表现为依赖、顽固和冲动的品性。可通过日常生活、游戏和学习等来培养儿童积极的意志，重视培养其自制能力、责任感和独立性。这时千万不要压制孩子的独立意识，要因势利导地训练和培养孩子的独立操作能力和独立思维能力，有意识地锻炼孩子的胆量、勇气以及与小朋友交往的能力，还要继续加强对其运动协调能力的训练。

>> 专家解疑

如果孩子自己没有主意，家长可采取暗示诱导法。目的确定之后，进一步就要选择达到目的的行动方式和方法，拟订出行动计划。

困难是意志的试金石。在一些独生子女家庭，家长把一切困难都承担起来，饭来张口、衣来伸手，孩子一旦走上社会，稍遇一点困难，就会手足无措、打退堂鼓。家长希望自己的孩子事业有成，就必须重视对子女坚强意志力的培养。

综合能力提升

行动能力提升

提升孩子的动手操作能力

随着年龄的增长，3岁以上的孩子对周围的事物都会产生浓厚的兴趣，引发好奇心，并且要探索其中的奥妙，这是他们的年龄特点所决定的。“为什么有的玩具要装电池才会动？有的只需上发条就能动呢？”为了寻找原因，孩子拆开玩具。这种在成人眼中损坏东西的行为，却往往是孩子有求知欲、好奇心的表现。父母要理

解他们的这种行为，如果一味责怪、甚至打骂，将妨碍孩子想象力和创造力的发展，抑制孩子求知欲的发展。因此，父母要了解孩子的年龄特点，正确对待孩子的“破坏”行为。

一是要了解孩子的需要和兴趣所在。当孩子在摆弄玩具时，可以问孩子：“你想知道什么？”这样在孩子动手拆前，与他讨论发条玩具与电动玩具的不同在哪里，然后与他共同拆装玩具，找出原因。这既保护了孩子的好奇心，又能提高孩子的动手操作能力。

二是要鼓励、支持孩子的操作行为。孩子的操作始于对事物或现象的好奇心。因此，可以有意识地向孩子提问，如“为什么叫它磁铁？”“汽车在不同斜面上的车速是一样的吗？”等等，使孩子对操作材料产生好奇，从而引发操作欲望，促使他们进行动手操作。当孩子操作时，用“你发现了什么”“你真棒”等鼓励的话语，激发孩子再一次操作探索的兴趣，使他始终保持对未知事物产生好奇心。

动手操作、摆弄是孩子的天性。玩沙、玩水、学种植物、饲养小动物、拆装玩具物品、做各种简单而有趣的小实验……这些都是孩子最乐意接受的活动。在积极玩耍、主动探索的过程中，孩子可以观察到各种现象。不断发现各种问题并且积极思考，真正使动手操作成为孩子智慧的源泉。

>> 妈咪小贴士

小孩子这时候身体单薄，不可用力拍打孩子的后脑和后背。因为用力拍打会造成局部压强和震动过太，很容易使发育尚未完善的神经系统受到损害，引起身体和智力的发育不全。

锻炼孩子的小腿肌腱

(1)孩子坐姿,一条腿放在膝上,手支着小腿后侧肌肉两端的肌腱,然后轻轻地吸气,松开手指,同时让足趾指向膝盖的反方向;吸气尽后,要缓慢呼气,手指稍微钳着小腿后侧肌腱,向外轻拉,同时让足趾指向膝盖的方向,直至尽头。足部停留在这个位置的时间为8秒多,让小腿后侧肌肉有足够的时间放松。

(2)如上所示范的动作,做多个循环后,为整个小腿轻轻地做按摩,然后再换另一条腿来重复上面的动作。

需要注意的是:在“屈足舒腱”运动中有一组变化动作,要孩子找出小腿其他肌肉紧绷或疼痛的地方,用手轻轻地捏着它们时,要屈伸足踝关节。在屈伸足踝关节时,要抓住膝盖和足踝前的地方,这样可以消除胫骨肌和胫骨周围肌肉的紧张,并要伸腿向前,同时捏着小腿肉的两端,然后再屈伸足踝。

两只脚儿一块走

妈妈与爸爸一起先向宝宝示范,并排站成一行,把相邻的两条腿绑在一起,然后一起协调行走去取家中的物品。例如,爸爸妈妈一起与宝宝玩扔球游戏。让宝宝有足够的时间观察爸爸妈妈是怎样进行合作。妈妈或者爸爸可以鼓励宝宝和自己一起试试三脚行走,通过两人一起移动、行走来体会与人合作的感受。可以邀请其他宝宝来参与游戏,并进行行走比赛,让宝宝尝尝与人合作的快乐。

语言能力提升

3岁零7个月至4岁的宝宝已经逐步学会正确的发音,语言结构比以前规范,吐字清楚。会用比较完整的句子回答大人提出的问题。学会6~8首儿歌,每首7~8句,每句7~8个字。能说出由十几个字组成的句子,句子较前完整,用字总数达到1800个左右。

这段时期仍是宝宝口语发育的关键期。宝宝说话和听话的积极性都很高,这个年龄的宝宝,语言发展非常迅速,能用语言来表达自己的希望和要求,反映自己的需要和意见等,并能说出周围事物的形态和名称。他们变得特别爱说话,即使一个人玩的时候也会自言自语地边说边玩,跟小朋友或大人在一起时,话就更多了。对这个时期的宝宝来讲,他们接触到的任何对象都是有生命的,天上的星星、月亮,地上的花草、树木,公园里的动物、秋千等,都可以成为他们交谈的对象。例如,他们会对地上爬的蚂蚁说:“小蚂蚁,你找不到回家的路了吗?”会指着玩具锅里的石头对洋娃娃说："这是鸡蛋，再煮一会儿你就可以吃了。"

宝宝的语言水平也进步很快，掌握了基本的语法结构，词汇量和句型也在迅速扩展，爱听故事、儿歌、诗歌等，注意力和记忆能力也较之前有所提高，能较长时间地注意看电视、看电影、做游戏或听大人讲故事等，并能记住一些简单的情节片段。

语言训练

这时期语言训练的内容可以从以下几个方面进行：

说话要发音正确，口齿清楚，学说普通话；

学会叙述观察到的事物，如看到的各类实物，听到的各种声音，接触到的自然景象和社会情景等；

运用的语句除了简单句外，鼓励小儿多用复合句，说出7~10个字的句子；

鼓励小儿主动提出问题，回答别人提出的问题，如会问"这是什么?""你在干嘛?""这是谁的?""你是谁?""你上哪里去?"等，也能回答别人提出的这些问题；

听故事后能理解故事主要情节，讲出其中的要点；

结合日常生活中接触的事物，在使用名词、动词和形容词外，学说"我""你""他""我们""你们""他们""大家"等代词及"不""快"等副词，"和""跟"等连接词；

学会完整地朗诵10首儿歌，看图说话后会说出其中的主要内容；

学习主动与成人和小同伴打招呼，说礼貌用语"你好""再见""谢谢""没关系""对不起"。会说出自己的姓名，称呼别人；

学会猜谜语及做语言游戏。

练习句子

要多教宝宝说7~10个字的句子，如"国旗是五星红旗""我们去登高爬香山""我长大要当一名科学家""我和爸爸妈妈去游乐园""爷爷给我买了一个新玩具”等，增强宝宝的表达能力。

可以在户外引导孩子观看一些自然的美景，陶冶孩子对大自然的热爱。

回答故事中的问题和按照关系推理

父母用一本新的图书给宝宝讲故事，讲完了故事将书合上问宝宝一些问题。先问这是什么故事，看宝宝能不能简单地说出故事的主要内容，有的宝宝能够基本上说出故事的内容，但不能说出故事的主要意义。这需要父母帮助宝宝把故事的中心思想用两三句讲清楚，使宝宝学会听故事抓重点。然后可以学习用一些关系推理词，如“因为他很诚实，所以老师夸奖了他”“如果老不下雨，麦苗就会干死”……

>> 亲子课堂

这一类的关系推理词可以通过讲故事使宝宝学会并应用自如，从而学会简单推理。学会抓故事的重点和推理不仅能运用到复述故事中去，而且能应用到日常生活中。宝宝在复述每一件事情的时候都要简单明了地抓住重点，渐渐学会按照关系推理去解决问题。

记忆与思维能力提升

3 岁零 7 个月至 4 岁的宝宝记忆逐渐成熟，思维趋于复杂化。这时的宝宝，不管看到或听到什么，总是会问：“这是什么？那是什么？”从这个时候开始，宝宝的语言能力急速发展，几乎把所有精力都花在了记事物的名称上。宝宝一旦知道所有的东西都有名称后，就开始胡乱提出问题想要记住新的名字。

这个阶段宝宝的想象力发展迅速，想象的内容丰富，宝宝的注意力、记忆力和想象力均有较大提高，能较长时间地把注意力集中在他们所感兴趣的事物上，能长时间地注意一个事物，自己也能独立地玩较长的时间。记忆能力也有了明显的进步，记忆保持的时间也逐步延长，此时他已能再认出相隔几十天或几个月的事物，还能表现出较好的回忆，也就是重现，自己能回想到相隔一个月甚至更多时间的事物或物体。有意注意和有意记忆的成分逐渐增多。思维能力也逐步由直觉行动性思维向具体形象性思维发展。

给宝宝适合的画册

对这个年龄的宝宝，应该尽量给他们一些在现实当中已经见过和理解了的画册为好。对喜欢汽车的宝宝，就给他画有汽车的画册；对喜欢动物的宝宝，就给他画有动物的画册。宝宝们根据这些画就会想象自己心目中的汽车和动物。通过这种在心里描绘眼前所没有的实物训练，会使宝宝学会想象。

如果宝宝知道汽车或动物，那么画上的画再抽象也无妨。

倒是那种照片般的画对宝宝的想象不利。用画册去教宝宝们未曾见过的东西，这种做法不好，还是让宝宝保留他对第一次亲眼看到的实物的感受为好。

只要是宝宝熟悉的东西，就是不一一画出其独特的形象也没有关系。宝宝并不把汽车和猴子作为孤立的东西去加以看待。通过铁桥的汽车，坐在山石上的猴子，对他们来说才是更现实的。

只是为了看画而买的画册，应尽量让宝宝自己挑选。因为宝宝不爱惜书，只想给他买纸张结实的画册，而不考虑爱好，这是没意义的。宝宝之所以不爱惜书籍的理由之一，就是因为给他买的书不是他所真正喜爱的。

给这个年龄的宝宝的画册，没有情节也没有关系。但如果画的真是宝宝所喜爱的东西，那他们是可以理解简单的情节。

绝不是说不应该有情节，而是因为有情节的画册都带有文字，如果父母不能用标准普通话读这些解说，还不如不给宝宝买。

儿歌、古诗记忆

起床歌

大公鸡喔喔啼，
小宝宝早早起，
衣服鞋袜自己穿，
小小被子叠整齐，
左看看，右瞧瞧，
整整齐齐心欢喜。

蒲公英

蒲公英，开黄花，
花儿落了打把伞，
小白伞，长长把，
风儿一吹上天了，
落到哪儿哪安家，
明年春天又开花。

马虎鬼

小猴子，马虎鬼，
拿着褂子伸进腿，
拿着书包当帽子，
拿着袜子擦擦嘴。
鞋子刚刚穿一只，
提着竹篮去打水，
来到河边照一照。
自己差点笑咧嘴。

瞌睡来

月光亮亮照窗台，
打个呵欠瞌睡来，
踏板叫我先脱鞋。
枕头叫我倒下来。
席子叫我伸长腿，
被子叫我别冷腿。

跳绳歌

花儿红，鸟儿叫，
柳树底下把绳跳，
脚步越跳越灵巧。
你也跳，我也跳，
一个挨着一个跳。
挺起胸，向前跳。
脚儿轻轻别摔跤。

乖娃娃

喜鹊叫喳喳，
客人到我家。
打盆洗脸水，
再倒一杯茶。

客人对我笑。
夸我是个乖娃娃。

谁的耳朵

谁的耳朵长？
谁的耳朵短？
谁的耳朵遮着脸？
驴的耳朵长，
马的耳朵短，
象的耳朵遮着脸。
谁的耳朵尖？
谁的耳朵圆？
谁的耳朵听得远？
猫的耳朵尖，
猴的耳朵圆，
狗的耳朵听得远。

悯 农

（唐）李绅

锄禾日当午，
汗滴禾下土。
谁知盘中餐，
粒粒皆辛苦。

>> 妈咪小贴士

不少父母力图通过孩子来实现自己未能实现的理想，强迫孩子学习很多东西，却忽视了与孩子的情感交流。他们对孩子的要求往往超出了孩子的能力，违背了孩子的兴趣，伤害了孩子的自尊心。他们不愿意静下心来听孩子说心里话，孩子一解释就认为是犟嘴。家长主观行事，尽管是好心，尽管自己省吃俭用，为孩子创造优越的物质条件，但孩子仍然会感到孤独，以致孩子稍不如意就产生对父母的怨恨，动辄离家出走，甚至轻生。

生活与交往能力提升

3岁零7个月至4岁的宝宝感知思维逐步活跃，这时期的宝宝个性逐渐显露。在自我意识发展的基础上，宝宝的自我评价及道德品质开始有了初步的发展。能够判断“好”与“不好”“对”与“不对”，并能用语言来控制和调节自己的道德行为。由于语言和动作发展日趋成熟，认识范围不断扩大，好奇心和求知欲不断增强，因此，宝宝很希望与人交往，愿意与小朋友一起玩。

培养宝宝的自理能力

宝宝能否自理，与其说决定于其本身的能力，还不如说与看管他的大人秉性有关。

善于料理家务的妈妈总是把时间和所要做的事情都安排得井井有条。这种秉性麻利的人，决不会干等着宝宝用令人担心的办法慢慢腾腾地脱衣服，而是亲手利索地去帮他脱下来。如果不这样，计划中的其他事情就做不成了。

此外，对于看到宝宝的衣服穿得不整齐心里就别扭的妈妈来说，是不会眼看着宝宝把衣服穿得歪歪扭扭的。如果同祖父母一起住的话，这种倾向就更突出。爱干净的妈妈，由于担心宝宝撒饭，往往亲自用勺子喂。同性急的祖母同住时，祖母也会这样做的。

> **>> 亲子课堂**
>
> 在这个阶段里，宝宝的独立愿望很强，并具有一定的自我服务能力和从事一些简单劳动的能力，如可以自己吃饭、穿衣、洗脸、洗手、扫地、擦桌子及帮助大人取送东西、拔草、浇花等。
>
> 宝宝这时变得更独立了，但也更能容纳别人了，当别人痛苦时，他有同情心，能和别的宝宝及大人建立起友谊。

如果不从事事都代替宝宝去做的思想中解放出来，就不可能让宝宝学会自己做自己的事。

他们能用勺子吃东西，能拿筷子，但夹东西还有些勉强。如果给宝宝解下衣服扣子，自己就能脱衣服。3岁以下的宝宝还不能自己脱套头衫，能自己脱袜子，也能自己穿鞋。洗澡时能够自己洗脸，能够自己往身上打肥皂，能够自己用湿毛巾擦脸、胸部和肚子。也能饭前洗手。到会叫嚷小便时，就能自己脱裤子。如果是男宝宝，夏天能自己小便。女宝宝，还不能自己擦阴部。就是到了3岁，自己用纸擤鼻涕也是勉强的。

为了培养宝宝能自己用勺子和碗吃饭，必须让他们吃到能引起食欲的饭菜。饭菜只要可使宝宝主动愿意吃，他们就会自己用勺。吃饭是愉快的事，如果宝宝迫不及待地盼着开饭的话，会很容易养成饭前洗手的习惯，他会逐渐主动洗手。

吃饭时不能着急，有的宝宝吃得快，有的吃得慢，要吃上约半小时。宝宝吃饭前说："我吃饭了！"这句话说得像喊叫似的。

伤脑筋的是如何处置吃得很快的宝宝，可给他们讲有趣的故事。当宝宝因为吃得慢，落到最后，家长用目光瞪着他，这样不好。即便是费些时间，也没有关系，应尽量教会宝宝用筷子吃饭。弄撒饭菜的事，是正常现象，如果严加批评的话，吃饭就没有了乐趣。

培养宝宝独立生活，让宝宝自己吃饭是重要的起点。关键是父母的坚持，尤其是祖父母如果帮助照料宝宝时也要坚持。只要父母、祖父母重视这个问题，到了两岁半，宝宝完全可以自己独立地吃饭，不需要成人帮忙。

在游戏中开发智力

汉字连接

宝宝每学一个新词，父母可以问宝宝，这个新词与原来学过的哪些词有联系。比如认识"雨"字时，可以连上"雨衣""雨伞""雨鞋"等。如果某天下雨时又刮大风，可以补充"刮风""打雷""闪电"，使宝宝更容易记住。如果学"夏天"，最好与"炎热""风扇""空调""雪糕""西瓜""短袖""游泳"等一起学习，配上图片更佳，这样宝宝的印象会更深刻。

目的：让宝宝把有关系的词连在一起，不但便于记忆，还锻炼了宝宝的联想能力，发挥了想象力。

拨算盘

给宝宝准备一个简便的小算盘，即上面只有一颗珠子，下面有四颗珠子。父母在一边先示范，当宝宝数到"5"时要把下面的退去拉下上珠，数到"10"时，退去一行，拨第二行十位数的一颗珠子。接着让宝宝自己练习。

目的:用工具帮助宝宝学好手口一致的点数,为以后学珠算做准备。

跨圆圈运动

在地上画若干圆圈,大小可容纳一个人站立即可,各圆圈间的距离为一大步。宝宝按规定的次数在圆圈内做高抬大腿的原地踏步或原地跑,或从一个圆圈跨到另一个圆圈,或踩着圆圈线快走。

目的:发展宝宝的运动能力。

墨迹作画

父母放一张纸,在纸上滴一滴红墨水,让宝宝用大拇指或拳头或手心在墨水上按一下,然后根据墨迹让宝宝想象像什么,说的物种越多,说明想象力越丰富。在墨迹上,让宝宝添上几笔,可能画成什么,添的笔画越多,画的物体越多,说明越有想象力。

目的:培养宝宝的想象力。

穿珠子

在小饮料瓶底部穿孔,然后让孩子将线穿过小饮料瓶,做成可以戴在脖子上的花环。让孩子将自己做的花环挂在脖子上,等爸爸下班回家后,让孩子亲手挂在爸爸的脖子上。熟练穿线之后,让孩子穿穿小扣子,尝试做手链或项链。

目的:提升孩子的动手能力和运动能力。

走平衡木

在离地10~15厘米的平衡木上学习行走。家长先单手扶宝宝在平衡木上来回走几次,使宝宝习惯在高处行走,然后让宝宝扶棍子的一端,家长扶棍子的另一端,在一定距离内陪着宝宝走几次。慢慢手离开棍子让宝宝自己在平衡木上行走。鼓励宝宝展开双臂以保持身体平衡。学会自己走平衡木之后,可以再进一步在头顶放一本薄书,让宝宝在平衡木上行走。

目的:提升孩子的运动能力和身体平衡能力。

摸瞎瞎

在5米远的地方放孩子爱玩的玩具,中间摆放一块长、宽50厘米的木板当作桥,先让孩子目测好,告诉他走过桥拿回那边的玩具。这时把孩子眼睛蒙上,给个口令，孩子摸瞎过桥去拿玩具。拿回一个表扬一回，争取都拿回来。

目的：提升孩子的运动能力。

>> 妈咪小贴士

父母必须注意在生活中尽量多地对宝宝讲话，就像对大人一样，用正确且条理清晰的语言对他们说话，培养宝宝逻辑性的思维。除了对宝宝说话，父母应多给他念图画书。要提高宝宝的语言能力，培养他对文字的兴趣。使他自发地产生想读书的兴趣，念图画书是最好的。

套圈游戏

用铁丝弯成几个直径在20厘米左右的圆环，把一些细的玩具熊、球或能竖直坐稳的小动物等在地上摆放好。让宝宝站在离所要套的物体1米远的地方，教孩子把圆环抛出，套中物体。可与宝宝比赛，看谁套中的东西多。

目的：提升孩子的运动能力，增进和孩子的感情。

今天做了什么

宝宝从幼儿园回家时，父母可以问宝宝："你今天做了什么？老师讲了什么？做了什么游戏？吃的什么饭？学了什么新本领？"等等。吃饭前后，一家人可以相互交流这一天做了什么。睡觉前，父母可以问宝宝家里别的人一天都做了什么。

目的：培养孩子的记忆力。

想一想像什么

父母在纸上画一个圆，然后问宝宝它像什么东西，如果宝宝不回答可以提示。有哪些吃的东西是圆形的，有哪些用的、玩的东西是圆形的，天上有哪些东西是圆形的等。说得越多越好。

目的：发展想象和思维能力。

拾 物

将若干蚕豆放在桌上，另放一塑料碗，让小儿将豆用拇指、食指一粒一粒地捡起来放入小碗中，可以让小儿与同伴进行捡豆比赛，要求1分钟捡20~25粒，看谁捡得快。

目的：提升孩子的社会交往能力和运动能力。

组合游戏

孩子在2岁以后喜欢用积木来搭建物体，如最简单的物体就是把积木依次排列，不分形状和颜色，最后封闭起来，美其名曰：城堡。此时，妈妈要鼓励孩子去搭建房子、跷跷板、楼梯、飞机、坦克、大炮、小亭子、高楼等。

“打击飞人游戏”是由一个底座、四种颜色（红、黄、绿、蓝）的小飞人、小锤组成，可让孩子注意到颜色的认识和配对，还可通过敲击的动作训练孩子手眼的协调动作。每敲1次，飞人会随着正确敲打向上飞离底座，动感十足，这是对孩子正确操作的一种肯定信号。

目的：这个游戏可以训练孩子手的抓握能力、观察能力等。

盒子里的秘密

妈妈、爸爸、宝宝和其他家庭成员或小伙伴围成一圈，人数4~5个。大家依次把一个小盒子传递给下一个人。需要遵守两个规则：第一，在音乐声中传递盒子，音乐声停止时拿着盒子的那个人才可以拆开盒子看礼物；第二，音乐声再响起时，拆开的盒子要盖好后继续传递。一轮传递结束后，遵守规则的人都能得到一个小盒子，小盒子里的礼物能给遵守规则的人以鼓励。

目的：提升孩子的社会交往能力。

听话做动作游戏

听到命令以后马上按命令做出相应的动作。为增强趣味性和竞赛性,还可以让家庭其他成员参加,这样宝宝的积极性就更高了。比如,你可以说"抬起一只脚""摸摸鼻子""跑到门口去""跳一跳""抓住妈妈的手摇三下然后再亲一下"等各种动作指令,训练宝宝对语言的快速反应能力。

目的:训练宝宝对语言的理解能力以及快速反应能力。

第八篇

4~6岁宝宝智能提升百科

第一章

4～5岁宝宝的智能提升

4岁宝宝现在一般都能清楚地表达自己的意思了，但有些孩子还不能说很完整的长句子，这一方面是因为宝宝控制发音的肌肉还没有完全发育，另一方面也是因为他有时候大脑转得比嘴巴快，说话速度跟不上他的思维。

宝宝的身体特征

过了4岁，宝宝的身体有了突飞猛进的发展，现在宝宝的身体协调性更强，会单脚、双脚跳，或沿着一条直线走，而且他总是精力充沛。宝宝在奔跑、跳跃等方面的能力已经完全具备，有的宝宝还能在平衡木上做一些简单的动作。无论是男孩还是女孩，这时的身体发育已显得比较结实，能自己信心十足地进行各种活动。

>> 妈咪小贴士

宝宝每天的活动量非常大，作为家长，应该有意识地控制宝宝的活动量，日常的活动量不要超过他们能承受的极限水平，因为宝宝过度兴奋后，会难以遏制他的情绪，怎么哄也安静不下来。但是，当宝宝过分安静时，父母又该发愁了，这意味着有新的问题出现了，他的身体很可能出了毛病。

宝宝的个性发展

宝宝过了3岁后兴趣表现和个性倾向已经明朗，因为它们还不稳定，一切仍处在不断地发展变化中，家长应尽力培养、发展宝宝良好的个性倾向。

此外，宝宝这时已产生了真正的自我意识，能叫出自己的名字，掌握了“我”。

总之，这个年龄的宝宝的个性是独特而有差异的，并处在不断地变化发展中。家长应重视宝宝的个性倾向，正确对待，扬长避短，培养发展良好的个性。

宝宝的交际能力发展

对语言的熟练运用是与智力和情感的发展互相关联的，从宝宝语言的表述中，也能显示出宝宝的个性。一般淘气外向的宝宝会经常模仿大人的语气讲话，也乐于表演自己熟悉的故事，扮演简单的角色。宝宝对自己非常自信，他希望向别人施展他的一切技能，说话、跑、画画、玩积木。宝宝喜欢旁边有人陪伴他，特别是在小婴儿或是幼儿面前，他会觉得自己是大哥哥或者大姐姐了。宝宝经常会自己找同龄的小朋友玩游戏，已经有了自己相对固定的兴趣爱好和自己的朋友圈。

>> 亲子课堂

父母要帮助孩子使用合适的词语描述自己的情感和渴望，避免孩子感到挫折。更为重要的是亲自为他做出如何和平解决争端的榜样，如果你脾气暴躁，应避免在孩子在场时发火。否则，他感到受到压制时，就会模仿你的行为。

宝宝的想象能力发展

4 岁的孩子想象力非常丰富，他会把家中的日常用品想象成故事中、动画片中的道具，还会把自己想象成其中的人物。他喜欢玩角色扮演游戏，老师、医生、公共汽车的售票员都是他非常喜欢扮演的角色。

综合能力提升

语言能力提升

提高孩子的语言能力

从孩子开始醒来到睡觉这一段时间，跟孩子谈有关日常生活的问题。如“等会儿妈妈要给你洗澡，我们来挑选衣服了……妈妈给你穿衣，喏，举起手，穿入袖子里……”跟孩子说话时应伴以动作，这比只说而不加动作好，因为通过这些动作孩子将会明白、学会并促进自身语言的发展。

以提问来激发

父母可用提问的方法让孩子回答问题，有些他可能答出来，有些则不能，但这没有关系，互相对话将使你和孩子更亲近。孩子在这个年龄学说话，开始可能用微

笑、姿势和发声的方法，接着按顺序知道词语和造句。在促进孩子语言发展方面虽然专家们持有不同的观点，但他们却一致认为：大多数孩子是通过他们当时见过、听过和接触过的东西来学会语言的。因此，对促进孩子语言发展方面来说，与孩子对话，把正在做的事情用语言表达出来，是最好的方法。孩子将按照你讲话的音节或第一个词学着说，并慢慢地、逐步说得让人听懂。

不放过孩子语病

孩子努力叙述时，常会出现各种“语病”。例如，“猫猫把我捉住了”“毛巾打外婆了”妈妈、爸爸不要立刻打断宝宝“苦心经营”的说话，而是耐心听完后，把这些生动而富有趣味的话语用成人的方式说一遍，并非刻意地纠正宝宝的语病，而是让他知道：每个人都有自己的叙述方式，相互理解才能沟通。

> **>> 专家解疑**
>
> 婴幼儿智力提升，与大脑的发育息息相关。提升儿童语言智能，要特别注意此时儿童大脑发育特点。大脑的发育对语言发展的影响具有重要作用。一般来说，大脑左半球是语言的优势半球。刚出生的宝宝，大脑两半球没有什么差别。到5岁时，孩子的大脑两半球才初步形成了分工，但左脑半球的语言优势并不如成人明显，他们对言语缺陷的代偿能力也比成人强。

记忆与思维能力提升

此年龄阶段宝宝记忆水平为：能跟读4位数字，如成人读3、7、5、2，孩子立即可以重复上述数字，一次能记住3~4个物体。在孩子面前的桌面上放3、4件他熟悉的物品，孩子看完后应能背出来。这个年龄的宝宝思维由直觉行动性思维发展为具体形象思维，即他们可以凭借事物的具体形象或表象的联想来进行思维。孩子们最喜爱做游戏、看电视、看电影、听故事、看画书等，与这时期孩子的思维特点是有密切的关系。随着宝宝记忆与思维能力的不断提高，宝宝对事物也具有了一定的判断能力，求知欲也越来越强，遇到任何对于他们来说是新鲜、特殊的事物都要问个为什么。

天、地、嘴

由爸爸做领头人，妈妈和宝宝围着领头人坐下。领头人说："我说'天'时，你们用手指天；我说'地'时，你们就用手指地；我说'嘴'时，你们用手指着自己的嘴巴。"领头人用各种速度和顺序说出"天、地、嘴"3个字，同时加上手势。领头人的动作，故意和说的话不相符合，比如，说到"地"时，故意用手指鼻，让游戏者也跟着做，看游戏者是否受干扰。所以，游戏者要按照领头人的话来指方向，而不能盲目地跟着他的动作做。宝宝熟悉这种游戏后，可扩大词和动作范围，如耳朵、嘴巴、手、脚、电视机、电冰箱、大树、太阳、高楼等。通过该项游戏可以训练宝宝灵敏的反应能力和思维能力以及听觉与动作的协调能力。

>> 亲子课堂

如果你的宝宝还在继续用儿语表达自己，你千万不要也这样对孩子说话，或者模仿他的说话方式，也不要批评他。孩子可能已经为此觉得不自信了，你就不要变本加厉，增加他的心理负担了。你只要注意自己的说话方式，他最终也会没问题的。

猜谜语

猜手指

兄弟有十个，高矮不一般，
五个编一组，左右分两边，
团结力量大，倒海能移山。

猜图形

一笔画成一个圈，很像一个小铁环。
它的形状是什么，请你猜猜看一看。

猜自然变化风、雨

看不见来摸不到，四面八方到处跑。
夏天没有它就热，冬天有了它就凉。
千根线，万根线，落在河里看不见。

数学与逻辑能力提升

能够对物体比较明显的特征进行比较，如“胖瘦”“轻重”“高矮”“大小”。对日常生活中遇到的问题和想象中的问题能提出自己的解决办法。有了时间意识，知道一天有几个阶段，懂得一天中什么时候应该做什么事情。

认读4~5位数

大人可以随意写几个数字，请宝宝读出位数。如6382可读成6(千)3(百)8(十)2。在读位数时最好学会认汉字的数字，使读和写能一致，如用汉字书写时写成六千三百八十二就比较方便。

认读5位数也不难，如76930，可读成七万六千九百三十。从右边数起，个十百千万，再多可读十万、百万、千万、万万(亿)。只要照着位数去数，就可以正确读出。

有些数是不必按位数来读的。如电话号码，可分两部分，前四位是区号，后四位是户号，读时直接读数，在前四位后略停顿再读后四位，不必按千万百万去读。又如银行账户号、汽车牌号、手机号等都是不必按照位数去读的，只按数字顺序连续读出即可。

认量尺、看刻度

在这个年龄段，宝宝注意到大人画一条直线的时候喜欢用量尺放在纸上，用铅笔在尺子边上一画，便出现很工整的直线了。现在可以让宝宝练习认识量尺和刻度。宝宝用的小量尺为20厘米的，可以让宝宝量一下自己的图书，有的宽为13厘米，长为18厘米。妈妈的书宽15厘米，长为20厘米。宝宝有了量尺这个新玩具，可以到处量，量一下娃娃有多高，量一下凳子的长、宽、高。学会使用尺子量东西，宝宝会觉得十分有趣。大东西用皮尺比用直尺方便，因为超过直尺的长度时要用铅笔在尺子的终点做个记号，再量时要由记号处开始，如果记号找不到就要重新再量。

认读汉字数字的大写

汉字数字在记账时为了防止改动，会写成大写，如壹贰叁肆伍陆柒捌玖拾。这个年龄段的宝宝只要求会认，不要求会写。因为在读位数的时候经常看到大写的汉字，如五万捌千玖佰陆拾元，可以写成58960元。平常记账时都要求写成大写，因为阿拉伯数字和简体字都容易被人填改，如果写成汉字大写就不易于改动，比较稳妥。

学画正方形

父母可以教宝宝用量尺画一个边长为5厘米的正方形。把量尺的一端横压着一边，从量尺开始处用铅笔点上个小点，横画到5厘米的终点处又点上个小点，从开始的小点处将量尺比近，量尺要竖直放好，尺边比着纸边上下的距离一致。从小点向上画5厘米，在终点处点画个小点。再从横线的末端的小点处用量尺比齐，竖直5厘米线，在终点点个小点。再用量尺量一下两条竖线的终点处是否够5厘米，如果不够肯定是竖线没有放直，不够5厘米是因为竖线向内倾斜，多于5厘米是因为竖线向外倾斜。如果其中有一条竖线在画时尺子比着纸边，这条线是竖直的，可以只改动没有比着的一条线就容易些。宝宝跟随着大人做过一二次就可以学会用尺画正方形了。要求宝宝学会用自己的小量尺画一个边长为4厘米或者边长为5厘米的正方形来。

>> 亲子课堂

通过游戏激发孩子的想象。游戏是孩子的基本活动，玩具和游戏是引起孩子想象的基础。要多为孩子提供各种不同的游戏和玩具，可促使孩子去做相应的游戏，产生相应的想象。在游戏中，要启发孩子积极主动、生动活泼地去想象。

丰富儿童的想象

人可以在已有的知识和经历的基础上，在头脑中对未知的或未经历的事物构思出一些形象。比如一些孩子以前从未上过托儿所，但他可以把托儿所想象得十分可怕，因知道家长要送他上托儿所时，就哭闹着不去。丰富的想象力并不是天生就有的，需要得到后天的培养和训练。

丰富儿童想象的方向

1. 多带孩子认识外部世界

应经常带孩子进行参观、旅游等活动，启发孩子认识外部环境。孩子如果充分接触外部世界，就容易把各种事物的特点联系起来进行想象，想象力就可得到较全面的发展。

2. 让孩子多读图画书

让孩子多读图画书，可以为儿童的想象力提供丰富的素材和美丽的平台。在阅读中，儿童的想象力可以得到飞速发展。要有目的地选择能激发儿童想象的文学作品，多让孩子阅读。还可采用续编故事、排图讲述等形式来激发孩子，提高儿童的想象力。

生活和交往能力提升

这个年龄段的宝宝已经具备比较成熟的思维，他自己的事情自己基本上都能完成，而且还会动脑筋想出更科学的方法。比如搭着凳子取物品，用刨子刨丝瓜，都已经可以慢慢地完成了。而且有些宝宝还会积极地帮大人做一些事情，比如取各种物品，晾晒自己的小衣服等。

外出购物

平时父母也该经常带宝宝去各种商店购物，如在食品店只能买到食品和调味品；而大超市可以买到衣服、玩具、文具，也可以买到食物；菜市场可以买到各种新鲜的鱼肉、蔬菜和水果；医院和药房能够买到药品；邮局可以买到邮票、信封以及可以寄收包裹；书店可以买到图书、音像制品；花卉市场可以买到各种各样的花草等。这样可以帮助宝宝不断增进对外界的了解，与外界交往的知识也随之日益丰富起来。

洗洗才吃，不洗能吃

父母先问宝宝“我们这几天都吃了些什么食物？”让宝宝回答。然后说水果、蔬菜都要洗干净了才能吃，冰棍、馒头吃时不用洗。现在我们来玩一个游戏，说：“洗洗才吃，不洗能吃。”如父母说：“苹果洗洗吃。”宝宝也跟父母说：“苹果洗洗吃。”并边说边做洗一洗的动作，如果父母说错了，孩子要纠正父母的话，并做相应的动作，如父母说：“冰棍洗洗才吃。”宝宝说：“冰棍不洗能吃。”并做摇手动作等等。初次游戏时,父母要讲慢些,让宝宝有思考的机会,当孩子熟悉游戏方法后,可让孩子先说,父母做动作,可以锻炼孩子的想象力及反应能力,同时增加相应的生活知识。

生活自理能力的训练

1. 睡　眠

习惯培养:按时睡觉,进卧室时保持安静,主动上床,以正确的姿势入睡,醒后不吵闹,也不去影响别人睡觉。

能力训练:睡前学会自己解开衣服的纽扣,学习脱简单的衣裤(夏季衣裤),并将脱下的鞋袜放在固定的地方,起床后知道穿衣的顺序,并会配合成人穿衣裤。

2. 饮　食

习惯培养:培养小儿以端正的姿势坐在固定的位置上安静地进餐,养成进餐的良好习惯。要求小儿做到不挑食,不将食物吐在地上,注意衣服及桌面的整洁。

能力训练:训练小儿正确地使用餐具,独立地吃完自己的一份食物,食毕会主动放好餐具和椅子,并用餐巾擦嘴和脸。

3. 大小便

习惯培养:培养小儿每天定时定点坐便盆大便的习惯,不在坐便盆时玩玩具、吃东西、看图书,会主动地去小便,不将尿撒在便盆外面。

能力训练:训练女孩坐便盆小便,男孩站着小便。自己学着穿宽松带裤子。

4. 清　洁

习惯培养:养成小儿每日洗手、洗脸、洗脚、漱口及定期洗头、洗澡、理发、剪手指甲、脚趾甲的好习惯。注意保持自己的手、脸及衣服的清洁和保持环境的清洁整齐,不乱扔果皮纸屑。

能力训练:训练小儿学会洗手,自己擦肥皂,用水冲洗,再用毛巾将手擦干,学会使用手帕擦鼻涕,擦完后会将手帕放在口袋里。学会漱口,每日早、晚及饭后漱口以保持口腔清洁。

社会交往能力提升

宝宝在接电话方面也早就会对付各种各样的人了,察言观色和“见什么人说什么话”方面也基本上形成。这时候的宝宝是最可爱的时候,常常会随着父母去走亲戚、拜访同事,交际面正在快速增大。他们也会因此学乖,见到年轻的男士叫叔叔,见到年轻的女士叫阿姨。会非常主动地对大人和客人们微笑。甚至,对街边的乞丐，宝宝们也有了自己的疑问和行动，这时候父母应该尽可能鼓励宝宝做这些富有爱心的事情，而且也不会浪费很多钱。

找爸爸妈妈

父母对宝宝说："如果爸爸妈妈带你去超市，你在看玩具时发现爸爸妈妈不见了，你怎么办呢？"问宝宝："是自己到处去找爸爸妈妈好，还是应该站在原处不动等爸爸妈妈好？"告诉宝宝最好站在原处等爸爸妈妈。其次，也可告诉宝宝："如果爸爸妈妈很长时间没来，还可找商店柜台里的售货员阿姨或者警察叔叔，告诉他们自己要找爸爸妈妈，然后告诉叔叔阿姨爸爸妈妈的姓名、工作单位、电话号码、自己家的住址，让叔叔阿姨帮忙找。"同时父母可以考考宝宝，提供一个假设，假如旁边一个陌生人说："小朋友，跟我走吧，我带你去找你爸爸妈妈，你可以跟他走吗？"以此教育宝宝不能跟陌生人走。如果宝宝一下说不全父母的姓名、单位及家庭住址，父母可以教，教几次孩子就能记住了。最好让宝宝通过模拟找妈妈的游戏，把各种情况表演出来。通过该练习可以增强孩子的自我保护能力。

让孩子广交小朋友

随着年龄的增长，语言的发育，活动的增多，孩子逐渐掌握了初步的交往能力，孩子不愿待在家里，喜欢让家长带着出去和小朋友玩耍。2~3岁是培养孩子与别的小朋友交往的大好时机。如何去培养孩子与小朋友交往呢？

幼儿时期很多孩子都爱玩"过家家"，不同的年龄有不同的内容。2岁多的孩子喜欢帮助摆放东西、洗菜、拿碗等，这时孩子乐于服从大孩子的安排，乐于打下手，也喜欢在"过家家"中当个小角色。如大孩子当爸爸、妈妈，自己当孩子，这样不但能锻炼孩子的生活能力，还能学会与小朋友和平共处。

和小朋友交往发生问题怎么办

1. 宝宝只是自己玩

一般说来，孩子从3岁开始就能够和小朋友一起玩耍。如果这个时候孩子只是自己一个人玩，家长也不必强求孩子加入到小朋友们当中，只要在孩子旁边看护就可以了。妈妈也可以和孩子一起玩。

2. 宝宝不愿归还小朋友的玩具

在2岁左右，宝宝还不理解借了东西要归还的道理，会哭闹着不想交出小朋友的玩具，这也是很自然的事情。宝宝甚至还有可能和小朋友出现拉拉扯扯的冲突，父母基本不需要介入。如果要发展到打闹受伤的地步，家长就要出面制止了。

3. 宝宝不愿排队，从中间插队

宝宝在4岁前后开始能够理解排队的规则。如果宝宝不愿排队，跑到中间插队，家长不能放任不管，这时候要抱起孩子离开。要让孩子理解为什么必须遵守排队秩序，让我们好好教育孩子吧！

4. 宝宝不会跟别人打招呼

妈妈和爸爸在日常生活中会很自然地和别人打招呼，孩子也就慢慢地学会了。在幼儿期，宝宝一般比较害羞，很多话不会说，大人可以做出示范，教宝宝跟别人打招呼。

>> 妈咪小贴士

目前很多家庭都是独生子女，接触小朋友的机会不是很多，陪孩子玩耍的几乎都是大人和玩具。与宝宝一起做游戏时，大人往往迁就孩子，孩子习惯独占东西。2岁多时最好把孩子送到幼儿园，由家庭生活转变为集体生活。小朋友的增多，生活范围的扩大，生活内容的丰富，在老师的教育和小朋友的影响下，孩子会更快地掌握“社交”技能。

5. 宝宝做小朋友讨厌的事情

宝宝虽然对小朋友产生兴趣，但还不知道相处的方法。大人可以演示怎样和小朋友玩耍，如果小朋友们打闹，家长要及时制止。

在孩子做了令人讨厌的事情后，即使孩子哭闹，也要用严厉的态度批评他。慢慢地，宝宝就会很好地和小朋友一起玩耍了。

在游戏中开发智力

制作图形

给宝宝切小点心的刀和各种图形模板，让他们沿模板轮廓描图，并上好颜色。他会喜欢做出各种各样的模型和图案，这将会提高他们的创造力。

目的：训练宝宝精细动作、创新、创造力。

螺帽和螺栓

这个游戏可使宝宝的手指对大小的辨别更灵敏。让宝宝拿出几种不同型号的相互搭配的螺帽和螺栓，把螺帽拧下摆放在桌子一端，而螺栓放在另一端，然后重新配对并组装。

目的：训练宝宝精细动作、智力、逻辑。

形状概念

在屋里进行“三角形狩猎”和“圆形狩猎”，看看宝宝可以找到多少个那种形状的物体。你可以特意安排几种形状让宝宝来发现，你也可以让宝宝自由设计并粘贴成各种形状，或从杂志上剪下特殊形状的图片。

目的：训练宝宝视觉、智力、逻辑。

积木

给宝宝和自己同样数目与形状的积木。告诉宝宝你和他用积木要搭成一个东西，但在搭建的时候不能让对方看见。当你们都搭完后，你可以让宝宝来观察你们搭的积木有什么地方相同，有什么地方不同。这一游戏也可以让宝宝和他的小朋友一起玩。当然，你们也可以一起搭相同构造的积木。

目的：训练宝宝视觉、精细动作。

圈出汉字

让宝宝从报纸上找出他所认识的汉字或数字，并画上圈。作为一种训练，你可以给宝宝一个放大镜，以找到更多的汉字或数字。

目的：训练宝宝听觉、语言、精细动作。

卡拉 OK

让宝宝拥有属于自己的录音机，能使他对音乐产生浓厚的兴趣，并能扩展音乐知识。当然，他们也可通过视听教材来学习音乐。

目的：训练宝宝的听觉、语言。

数字游戏

在一些纸片上写上 10 以内的数字，并放入包中。让宝宝一次拿出一张，并给你与数字相应的积木、叶子、纽扣或书本（千万不要忘记 0）。

目的：训练宝宝智力、逻辑能力。

一起布置餐桌

让宝宝帮你布置餐桌，数一下有多少人要吃饭，然后计算需多少碗筷。给他示范如何正确地摆放碗筷，告诉他每人都需要一套餐具，还要让他数好椅子，保证每个人都有座位。

目的：训练宝宝自立能力。

手对手，脚对脚

宝宝和爸爸（或妈妈）面对面地站在床边，两人都将手臂平放在床中央，大人和宝宝的手依次错放开。游戏开始以后，第一只手要打第二只手，打到为赢；第二只手要打第三只手，打到为赢，最后比比谁的反应最快。也可以同样玩脚的游戏，宝宝和爸爸（或妈妈）平躺在床上，双脚踏于墙上，两人每次出一只脚轮流进行摆放，或脚尖对脚跟，或脚与脚相贴，看谁反应快。

>> 亲子课堂

人们常说，“玩”是孩子的天性。其实无论对于婴儿还是成人，“玩”都是很有吸引力的。人们不仅能在玩的过程中体会快乐，而且还能从中获得许多启发和感悟。“亲子游戏”为家庭提供了一种新的休闲方式——让父母和婴儿一起玩，共同获得愉悦的体验。

亲子游戏既属于亲子教育的一部分，又是一种家庭休闲活动，它强调家庭成员的共同参与，通过趣味性的小游戏，促进家庭成员间的沟通和合作，给家庭带来和谐轻松的氛围。

目的:培养宝宝的快速反应能力。

毛毛虫钻洞洞

准备一床大的被子,爸爸和妈妈分别站在被子的两头,手捏住被子的两只角,将被子变成“洞”状,然后宝宝扮成可爱的毛毛虫就可以开始活动了。宝宝在钻进钻出的过程中,爸爸妈妈可以边念儿歌边为宝宝加油。“一条毛毛虫,钻进被子里头,爬呀爬,爬呀爬,爬到小洞口。”爸爸妈妈也可以这里拍拍,那里敲敲,让“毛毛虫”爬得更有劲。

目的:发展宝宝手脚协调爬的动作。

第二章

5～6 岁宝宝的智能提升

5 岁的宝宝在成人正确的引导下，能够发清全部语音，听懂一些较为复杂的句子，理解一段话的意思。孩子想象力非常丰富，他会把家中的日常生活用品想象成故事中、动画片中的道具，还会把自己想象成其中的人物。

宝宝的身体特征

这个年龄段的孩子每天至少需要有半小时到 1 小时的体育活动，最好是能连续玩 1 小时。这么大的宝宝精力充沛，一般整天都是在蹦蹦跳跳中度过。

宝宝行动能力发展

这时的宝宝不但可以画出日常生活中的一些人和物，给图形染上各种颜色，并且会有一些出人意料的想象，但有可能把下雨和太阳画到同一画面中去。宝宝现在还能用剪刀裁剪出事先画好标志的形状。有的宝宝已经开始学习某种乐器了，如弹钢琴、拉小提琴等。

宝宝的语言能力发展

理解能力加强，6 岁的宝宝在成人正确地引导下，能够发清全部语音，听懂一些较为复杂的句子，理解一段话的意思。能够掌握表示类概念的词汇以及表示因果关系的连接词，语言的连续性有所加强。

宝宝的思维能力发展

6 岁左右的宝宝，抽象逻辑思维开始发展，能掌握较抽象、概括性较强的概念，如家具、蔬菜、交通工具等，开始理解事物发展的逻辑关系。

宝宝的记忆能力发展

宝宝不仅能记住近期的一些事情，而且还能记住很长时间以前感到有趣的、印象很深的事情。这说明宝宝记忆的持久性也有了进一步的发展。但现在宝宝的记忆准确性还较差，对简单熟悉的事情较容易记得精确些，而对复杂的事情的复述较容易有遗漏和歪曲。

综合能力提升

运动能力提升

在这个阶段，孩子的各类学习似乎很重要，但"玩"更加重要，它是孩子体格发育、运动能力、智能发育的自然需要。聪明的父母会经常带孩子进行户外的活动，如跳绳、打球、爬山、旅游等，会动静结合地给孩子选择兴趣班，会注重孩子的参与和兴趣，而非只强调他的技能发展。因为他们明白这样一个规律："孩子玩好了，才能学好。"

>> 亲子课堂

骑童车是幼儿锻炼身体的好方法，适当、科学的锻炼，可促进幼儿骨骼和肌肉的发育。但由于幼儿的生长发育尚未完全完善，父母需特别注意别让孩子在骑车中受伤。

翻书

训练小儿用手指一页一页地翻书。

大动作训练

跑

训练小儿跑得要平稳，两臂屈肘于体侧，两手握拳，手的摆动与脚的跑步相协调，能跑步追人、追球等。

跳

双脚向前跳并同时离开地面，从台阶或楼梯末层向下跳。

走

训练小儿走得较快，能踮着脚尖走碎步，能跨过小沟、石砖等障碍物，双脚交替上下楼梯，独自上、下小山坡等。

>> 亲子课堂

父母的某些行为会阻碍孩子动作技能的发展。例如，不根据孩子的发育水平和性别差异，强迫孩子进行动作技能的训练或批评孩子的动作表现，往往会降低孩子的自信心和自尊心，长期如此，会使孩子运动技能的发展速度减慢。因此，在孩子学习动作技能时，父母的参与应注重“乐趣”，其次是方法要正确。

站

独脚站一会(5～10秒)。

投掷

训练小儿举起手臂有方向地投掷，练习投球入篮、入桶或入纸盒中，以及两人在一起相互抛球接球。

模仿动作

训练小儿做各种模仿动作，如鸟飞、马跑、兔跳、老鼠钻洞、猴子爬树等。

钻爬、攀登

训练小儿在桌下、木板下、大型纸盒中钻爬，向上攀登小型攀登架。

学画人

幼儿刚刚接触绘画，通常以圆圈形状表示自己所画的事物，如有些孩子会画上下两个圆表示不倒翁。这就是画人的开始。家长可与孩子互动画画，比如让他参照一个物体，先让孩子画，然后家长再引导着画，继而再由孩子画，直至两人合作完成。这样，既可以增加孩子的兴趣，又可以提高孩子描绘事物的能力。

学用剪刀

这可以锻炼孩子手脑协调的能力，但为安全起见应先选用钝头剪刀，让孩子用拇指插入一侧手柄，食指、中指及无名指插入对侧手柄，小指在外帮助维持剪刀的行走方向。此年龄段的孩子只要求其学会拿剪刀，能将纸剪开或将纸剪成条就不错了。在用剪刀的过程中要有家长或大人在旁监护，防止孩子伤及自己或他人，发生危险。

拾捡东西

将黄豆、大白芸豆、花生仁混装在一个盘里，让孩子分类别地捡出。开始训练时可用手帮助他捡黄豆，随着熟练，就让他独立挑选。

语言能力提升

这时期的孩子在语言方面，他们的词汇更加丰富，语言表达能力有了进一步的发展，可以自由地进行语言交际，初步掌握语法结构，开始产生内部语言，语言对行动的调节功能也比以前加强了，因而使行为更具有一定的自觉性和计划性。

“讲述”练习

这个时期，孩子们非常爱说话、爱插话，此表现除了与自我意识发展有关外，也说明了孩子语言能力的发展，是他们练习口语的方式。虽然此阶段孩子能够自然、较清楚地叙述事情，但常出现停顿、不连贯、颠三倒四的现象，这与他们的逻辑思维发展水平有关。尽管父母们听着他们讲话很心急，但也要不断地提醒自己，耐心听孩子讲完，引导孩子叙述，这样才不会挫伤孩子讲话的积极性，有助于口语能力的发展。“讲述”练习，可以养成孩子独立、清楚、连贯地向他人表达自己的习惯，使孩子终生受益，但在此阶段，这种习惯的培养还需要父母“刻意”地给孩子提供机会。

(1)了解孩子每个时期的语言发育水平，是父母们能够平等地与孩子进行交流的前提，也是理解孩子出现的语言现象、问题的前提。

(2)经常与孩子交流，使孩子习惯于用语言表达自己的想法以及各方面的需要等。

(3)孩子兴致勃勃、前言不搭后语地讲述事情的时候，父母们需要耐心地听，而不是打断、嘲笑、接替孩子的讲述。父母的倾听是对孩子最好的鼓励。

(4)给孩子提供回答问题的机会。回答问题体现了孩子语言理解和表达两方面的能力，有利于孩子倾听、语言记忆、理解、表达能力的发展。可以根据孩子感兴趣的问题、生活中的现象、阅读的故事等给孩子提出问题让孩子回答，但不能过高要求孩子的水平，否则易使孩子感到困难以致失去兴趣或出现害怕的情绪。

(5)给孩子提供与同伴交往的机会。对话是交往过程中所运用的语言形式，同伴交往是促进孩子口语发展很好的实践活动。

(6)根据孩子这个时期的注意力、记忆力、坚持性、思维能力的发展水平，父母可以对孩子进行适当的训练。如复述简短的故事、看图讲述，可以帮助孩子更好地理解其中语言的连贯性和逻辑性；将孩子的叙述转化成文字记录，可以激起孩子的讲述兴趣；让孩子背些绕口令，锻炼孩子的口腔肌肉的本体感觉和灵活性等。如果父母没有把握或时间做这类事情，可以选择某些兴趣班，如朗诵班、表演班等，对锻炼孩子这方面的能力非常有帮助。

>> 妈咪小贴士

父母要以身作则，在孩子面前尽量使用规范的语言，给孩子营造良好的语言环境以及丰富孩子的生活，使孩子能够有讲述练习的素材，对孩子的口语发展也是非常重要的。

培养宝宝的语言能力

宝宝在这个年龄语言处在积极发展时期，听和说的积极性都很高，喜欢和人进行言语交流，爱听故事、念儿歌，并能记住一些主要的故事情节，背诵一些诗歌等。宝宝的词汇量也在不断增加，已能达到1000以上，几乎是1岁半以前的4～5倍，词的种类也丰富起来，除了名词、动词外，还有形容词、副词、代词等。宝宝已掌握了基本语法，过去的“电报句”发展到了合乎语法习惯的简单句，并且复合句的运用也在不断增加。

大人应抓住这一语言发展的有利时机，教宝宝学习用完整的语句讲话，以提高口语表达能力，并促进宝宝对事物间关系的理解及思维能力的发展。要把宝宝简短的、成分不全的、意思不明确的“电报句”扩展成完整的简单句，把颠倒的词序正确排列。

当宝宝说“妈妈，睡觉”，大人应教他说“妈妈，我要睡觉”；宝宝说“看报纸，爸爸”应改为“爸爸在看报纸。”

这样的练习应该结合生活的实际场景，随时随地地练习，如“这是大楼”“那是红绿灯”“小朋友在学习”“小兔子爱吃萝卜”等。此外，大人还要在生活中以身作则，自己说话也应说完整的、词序正确的句子。

对这个年龄的宝宝来说，语言对行动的调节作用有了明显的的发展，离开了直接物的刺激，宝宝也能判断“好”与“不好”这类词的含义，当大人说“不好”时，宝宝就会停止做某件事，这也就表明语言已有可能作为传授知识经验的工具。

宝宝语言的概括性也在不断增强，如“汽车”并非指某一辆汽车，而是指他所见到的所有的汽车。一般女宝宝语言发展较早，此外宝宝之间也会有较大的个体差异存在，所以家长不要总把自己的宝宝与别人家的宝宝比，尤其是当着宝宝的面，不能说"看你家豆豆早就会了，可我家花花还不会"，这时的宝宝已懂得了这是对他的数落与不满。这样不仅大人自找麻烦，更重要的是这样会让宝宝失去信心从而更不利于学习。

只要宝宝在纵向比较中，即与自己以前相比有了一点进步，家长就应及时地表扬。当然表扬也要适当，过分地表扬会让宝宝骄傲，也不利于学习。

在表扬的同时，还要指出宝宝应该还要取得更大的进步。

可以用童话、连环画剧、画册等，一边刺激宝宝的好奇心，一边教他正确地说话。

教说话时，不要光让宝宝听，还要不断地给宝宝创造说话的机会，使他想和自己说话。

因为语言是表达心灵的，所以不光在口头上，而且还要教会宝宝怎样表达自己的感情。

宝宝快到3岁时，可开始做"模仿游戏"。为了让宝宝能做"模仿游戏"，首先让他把自己心里想的事告诉给别人。

由于"模仿游戏"会刺激宝宝的说话欲望，快到3岁时，会话能力有较大提高。大人也要参加宝宝的"模仿游戏"，以便丰富他们的说话内容。

>> 亲子课堂

在教宝宝过早地背记诗歌时，应与实物或图画等结合起来，让语言和形象结合起来，而不是左一遍右一遍诵经式的死记硬背。家长在教宝宝的过程中既要注意选适合于宝宝的材料，又要注意方法，注意要有耐心。

在儿歌方面的练习，其实我们在宝宝1岁半以前就已开始了。在1岁零8个月时，宝宝学会了三个字的短语，有个别宝宝在2岁时就能背诵第一首儿歌。较迟一点的宝宝可能要到2岁半或3岁时。儿歌以三字容易记，同时为了增强宝宝兴趣，儿歌应与音乐、动作、游戏或玩具等结合起来。

诗歌是我国古代文学中的精华，尤其是唐诗更是诗歌中的精品，许多作品语言亲切易懂，生动形象，是真实生活的写照。

教宝宝背几首易懂易记的唐诗不仅能发展宝宝的语言能力，还会让宝宝学到更多的知识。

看图说话

教会孩子看图说话。开始最好由妈妈讲图片给他听，让他听并模仿妈妈讲的话，逐步过渡到提问题让他回答，再让孩子按照问题的顺序练习讲述。

猜简单的谜

促进幼儿表达和认知能力。家长先编谜语让孩子猜，如“圆的、吃饭用的”，孩子会高兴地猜出是什么。这样既可以促进孩子认识能力的发展而且也可以增加孩子的兴趣。

训练初步推理

面对面坐下给小孩讲故事或讲动物画片时，不断提问，引导孩子设想和回答后面的发展，如龟兔赛跑时，兔子不睡觉会怎样？

观察能力提升

5～6岁的孩子随着语言水平的不断提高，以及知识经验的不断丰富，在正确的教育下，他们的观察能力也得到了很大的发展。这时期孩子的观察逐渐转变为一个相对独立的、有目的、有组织的过程，并开始形成了初步的有方向的、自觉的观察能力。

这时期孩子的观察更富有目的性，能按活动的任务或成人的要求来进行。如让孩子看一幅画，画上画的是两个貌似相同的小狗，让孩子找出两个小狗不相同的地方。这时孩子就能细心地观察图画的各个部分，一一找出两个小狗不相同的地方来。

5～6岁的孩子逐步学会了持续地注意观察某一事物，特别是他们经历过的或感兴趣的事物，观察的概括性也不断地增强起来。他们逐渐地学会从整个事物中发现其内在联系和一般的性质。如让孩子看两幅图画，一幅画着小鸡掉进河里，另一幅画着小鸭把小鸡救上岸，孩子通过观察就能说出这两幅画的关系。

>> 专家解疑

孩子观察力的发展是跟他们在生活中经验的增长以及言语的发展分不开的。5～6岁的孩子观察的目的性、持续性和概括性虽有一定的增强，但是和学龄儿童以及成人比较起来，还相差很远。因此，父母要善于按照孩子观察力发展的特点，有意识地对儿童的观察活动加以组织、指导和培养，提高孩子的观察能力。

看图画，"色"诱孩子的眼球

图画对孩子来说具有很大的吸引力，它以多姿的画面、丰富的色彩吸引着孩子的眼球，成为孩子童年生活中不可缺少的一部分。因此，父母应抓住图画的这一特性，从教育的角度出发来培养孩子的观察力，让孩子在陶冶情操的同时能力也得以提升。

看图画培养观察力

父母们都知道幼儿在表达能力不完善的情况下，常常会借助于"图画"来表达思想、抒发情感，却不知道正是这不经意的"借助"，让孩子的观察能力得到了大大的提升。因为孩子要想借助事物来表达心声，首先要理解事物的含义，而理解是建立在孩子对事物进行深入观察的基础之上。由此可见，看图画对孩子观察力的培养、表达力的发展都有很好的作用。

注意能力提升

有意注意力是指有预定目的，而且需要加以意志和努力的注意，一般受语言支配。5~6岁的儿童由于活动的进一步发展，他们对周围新鲜事物的兴趣日益增大和扩大，喜欢看看摸摸，力求发现事物中那些不曾注意过的方面。这样，儿童注意力的有意性和稳定性就在不断增长，他们可以较长时间地做他们感兴趣的游戏或听成人讲故事。另外，这年龄段的孩子，成人或多或少地要给他们的活动提出一定的目的任务，儿童为了执行成人的指示或要求实现这些目的和任务，就要不断地有意识地调节和控制自己的行动，这样孩子的有意注意就逐步形成并发展起来。

>> 亲子课堂

面对孩子的哭闹、乞求，父母坚持原则并不是一件容易的事情，此时需要使用小小的伎俩，如转移注意力、适当地惩罚等，训斥、打骂于事无补。

有意注意是儿童入学准备应有的重要条件之一。学龄前儿童的有意注意还是很不稳定的。因此，成人应根据孩子注意的特点，有计划地提出儿童能够完成的各种任务，训练他们独立的组织和控制自己的注意的能力。如有组织地游戏、带有比赛性的作业或劳动等活动都是训练孩子有意注意的最好手段。

训斥、打骂孩子之前，父母需要先检讨自己的行为。“你们大人想看多长时间，就看多长时间，我为什么不行?”孩子提出这个问题时，本质上是对成人行为的抗议。

怎样培养孩子的注意力

注意就是人的心理活动集中在一定的人或物上，其外在的行为表现主要有：注视、倾听以及其感觉系统的定向活动。注意包括有意注意和无意注意两种。无意注意是自然发生的，不需要任何的努力，没有预定的目标。有意注意是指自觉的、有目的的注意，常需要一定的努力。但二者在一定条件下可以互相转化。3 个月的小婴儿以无意注意为主，随着年龄增长、生活内容丰富、活动范围扩大、语言的发育，逐渐出现有意注意。幼儿注意稳定性比较差，容易分散。5 ~6岁时能独立地控制自己的注意，集中注意时间在 15 分钟左右，7 ~10 岁时能坚持 20 分钟左右。培养和提高孩子的注意力需要做好以下工作：

(1)加强注意目的的教育。对孩子的活动提出明确的目的和要求，强化孩子的有意注意。如教孩子儿歌，可以要求他跟着家长读，一起读几遍之后，让孩子试着背出来。这样，孩子为能够学会儿歌，只能提高注意力，集中精力听家长读儿歌。

(2)排除外来干扰，力求使婴幼儿保持镇静。2 ~3 岁的孩子，要注意周围的环境，不要使环境过于复杂和多变，给孩子提供一个对某一事物或现象进行集中注意的机会。

(3)根据不同年龄小儿的注意力特点进行培养。孩子好奇心强，新奇、鲜明、生动的形象和刺激可引起他们的无意注意。所以对婴幼儿进行早期教育，要尽量做到形象、生动、富有吸引力。同时可以让孩子有意注意和无意注意进行交替，二者有机结合，从而提高其注意力。

记忆能力提升

5 ~6 岁的儿童，由于活动的复杂化和记忆范围的扩大，儿童的记忆能力也得到了更进一步的发展。

在教育的影响下，这时期孩子的有意记忆和追忆能力逐步发展起来。儿童能够根据成人的要求有意识地复述故事、回想问题，同时，儿童的理解记忆能力也在逐步发展起来，这时儿童的记忆不只是根据事物的外部特征，而且还能通过逻辑推理来进行识记。例如，儿童在复述他所熟悉的故事时，不再是一字一句的照背，而是在理解的基础上或多或少地进行逻辑加工，用自己的语言将故事复述出来。

理解记忆观察

理解是记忆的前提和基础，因此，理解是最基本、最有效的记忆方法。正如日本教育界提倡的一句口号“要理解，不要死记硬背！”在日常的生活和工作中，经常会有许多事物应该记住但却没有记住，其原因往往是由于只看到了表面，而并没有真正理解其本质。

孩子在记忆一些东西时，如数学公式、化学反应式、英语单词等，时常出现问题，就是因为并没有对这些东西真正地理解，只是强记硬背。如果孩子在记忆时不采取逐字逐句强记硬背的方式，而是首先理解其基本含义，即借助已有的知识经验，通过思维进行分析综合，把握材料各部分的特点和内在的逻辑联系，使要背诵和记忆的内容纳入已有的知识结构，以便保存在记忆中。理解记忆的全面性、牢固性、精确性及迅速有效性，依赖于对材料理解的程度。

>> 专家解疑

这时期孩子记忆的持久性也有了进一步的发展，对于他们感到有趣的、印象很深的或与情绪有关的事情，能记住很长时间。但这时期儿童记忆的精确性还较差，他们对简单熟悉的事情较容易记得精确些，而对复杂事情的复述就容易有遗漏和歪曲，因而常常被成人误解为故意撒谎，其实这是有失偏颇的。

了解大意：在我们记忆某个事物的时候，首先要弄清它的大致内容。拿读书举例，先要通读或者浏览一遍；再如音乐，先要将整个曲子完整地听一遍。只有了解了全貌，才能对局部进行深刻的理解，这也就是“综合”。

局部分析：对事物有了大致了解之后，就要逐步进行深入分析。比如一篇论文，先要弄清它的论点论据，再根据结构分成若干段落，逐个找出每一个段落的“信息点”，也就是主要意思，并加以分析、思考，以达到能编制文章纲要的程度。

寻找关键：这一点也就是韩愈在他的《进学解》中所说的“提要钩玄”。所谓“万山磅礴，必有主峰；龙衮九章，但挚一领”。因此，一定要找到并弄明白文章的要点、关键和难点，牢牢记住。只有在此基础上，才能理解和记住其比较次要或者从属的内容。

融会贯通：就是将所理解和记住的各种局部内容联系起来、反复思考、全面理解，这样更有利于加深记忆。

抽象逻辑思维能力提升

儿童思维的发展经历着一个复杂而漫长的过程，这是一个从低级到高级，从不完善到完善的发展过程。它经历了直觉行动思维→具体形象思维→抽象逻辑思维几个阶段。5～6岁孩子的思维仍以具体形象思维为主，但已开始有抽象逻辑思维的萌芽，即出现依靠概念、判断和推理等形式的思维，儿童能够初步理解事物的本质属性和内在规律性的联系；能够掌握最初的词的概括和概念，最初的实物概念和最初的社会概念及数概念。例如，在分类能力方面，如果给孩子画有青菜、苹果、萝卜、香蕉、车、船等物体的图片，要求他们将物体分为几类，4岁孩子往往还不会独立分类，5岁以后就能够按蔬菜、水果、交通工具来分类。

因为他们知道青菜、萝卜是蔬菜类的，香蕉、苹果是水果类的。在社会概念方面，他们知道工人是做工的，农民是种田的。在这个年龄段，孩子记忆具体事物时，也会自动把他们按类别记住。如让他们记住一些物体，车子、桌子、橘子、椅子、船、梨等，5岁多的孩子在回忆起来时，会打乱原来的秩序，按类别说出来，说成：车子、船、桌子、椅子、橘子、梨等。

>> 妈咪小贴士

5～6岁孩子也开始掌握一些比较抽象的概念。“左、右”是比较抽象的概念，因为它们有相对性和灵活性。5岁孩子一般能够正确辨认自己的左右，能说出哪只手是自己的左手，哪只手是自己的右手，不再像更小的孩子那样，只知道拿勺子的手，不知道右手。

由于思维水平的发展，5～6岁孩子在看图书、听故事等方面的要求也和以前不一样了，3～4岁的孩子喜欢简单的、短小的故事，5～6岁的孩子则喜欢连贯的、有情节的故事。

识别颜色

红色、黄色、蓝色、绿色、白色、黑色。

认识和区别形状

圆形、正方形、三角形。

记住生日

经成人提醒庆祝，感到愉快。

知晓时间概念

早上、中午、下午、晚上。

知道基本的节日

明白新年、春节、五一劳动节、六一儿童节、中秋节是节日。

对数字的理解和掌握

1、2、3 和若干。

懂得空间概念

上、下、前、后、左、右。

计算能力提升

数概念和数学运算能力的发展,反映着儿童思维发展的趋势。心理学家常常把测定儿童数概念和数学运算能力作为了解儿童智力水平的一个方面。

在良好的教育环境下,5~6 岁儿童可以掌握 10 以内各数的顺序、大小和数的组成,识数可以不受物体排列形式和大小的影响,并能逐渐脱离具体实物的形象进行加减运算。认识加号、减号、等号,会解答应用题。还能从 10 倒数到 1,掌握 10 以内各数的相邻数,知道"几"里有几个"1",能成组地数数,如 2 个 2 个地数或 5 个 5 个地数,能正确书写阿拉伯数字 1~10,区别 10 以内的单数和双数。

5~6 岁儿童数概念发展比较迅速,如果家长在平时生活和游戏中注意数学教育,让孩子在入学前学一部分小学数学课程是完全可以的。

学习查数

继续结合实物练习查数,让孩子能手口一致地查数 0~3,训练按数拿取实物。

如“给我两块糖”“给我一个苹果”“给我三块饼干”，反复练习，待准确无误后，再练习4～5等。

学玩布、剪、锤游戏

这是古今中外儿童都喜欢玩的游戏。先让孩子理解布包锤、锤砸剪、剪破布这种循环制胜的道理，边玩边讨论谁输谁赢，让孩子学会判断输赢。当两个孩子都想玩一种玩具时，就可用布、剪、锤游戏来自己解决问题。

学习能力提升

5～6岁儿童学习的能力逐渐提高，学习的内容也逐渐丰富起来。在幼儿园里有作业课，如说故事、音乐、美工、计算等。在家里，家长也教他们识字、唱歌和计算等。这时，他们已经能够学会根据学习的目的来支配自己的活动，老师讲课时能专心地注意听，并努力去掌握各种知识和技能。能够有计划地做作业并且能预见到自己的学习成果。如完成计算作业、绘制记忆画等。

对自己的学习能力也能做出一定的评估。正因为如此，幼儿园的教学内容开始有了较明确的分类，如计算、常识、绘画、音乐、美工等。在这些专门作业中，儿童能够更好地掌握各种知识和技能，提高自己的学习能力，为将来进入小学从事正规学习做好准备。

教育孩子珍惜时间

要珍惜时间，不要浪费时间，这个问题对小孩子来说比较抽象，是很难体会的。儿童的精力比较充沛，常常不懂得科学地支配时间，想到哪儿做到哪儿，这就要靠家长引导。

进行珍惜时间的教育，要从具体行为抓起，要让孩子坚持早睡早起。比如，每天早晨起来应该做哪些事，每天下午从幼儿园（或放学后）回家应该做哪些事，晚饭以后应该做哪些事，节、假日里应该做哪些事等。

> **>> 亲子课堂**
>
> 家长应指导孩子自己安排好学习，并持之以恒养成习惯。特别要注意克服懒散随意的坏习惯，如周末睡懒觉，做事拖拖拉拉，总爱说等一等。不重视时间是造成孩子对学习不感兴趣的主要原因，家长切不可大意。

培养孩子良好的学习习惯

6岁孩子的社会角色改变了，他们将从幼儿园步入校园，每天需要完成作业，有了学习压力。

在上学之初，应对孩子出现的某些问题特别注意，如写作业拖拉、粗心大意、做事注意力不集中、经常虎头蛇尾、性格胆小、怕事、爱哭、爱发脾气等。这些问题如不及时纠正，到8~9岁时就会变得更加突出，从而影响学习成绩。

因此，对于刚上学的孩子，老师和家长的教育重点应是培养孩子良好的学习习惯及行为方式。

在游戏中开发智力

复述故事

为孩子选择复述的故事，最好是情节简单、朗朗上口的故事，如：

（一）《穿鞋子》

小黑熊穿鞋子，穿呀穿，怎么也穿不进去。

“小狮子，快快来，快来帮我穿鞋子！”

哎呀呀，怎么也穿不进去。

“小黄牛，快快来，快来帮我穿鞋子！”

哎呀呀，怎么也穿不进去。

老鼠跑来了，骨碌碌，钻进了鞋子里。

哎呀呀，原来里面有双袜子。

袜子穿上脚，小黑熊的鞋子穿好了。

（二）《毛毛虫变蝴蝶》

有一条毛毛虫，它肚子饿，想找点东西吃。

第一天，它找到了1个红苹果，它“啊呜，啊呜”大口吃掉红苹果；

第二天，它找到了2个黄梨子，它“啊呜，啊呜”大口吃掉黄梨子；

第三天，它找到了3个红桃子，它“啊呜，啊呜”大口吃掉红桃子；

第四天，它找到了4块巧克力，它“啊呜，啊呜”大口吃掉巧克力；

第五天，它找到了5片树叶，它“啊呜，啊呜”大口吃掉树叶。

毛毛虫的肚子不再咕噜咕噜叫了，它快乐地爬在叶子上说：“我要好好地睡觉。”

过了几天它长出美丽的翅膀，它快乐地说：“我变成美丽的蝴蝶了！”

目的：提升孩子的语言组织能力。

引导孩子进行复述

在激励孩子复述故事时，有很多种引导方法，可从下面几点入手来培养孩子的兴趣：

(1)父母在讲故事时，就应有意识地在故事的重点部分给孩子以强化。

(2)父母在讲故事时，还可以做一些动作，来加深孩子的印象。

(3)父母讲完故事后，如果孩子还不能复述，那么，可以再讲一些段落或故事梗概。

(4)父母讲完故事后，可以采用提问式，引起孩子的注意，然后再让孩子复述。

目的：提升孩子的语言组织能力。

我有一个温暖的家

准备一些旧相片，让孩子将旧相片分类，如外出旅游照、料理家务照、家庭游戏照等，制成一个"温暖的家"相册，让孩子在每一帧相片旁边写上简单的文字说明。

让幼儿叙述家庭成员在日常生活中最喜欢做什么，并用绘画的方式记录下来，把画纳入"温暖的家"相册里。

目的：让幼儿初步了解，知道父母随时随地都在关心和爱护自己，培养幼儿对自己有一个温暖的家而快乐、开心的情感。

>> 亲子课堂

孩子的良知是混合其父母的行为标准而形成的。因此，即使父母不在身边，小孩子的行动还是会以这些标准为依据。当他违反这些标准时，他会有一种罪恶感。

如果父母过于溺爱，孩子的这种罪恶感就会渐渐消失，他会认为违反这些标准看来也没什么。

交换名片

首先制作名片：准备纸和绘画笔，让幼儿写下自己的姓名、家庭地址、电话号码(可用图画作标志)，也可画上自画像，让幼儿自由发挥，制成各种样式的名片。

组织集体游戏，进行击鼓传花，花落在谁手里，谁就跟幼儿打电话，可问幼儿："喂，你好，请问你姓什么，名叫什么？"幼儿必须回答："我姓×，名叫××，大家都叫我××。"然后，幼儿带着自己的名片，与成人交换名片，游戏可重复进行。

目的：告诉孩子他名字的由来，让他加深对自己名字的认识同时还要适时教育幼儿尊重朋友，不给别人起外号。

镜子里的我

准备一面镜子、一支画笔及绘画纸。

引导孩子观察镜子中的影像,并清楚地回答脸上有什么器官。

让孩子把镜子里的"我"画出来,父母也各画一张自画像。

把全家人的自画像贴在墙上,然后自我评价和相互评价。

孩子在绘画过程中遇到困难,家长可以给予适当的帮助。

相互评价时,应笼统一些,如画得大、小,清楚不清楚,愉快或悲伤,也可以就画像的各个器官进行比较。如你的眼睛小、我的眼睛大,你的鼻子和爸爸的鼻子一样等。

目的:培养孩子自我了解、自我评价的能力。

获得朋友

通过游戏,使孩子明白,只有尽可能多地去发现别人的优点,才能接纳他人,获得更多的朋友。

几十个小人(折纸、木偶均可)像,4 块积木,每块积木在相对的两个面上分别贴上写有"优点"的红纸板和写有"缺点"的白纸板,这样,每块小积木上都有三面是优点,三面是缺点。

家长和孩子分同样多的小人,即家长和孩子有同样多的朋友,另外,再留数块作灵活处理。

游戏开始,家长和孩子各掷一次积木,每次 4 块同时掷,然后看 4 块积木朝上一面缺点和优点数是多少,如果朝上一面缺点多于优点,则投掷者减少一个小人,反之加一小人,若朝上一面缺点与优点一样多则小人数不变。

当一方小人数量很多时,可喊:"我好快乐呀!"当小人数很少时或没有时,可喊:"我好痛苦呀!"

目的:在游戏过程中,使孩子体验到失去朋友的痛苦以及获得朋友的乐趣,让孩子懂得多去观察别人的优点才能广交朋友。

抢与让

准备有“抢”“让”大字卡片各一张，分别画有水果、椅子、扫帚的图片各一张，裁判员牌一个。

出示一些图片，让幼儿将手中的“抢”与“让”字卡，根据图片内容贴到相应位置，并说出原因。出示裁判员牌，显示他回答正确与否。家长注意一定要根据幼儿理由进行评判，不要仅根据贴的字卡判断。如幼儿将“抢”字卡片贴在水果图片后边，只要说出“我要抢小水果吃，把大的让给别人”即为正确，若将“让”字贴在水果图片后边，只要说出“吃水果时要谦让，先让别人拿”也为正确。

交换角色。幼儿充当裁判员，家长提出问题，幼儿判断，认为正确的举牌示意。如：我抢着帮妈妈做事（√）；我把小刚的汽车抢过来自己玩（×）；吃橘子时，我抢大的（×）；排队时我不抢，让着别人（√）；坐车时，我第一个上，好抢好座位（×）。

目的：可把幼儿在一日生活中出现问题的行为与学习有机地结合起来，使幼儿理解“抢”与“让”的实际意义并学会正确使用，达到自我约束行为的目的。

>> 妈咪小贴士

有远见的家长应该首先教孩子学会做人，然后再根据孩子自己的特长和孩子自己的兴趣爱好培养孩子的能力。孩子具备了做人和做事的本领，自会随着社会的发展安排好自己未来美好的人生之路的。

原始吼叫

家长带孩子到空旷的场地，让他模仿小动物的叫声。如果是有回声的场地，效果最好，时间最好选在清早或黄昏。

家长让孩子想象一下，没有语言的猿人是如何表达高兴、害怕、愤怒、喜爱的感情，然后与孩子交替发出表达这些情绪的吼声，一方发声，另一方要猜所要表达的意思。

家长要注意保护孩子的嗓子。吼叫完后，家长可让孩子描述一下那种从未有过的轻松感。

目的：让孩子在无拘无束的情境中，释放郁积的情绪能量，发展良好个性，培养开朗性格。

小刺猬背果子

选择平整、安全的活动场地一块，画好起跑线；小刺猬头饰若干，背面贴着双面贴的红果子卡片若干，并在距起跑线10~20米处将红果子随意撒下。

幼儿戴上头饰充当小刺猬。小刺猬在听到命令后，爬向对面放红果子的地方。到达目的地后就地滚动，使红果子粘到背后，迅速爬回起跑线，爬得快且粘得红果子多者为优胜。

本游戏可在幼儿园进行，也可由家长组织几个幼儿进行。要求幼儿在背果子的时候，必须前滚翻或侧滚翻粘起果子。游戏可多人同时进行，也可几人一组，以接力的形式进行。

目的：发展幼儿上下肢力量及身体的协调性，培养幼儿对爬行的兴趣，增强竞争意识。

小猴耍把戏

将一块白色厚纸剪出两个正方形，分别在两张纸上画上同样的猴子，把其中一张图画沿对角线方向用胶布固定在一根饮料吸管上，另一张贴在背面，将吸管夹在中间（注意，图画对角线长度要比吸管短），再用一根铁丝穿过吸管就可以了。

孩子双手执铁丝，家长发出指令，孩子根据指令吹气。指令可有：

（1）懒散的猴子：指令孩子缓缓吹气，猴子慢慢翻动。

（2）疯狂的猴子：指令要求使劲吹气，猴子将快速转动。

纸猴子是靠吹气转动的，吹力不同、旋转的快慢也不同，孩子可以从中体验到自己的力量。

目的：增强孩子的自我意识和自信心。